가나안에 거하다

이 책을 어머니 성명희 님에게
가장 큰 사랑과 존경을 담아
헌정합니다.

가나안에 거하다

지은이 | 이진희
초판 발행 | 2021. 11. 24
14쇄 발행 | 2024. 5. 14
등록번호 | 제1988-000080호
등록된 곳 | 서울특별시 용산구 서빙고로65길 38
발행처 | 사단법인 두란노서원
영업부 | 2078-3352   FAX | 080-749-3705
출판부 | 2078-3331

책값은 뒤표지에 있습니다.
ISBN 978-89-531-4097-4 03230

독자의 의견을 기다립니다.
tpress@duranno.com   www.duranno.com

두란노서원은 바울 사도가 3차 전도여행 때 에베소에서 성령 받은 제자들을 따로 세워 하나님의
말씀으로 양육하던 장소입니다. 사도행전 19장 8-20절의 정신에 따라 첫째 목회자를 돕는 사역과
평신도를 훈련시키는 사역, 둘째 세계선교(TIM)와 문서선교(단행본·잡지) 사역, 셋째 예수문화 및 경배
와 찬양 사역, 그리고 가정·상담 사역 등을 감당하고 있습니다. 1980년 12월 22일에 창립된 두란
노서원은 주님 오실 때까지 이 사역들을 계속할 것입니다.

광야 인생에게
건네는
가나안 일상

가나안에
거하다

이진희 지음

두란노

목차

이 책은 특별하다. 약속의 땅 가나안에 대해 믿는 이들 사이에 퍼져 있는
생각과 기대가 막연한 상상이요, 허상이라는 사실을 폭로하기 때문이다.
신앙 성장 과정에 대한 비유로 사용되어 온 '노예 됨-해방-광야 유랑-약속
의 땅 정착'이라는 도식으로 인해 가나안의 의미가 심하게 왜곡되어 왔다.
이미 출간된 두 책, 《광야를 읽다》와 《광야를 살다》를 통해 우리의 영적
여정에 광야를 품게 해 준 저자는 가나안에 정착하는 것이 구원의 완성이
아니라, 그 땅에서 제사장의 나라로 세워지고 자라 가야 하는 것임을 기억
하게 한다. 그 사명에 실패한 이스라엘의 이야기를 통해 새로운 이스라엘
로 부름 받은 사람들에게 갈 길을 제시한다. 우리의 영원한 정착지인 하늘
의 가나안에 이르기까지 이 땅에서 가나안의 삶을 살아가는 길을 안내한
다. 팬데믹의 광야를 지나 '위드 코로나'의 새로운 정착지에 들어서는 전환
점이기에 이 책이 더욱 반갑다.

김영봉 목사(와싱톤사귐의교회 담임)

이진희 목사의 《가나안에 거하다》는 광야와 가나안의 상징을 하나님의 통치에 접목한 작품이다. 저자는 이스라엘의 바벨론 포로기, 중세 유럽의 흑사병, 2019년 12월 이래 현재까지 계속되는 코로나19 팬데믹 상황을 광야 현실로 보고 있다.

기후 위기를 관찰하는 물상 과학에서는 지구 행성은 이제 곧 가뭄, 폭염, 산불, 극한의 추위, 태풍, 대홍수, 해수면 상승, 물 부족, 공기 오염, 기근 등으로 사람이 거주할 수 없는, 그야말로 불모지 광야가 되고 말 것이라고 한다. 이런 현상은 지구 과학이 예측하기 이미 오래전에 성경이 먼저 언급한 자연 재해 현상이다. 우주 과학에서는 다른 행성을 지구처럼 만들고(Terraforming, 지구화), 미래 인류가 황폐한 이 지구를 떠나 다른 행성으로 이주해 살게 될 것을 구상하면서 인류에게 새로운 가나안을 꿈꾸게 하고 있다.

그러나 저자는 말한다. 우리가 사는 세상(땅)은 황폐한 광야이면서 동시에 비옥한 가나안일 수 있다고, 땅은 궁극적으로는 하나님의 뜻이 이루어지는 장소이고 하나님이 친히 다스리시는 나라의 영토라고 말이다. 그러면서 그는, 가나안은 어디에 따로 있는 것이 아니라 성삼위(聖三位) 하나님이 계시는 곳, 그를 섬기는 하나님의 백성이 있는 곳이 가나안이고 하나님 나라라고 말하며 우리 인생의 여정을 안내한다.

목회 내내 광야와 가나안이라는 두 기둥을 붙들고 말씀과 현장을 두루 섭렵한 그의 신학적 통찰이 마침내 하나님 나라라는 완성된 건물을 이룬 것 같아 기쁜 마음으로 이 책을 추천한다.

민영진 박사 (전 대한성서공회 총무)

우리는 코로나 광야를 지나고 있습니다. 끝날 듯 끝날 듯 끝나지 않는 광야가 계속되고 있습니다. 그동안 빨리 이 광야가 끝나기를 얼마나 기도했습니까? 이런 때에 광야의 생수 한 모금 같은 책이 나왔습니다. 바로 《가나안에 거하다》입니다. 저는 개인적으로 이 책이 출간되기를 오래 기다렸습니다.

처음 이진희 목사님이 쓰신 《광야를 읽다》를 읽었을 때의 감동이 생생히 기억납니다. 너무나 큰 은혜와 도전을 받았습니다. 그다음에 나온 책 《광야를 살다》도 너무나 좋았습니다. 그런데 광야 시리즈 완결편으로 이번에 나온 《가나안에 거하다》는 정말 놀라운 은혜가 있었습니다.

이 책은 성도의 삶을 광야와 가나안, 두 가지 개념으로 설명해 줍니다. 정확하고도 탁월한 성경 이해와 성지에 대한 해박한 지식에서 나온 성경 강해 그리고 실제 삶에서 어떻게 적용해야 할지에 대한 너무나 귀한 메시지를 주고 있습니다.

누구나 다 빨리 광야를 벗어나 가나안에 들어가고 싶어 합니다. 그러나 저자가 말하는 대로 우리는 이미 가나안에 들어와 살고 있습니다. 그런데도 우리는 가나안에 대한 허상을 갖고 있기 때문에 가짜 가나안을 꿈꾸며 살아가고 있는 것입니다. 그렇기에 우리가 처한 광야 같은 현실 때문에 낙심하고 절망하고 영적인 침체에 빠지게 되는 것입니다. 우리는 어떻게 하면 가나안에 들어갈 수 있을까 하는 것보다 어떻게 이 가나안에서 살아가야 하는가에 더 관심을 가져야 합니다.

저자는 《광야를 읽다》와 《광야를 살다》에서 인생은 산을 오르는 것이 아니라 광야를 지나는 것임을 깨닫게 해 주었습니다. 그는 이제 이 책을 통해 광야를 지나면서도 하나님을 바라보며 하나님과 동행하는 삶을 살면 그곳이 곧 가나안이라고 말합니다. 저자가 지적한 대로 가나안이 광야보다 더 위험한 곳입니다. 많은 사람이 광야에서보다 가나안에서 더 쉽게 넘어지고 더 많이 실패합니다. 그렇기 때문에 가나안에서는 광야를 지날 때보다 더 큰 하나님의 은혜가 필요합니다. 그러기에 더 엎드려 기도하고, 24시간 주님만 바라보며 주님과 동행해야 합니다.

저는 이 책을 읽으면서 몇 번씩이나 읽는 것을 멈추고 기도할 수밖에 없었습니다. '광야에서도 탐욕은 금물이다', '축복이 아닌 은혜를 구하라', '성공이 아닌 승리를 추구하라' 하는 외침을 들을 때 마치 광야에서 외치는 자의 음성을 듣는 듯했습니다. 《가나안에 거하다》는 인생의 광야를 지나면서 어떻게 가나안을 살 수 있는지 그리고 그 가나안에서 어떻게 살아야 하는지에 대한 더할 나위 없는 좋은 지침을 줄 것입니다. 이 책을 통해 한국 교회와 성도들의 삶이 변화되기를 기대합니다.

유기성 목사 (선한목자교회 원로)

《광야를 읽다》로 시작해서 《광야를 살다》를 거쳐 《가나안에 거하다》로 나의 광야 여정이 끝나게 되었다. 이스라엘 백성은 광야를 거쳐 가나안에 들어가는 데 40년이 걸렸다. 감사하게도 나는 10년밖에 걸리지 않았다.

이 책은 사실 벌써 나왔을 뻔했다. 《광야를 읽다》가 나오자마자 독자들에게서 다음 책에 대한 주문이 쏟아졌다. 가나안에 대한 책을 써 달라는 것이었다. 나도 그럴 생각이었다. 그런데 뜻하지 않게 다시 광야로 들어가게 되었다. 이스라엘 백성이 가데스바네아에 이르렀을 때 가나안에 들어가지 못하고 다시 광야로 돌아갔듯이, 이 책도 마찬가지였다. 《광야를 읽다》에 이어서 곧 가나안에 대한 책을 쓰려고 했지만 하나님은 '아직 가나안에 대해 말할 때가 아니다. 광야에 더 머물러 있어야 한다'고 하시는 것 같았다. 그래서 가나안에 들어가지 못하고 광야로 들어가 《광야를 살다》나왔다. 그리고 이제야 《가나안에 거하다》라는 책으로 독자들을 만나게 되었다.

20년 동안 열심히 광야를 돌아다니고 10년 넘게 광야를 연구했다. 광야를 다녀오면 그때부터 또 광야가 그립다. 도시 한가운데 살지만 늘 마음 가운데 광야가 있다. 광야에 대한 책을 세 권씩이나 쓴 것만 보아도 내가 광야를 좋아하는 것이 확실한 것 같다.

성경에 보면 광야 이야기가 많이 나온다. 젖과 꿀이 흐른다는 가나안도 절반은 광야다. 하나님의 사람들은 다 광야를 거쳐 나온 이들이었다. 하나

님이 이스라엘 백성과 만나 연애하고 결혼하고 신혼의 단꿈을 꾸셨던 곳
도 광야였다. 우리는 빨리 벗어나고 싶은데 하나님은 함께 더 있자고 하면
서 우리를 광야에 붙들어 놓으실 때가 얼마나 많은가? 아무래도 하나님은
광야를 좋아하시는 것 같다. 신을 만나려면 광야로 들어가라는 말도 있지
않은가? 하나님과 광야는 떼려야 뗄 수 없는 것 같다. 광야에 대한 나의 애
착이 죄는 아니구나 생각하며 속으로 피식 웃기도 한다.

이렇게 하나님은 광야를 좋아하신다. 그래서 광야에 계신다. 광야의 하
나님이라고까지 불리시지 않는가? 그런데 우리는 광야를 싫어한다. 아무
리 하나님이 계셔도 광야는 싫다. 하나님은 좋지만 광야는 싫은 것이다.

광야 설교를 시리즈로 하자 교인들이 처음에는 좋아했다. 그러나 차츰
불편해하는 기색이 역력했다. 세상에서 광야를 살다 왔는데 교회에 와서
또 광야 이야기를 들어야 하니 좋아할 리가 없었다. 광야 이야기가 은혜가
되기는 하지만 그래도 광야는 싫은 것이다. 빨리 광야를 벗어나 가나안에
들어가고 싶은 것이다. 그러다 보니 가나안에 대한 이야기를 해 달라는 은
근한 압력이 들어왔다. 이해가 되었다. 그래서 '광야 끝, 가나안 시작!'이라
는 슬로건을 (혼자 속으로만) 내걸고 가나안에 대한 설교를 하기 시작했다. 그
런데도 교인들은 언제 가나안 설교를 해 줄 거냐며 불평 아닌 불평을 하는
것이었다.

왜 가나안 이야기를 하는데 광야 이야기로 들렸던 것일까? 이유가 있

다. 가나안을 이야기하다 보면 광야를 이야기하지 않을 수 없다. 그러니까 교인들에게는 계속 광야 설교를 하는 것으로 들렸던 것이다. 그렇다면 가나안을 이야기할 때 광야 이야기를 빼놓을 수 없는 이유가 무엇일까?

광야가 십자가라면 가나안은 부활이다. 십자가의 반대가 부활이 아니듯, 광야의 반대도 가나안은 아니다. 광야와 가나안은 서로 대척점에 있는 것이 아니라 서로 맞물려 있다. 서로 이웃하고 있다. 광야 안에도 가나안이 있고, 가나안 안에도 광야가 있다.

광야와 가나안은 십자가와 부활처럼 서로 연결되어 있다. 십자가를 거쳐야만 부활에 이를 수 있듯이, 광야를 거쳐야만 가나안에 이를 수 있다. 십자가가 피해야만 하는 것이 아닌 것처럼, 광야도 벗어나야만 하는 것은 아니다. 십자가 안에 은혜와 축복이 담겨 있듯이, 광야 안에도 은혜와 축복이 담겨 있다. 십자가가 실패와 저주 같아도 축복인 것처럼, 광야도 실패와 저주 같지만 실상은 축복이다. 예수님이 십자가를 통과하셨듯이 우리도 광야를 통과해야 한다.

우리는 할 수만 있다면 십자가 없는 부활을 원한다. 그러나 그런 부활은 없다. 마찬가지로 우리는 광야 없는 가나안을 원한다. 그러나 그런 가나안은 없다. 십자가 없는 부활을 이야기하는 것은 반쪽 복음이다. 아니 '다른 복음'이다. 광야를 이야기하지 않고 가나안만 이야기하는 것도 마찬가지다.

왜 광야 시리즈의 완결편으로 가나안에 관한 책을 내게 되었는지 그리고 가나안에 관한 책에 왜 그렇게 광야에 관한 이야기가 많이 나오는지를 이야기해 보았다. 서론은 이 정도로 하고, 가나안, 그곳이 정말 알고 싶지 않은가? 가나안 정탐꾼들의 보고서에는 나와 있지 않은 가나안, 이제 그 땅을 탐색해 보도록 하자.

2021년 11월
이진희

1. 우리가 꿈꾸는
그런 가나안은 없다

🌿 아브라함, 가나안에 실망하다

하란에 살던 아브라함이 고향과 친척과 아버지 집을 떠나 하나님의 인도를 따라 들어온 곳은 가나안이었다. 하란은 유프라테스 강과 티그리스 강을 끼고 있었기 때문에 문명과 문화가 상당히 발달한 곳이었다. 갈대아 우르를 떠나 그곳에 오래 머물던 아브라함은 아버지가 죽자 가나안으로 올 생각을 갖고 있었다. 그러던 차에 하나님의 부르심으로 가나안에 들어오게 되었다. 아브라함의 계획과 하나님의 계획이 맞아떨어졌던 것이다.

그가 가나안에 들어와 처음 도착한 곳은 세겜이었다. 세겜은 성경에 나오는 최초의 가나안 지명이다. 아브라함은 하란에서 왕의 대로를 따라 내려오다가 얍복 강을 건너 골짜기를 타고 가나안에 들어왔다. 이 길을 따라 하란에 살던 리브가가 이삭과 결혼하기 위해 가나안으로 왔고, 야곱이 형을 피해 도망쳤다가 다시 돌아올 때도 이 길을 따라 하란과 가나안을 오갔다.

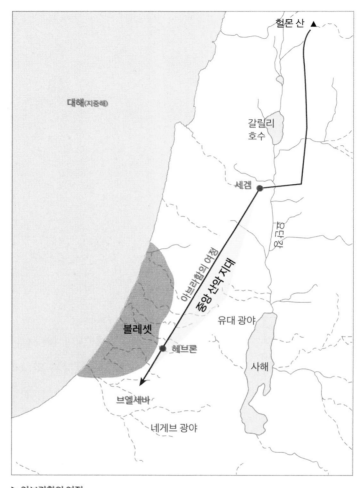

▶ 아브라함의 여정

아브라함이 세겜에 이르렀을 때 하나님이 그에게 처음으로 나타나셨다. 가나안 땅에서 하나님이 최초로 나타나신 곳이 세겜이었던 것이다. 하나님은 세겜에서 비로소 아브라함에게 주려고 했던 땅이 바로 이곳이라고 알려 주셨다(창 12:7).

아브라함은 세겜을 출발해서 벧엘과 예루살렘(기브온), 베들레헴을 거쳐 남쪽에 위치한 헤브론으로 내려갔다. 이곳은 모두 산악 지대로서 800-900미터에 이르는 험한 곳에 위치해 있다. 아브라함은 비옥한 갈릴리를 거쳐 가나안에 들어오지 않았다. 가나안에서 가장 비옥한 땅이 펼쳐져 있는 지중해 연안의 평야에 자리를 잡지도 않았다. 그는 중앙 산악 지대 중에서도 해발 800미터가 넘는 산꼭대기에 위치한 헤브론에 자리를 잡고 살았다.

가나안의 중앙 산악 지대는 나무도 잘 자랄 수 없는 돌산이다. 이 지역이 아브라함이 알고 있는 가나안의 전부였다. 그는 무슨 생각을 했을까? '정녕 이곳이 가나안이란 말인가? 하나님이 이런 땅을 주려고 나를 이곳으로 부르셨단 말인가?' 물론 아브라함은 하나님이 좋은 땅 주실 것을 기대하고 가나안에 들어온 것은 아니었다. 그는 노년에 이르기까지 자식이 없었기에 후손에 대한 하나님의 약속을 믿고 가나안에 들어온 것이었다. 그러나 유프라테스 강과 티그리스 강 유역에 살던 아브라함에게는 가나안 땅이 실망스럽기 그지없었을 것이다.

아브라함은 가나안에 들어오자마자 호된 신고식을 치러야 했다. 가나안이 어떤 곳인지를 잘 보여 주는 경험을 한 것이다. 그것이 무엇인가? 기근이었다. 그것도 그냥 기근이 아니라 '심한 기근'이었다.

"그 땅에 기근이 들었으므로 아브람이 애굽에 거류하려고 그리로 내려갔으니 이는 그 땅에 기근이 심하였음이라"(창 12:10).

하나님의 인도하심을 따라 들어왔는데 어떻게 들어오자마자 이런 일을 겪는단 말인가? 아브라함이 믿음이 없어 가나안에 머물지 않고 애굽으로 내려갔다가 봉변을 당했다고 생각하는 사람도 있다. 그러나 그렇지 않다. 가나안에서 견디다, 견디다 못해 애굽으로 간 것이다. 기근이 들면 돈도 소용이 없다. 돈을 아무리 많이 줘도 양식을 팔지 않는다. 자기 동족도 양식이 없어 아우성인데, 누가 아브라함과 같은 이방인에게 양식을 팔겠는가? 가나안 사람들도 양식을 구하지 못해 죽어 가는데, 나그네인 아브라함이 어떻게 양식을 구할 수 있겠는가? 애굽까지 양식을 구하러 가는 것도 쉬운 일은 아니었을 것이다. 그런데도 그럴 수밖에 없었다.

아브라함은 가나안까지 와서 오래 머물지도 못하고 바로 또 그 먼 애굽으로 내려가야 했다. 광야를 거쳐 애굽으로 내려가면서 그는 무슨 생각을 했을까? '아무래도 내가 잘못 온 것 아닌가?' 하며 가나안으로 이주해 온 것을 후회하지 않았을까?

그는 애굽에 대해서 잘 알고 있었던 것 같다. 그래서 기근이 들었을 때 단순히 양식을 구하기 위해서가 아니라, 그곳에서 살 생각으로 내려갔다.

"아브람이 애굽에 거류하려고 그리로 내려갔으니"(창 12:10).

가서 보니 그곳에는 양식이 풍족했다. 가나안에 비하면 그곳은 진짜 '젖과 꿀이 흐르는 땅'이었다. 실제로 애굽은 우리가 생각하는 그런 사막이 아니다.

"롯이 눈을 들어 요단 지역을 바라본즉 … 여호와의 동산 같고 애굽 땅과 같았더라"(창 13:10).

에덴동산과 애굽을 동격으로 놓고 있지 않은가?

아브라함은 그곳에 살고 싶었다. 아니, 그럴 계획으로 애굽에 왔다. 가나안으로는 돌아가고 싶지 않았다. 그러나 하나님은 그가 다시 가나안으로 돌아가도록 하기 위해 작전을 펴셨다. 바로가 아브라함의 아내 사라를 취하려고 하는 사건이 발생한 것이다. 이 일로 인해 아브라함은 바로에게 거의 쫓겨나다시피 해서 가나안으로 돌아와야 했다. 그는 처음 들어올 때보다 백배 천배 무거운 발걸음으로 가나안 땅을 밟았을 것이다.

후에 이런 일이 다시 한 번 일어난다. 가나안 땅에 심한 기근이 들어 야곱의 가족이 요셉의 초청으로 애굽에 이민을 가게 되는데, 그땐 그곳에서 바로의 환대와 그의 호의를 힘입어 잘 정착해서 살게 된다.

🌀 노예 신분이기에 가능했던 출애굽

애굽에 정착한 히브리인들이 창대하고 강대해지자 위협을 느낀 바로는 산파들을 통해 히브리 여인이 아들을 낳으면 다 죽이도록 하는 명령을 내렸다. 그리고 히브리인들에게 어려운 노동을 시켰다. 그러니 아무 문제없이 잘 살다가 하루아침에 노예 신세로 전락한 히브리인들이 얼마나 간절하게 기도했겠는가? 하나님 앞에 날이면 날마다 살려 달라고 기도했을 것이다.

"하나님이 그들의 고통 소리를 들으시고 하나님이 아브라함과 이삭과 야곱에게 세운 그의 언약을 기억하사 하나님이 이스라엘 자손을 돌보셨고 하나님이 그들을 기억하셨더라"(출 2:24-25).

이스라엘 백성이 고통 속에서 울부짖으며 살려 달라고 기도하는 모습을 보신 하나님은 그들을 구출해 주기로 작정하신다. 그런데 여기서 주목해야 할 것이 있다. 이스라엘 백성이 단지 기도했기 때문에 하나님이 그들을 구출하기로 작정하신 것이 아니라는 것이다. 더 중요한 결정적인 이유가 있다. '아브라함과 이삭과 야곱에게 세운 그의 언약을 기억하사' 그들을 구출해 주기로 결정하셨다는 것이다. 출애굽 사건은 단순히 기도 응답으로 이루어진 것이 아니다. 고난당하는 이스라엘 백성이 불쌍해서 그들을 구출해 주신 것도 아니다. 출애굽 사건이 일어난 결정적인 계기는, 하나님이 아브라함과 이삭과 야곱과 맺으신 언약 때문이었다.

그렇다면 어떤 언약을 맺었기에 출애굽을 시켜 주신 것일까? 그것은 '씨'와 '땅'에 대한 약속이었다. 하나님은 그들의 씨를 축복해서 한 민족을 이루게 해 주겠다고 약속하셨다. 이 약속은 이미 이루어졌다. 이제는 땅에 대한 약속이 남아 있다. 아직 이 약속은 이루어지지 않았다. 이스라엘 백성은 지금 애굽에서 노예 생활을 하고 있다. 하나님은 이제 그들을 가나안 땅으로 인도해 가려고 모세를 불러 출애굽을 하게 하신다.

"내가 ⋯ 가나안 땅 곧 그들이 거류하는 땅을 그들에게 주기로 그들과 언약하였더니 이제 애굽 사람이 종으로 삼은 이스라엘 자손의 신음 소리를 내가 듣고 나의 언약을 기억하노라"(출 6:3-5).

이스라엘 백성이 가나안에 들어간 것에 대해 모세는 이렇게 말하고 있다.

"네가 가서 그 땅을 차지함은 네 공의로 말미암음도 아니며 ⋯ 네 조상 아브라함과 이삭과 야곱에게 하신 맹세를 이루려 하심이니라"(신 9:5).

출애굽은 단순한 해방이나 구원 사건이 아니다. 출애굽 사건은 언약의 관점에서 이해해야 한다. 그들로 하여금 출애굽하게 하신 진짜 이유는, 하나님이 그들의 조상들과 맺으신 언약 때문이었다. 가나안 땅을 주겠다고 하신 그 약속을 이루기 위해 그들을 애굽에서 빠져나오게 하신 것이다. 히브리인들이 애굽에서 학대를 받지 않았어도 출애굽 사건은 있었을 것이다. 이스라엘 백성이 살려 달라고 울부짖으며 기도하지 않았어도 그들은 애굽에서 나왔어야 했다. 하나님이 그들에게 주시기로 한 땅이 있었기 때문이다. 그 땅으로 가서 살도록 하기 위해 하나님은 그들을 애굽 땅에서 나오게 하셨을 것이다. 한마디로 출애굽은, 하나님이 아브라함과 그의 후손들과 세우신 '땅'에 관한 언약을 이루기 위해 행하신 사건이다.

앞에서도 언급했듯이, 하나님은 아브라함에게 두 가지 약속을 하셨다. 하나는 땅에 대한 약속이고, 다른 하나는 후손에 관한 약속이다.

"여호와께서 아브람에게 이르시되 너는 너의 고향과 친척과 아버지의 집을 떠나
내가 네게 보여 줄 땅으로 가라 내가 너로 큰 민족을 이루고"(창 12:1-2).

"여호와께서 아브람에게 이르시되 너는 눈을 들어 너 있는 곳에서 북쪽과 남쪽 그
리고 동쪽과 서쪽을 바라보라 보이는 땅을 내가 너와 네 자손에게 주리니 영원히
이르리라"(창 13:14-15).

"하늘을 우러러 뭇별을 셀 수 있나 보라 또 그에게 이르시되 네 자손이 이와 같으리

라 … 또 그에게 이르시되 나는 이 땅을 네게 주어 소유를 삼게 하려고 너를 갈대아 인의 우르에서 이끌어 낸 여호와니라"(창 15:5, 7).

똑같은 약속이 이삭에게도 주어졌다.

"네 자손을 하늘의 별과 같이 번성하게 하며 이 모든 땅을 네 자손에게 주리니 네 자손으로 말미암아 천하 만민이 복을 받으리라"(창 26:4).

야곱에게도 같은 축복을 약속하셨다.

"네가 누워 있는 땅을 내가 너와 네 자손에게 주리니"(창 28:13).

"생육하며 번성하라 한 백성과 백성들의 총회가 네게서 나오고 왕들이 네 허리에 서 나오리라 내가 아브라함과 이삭에게 준 땅을 네게 주고 내가 네 후손에게도 그 땅을 주리라"(창 35:11-12).

"내가 이 땅을 네 후손에게 주어 영원한 소유가 되게 하리라"(창 48:4).

이삭과 야곱과 요셉도 이러한 하나님의 약속을 믿었다. 이삭은 야곱을 이렇게 축복했다.

"아브라함에게 허락하신 복을 네게 주시되 너와 너와 함께 네 자손에게도 주사 하 나님이 아브라함에게 주신 땅 곧 네가 거류하는 땅을 네가 차지하게 하시기를 원하노라"(창 28:4).

그리고 야곱은 이렇게 유언을 했다.

"나는 죽으나 하나님이 너희와 함께 계시사 너희를 인도하여 너희 조상의 땅으로 돌아가게 하시려니와"(창 48:21).

요셉도 같은 유언을 남겼다.

"나는 죽을 것이나 … 당신들을 이 땅에서 인도하여 내사 아브라함과 이삭과 야곱에게 맹세하신 땅에 이르게 하시리라"(창 50:24).

이를 통해 우리는 아브라함에게 주어진 약속이 이삭과 야곱에게로 계속 이어지고 있음을 볼 수 있다. 그들에게 주신 약속은 아브라함의 후손(씨)이 하늘의 별과 바닷가의 모래알처럼 번성하게 되는 것과 그들에게 가나안 땅을 주시겠다는 것이었다.

하나님이 약속하신 땅은 물론 가나안이다. 아브라함이 가나안에 이르렀을 때 "너는 눈을 들어 너 있는 곳에서 북쪽과 남쪽 그리고 동쪽과 서쪽을 바라보라 보이는 땅을 내가 너와 네 자손에게 주리니 영원히 이르리라"(창 13:14-15)고 하셨다. 기근 때문에 애굽으로 내려갔던 아브라함이 거기에서 살려고 하자 하나님은 그를 다시 가나안으로 돌아가게 하셨다. 이삭에게도 그 땅을 떠나지 말라고 하셨다(창 26:2). 야곱에게도 그 땅으로 반드시 돌아오게 해 주겠다고 약속하셨다(창 28:15, 48:4). 요셉도 이스라엘 백성이 가나안으로 돌아가게 될 거라며, 그때 자신의 유골도 가져가 달라는 유언을 남겼다(창 50:24-25).

이렇듯 가나안은 하나님이 이스라엘 백성에게 주려고 찜해 놓으신 땅이었다. 하나님이 이스라엘 백성을 선택하셨듯이, 가나안도 하나님이 택하신 땅이었다. 하나님은 다른 땅이 아닌 가나안을 이스라엘 백성에게 주기로 처음부터 작정하셨다(성경은 가나안을 '주리라 맹세한 땅'으로 33번이나 표현하고 있다).

그렇다면 우리는 다시 한 번 출애굽 이전으로 거슬러 올라갈 필요가 있다. 아브라함이 하나님의 인도를 따라 가나안에 들어온 이후 오랜 세월이 흘러 그의 후손인 요셉이 애굽으로 팔려가게 되었다. 그리고 그는 그곳에서 총리가 되었다. 때마침 가나안에 기근이 들어 요셉의 형제들이 양식을 구하러 애굽에 내려갔다가 요셉을 만나게 되는데, 이 일을 계기로 요셉은 자기 가족을 모두 애굽에 내려와 살도록 초청하게 된다. 그렇게 해서 75명이 가나안을 떠나 애굽으로 내려가 살게 되었다.

요셉의 가족은 요셉 덕분에 고센 땅에 정착해서 잘 살았다. 하나님이 약속하신 대로 인구도 엄청 불어났다. 그런데 그때, 요셉을 알지 못하는 바로가 나타났다. 히브리인들에게 위협을 느낀 바로는 그들을 노예로 삼았다.

"이스라엘 자손은 고된 노동으로 말미암아 탄식하며 부르짖으니 그 고된 노동으로 말미암아 부르짖는 소리가 하나님께 상달된지라 하나님이 그들의 고통 소리를 들으시고 하나님이 아브라함과 이삭과 야곱에게 세운 그의 언약을 기억하사 하나님이 이스라엘 자손을 돌보셨고 하나님이 그들을 기억하셨더라"(출 2:23-25).

이러한 상황에서 그들은 무슨 기도를 했을까? 애굽에서는 못 살겠으니 그곳을 떠나게 해 달라고 기도했을까? 모세가 그들에게 나타나 하나님의 뜻을 전달했을 때, 그들은 모세에게 무엇을 기대했을까? 모세가 바로와 담판을 지어서 그들을 애굽에서 구출해 줄 것을 기대했을까?

그들은 노예가 되기 전까지는 아무 문제없이 잘 살았다. 그런데 어느 날 요셉을 알지 못하는 바로가 나타나면서 그 사달이 난 것이다. 우리가 그들이었다면 무슨 기도를 했을까? 우리나라가 일제 식민지로 있었을 때 새벽마다 일본이 망하게 해 달라고 기도했던 것처럼, 그들은 그 사악한 바로가 죽든지, 아니면 그 정권이 무너지고 새로운 정권이 들어서서 히브리인들에 대한 정책이 바뀌어 이전처럼 자유민으로 살아갈 수 있게 해 달라고 기도했을 것이다. 히브리인들 중에 이 지긋지긋한 애굽을 탈출할 수 있게 해 달라고 기도한 사람은 단 한 명도 없었을 것이다.

사실 출애굽을 한다는 것은 이제껏 살던 삶의 터전을 하루아침에 다 포기하고 떠난다는 것이다. 실제로 히브리인들은 출애굽을 할 때 그들이 평생, 아니 조상 대대로 일구어 놓은 모든 집과 땅과 재산을 다 포기하고 떠나야 했다. 그리고 가나안에 들어가서는 맨손으로 다시 시작해야 했다. 누가 그런 출애굽을 원하겠는가?

만일 그들이 노예가 되지 않았더라면, 하나님이 약속하신 가나안 땅으로 인도하려는 모세를 어느 누구도 따라 나서지 않았을 것이다. 모두들 모세를 미쳤다고 했을 것이다. 당신 혼자 가나안 땅에 들어가 잘 먹고 잘 살라고 했을 것이다. 그러나 그들은 떠날 수밖에 없었다. 계속 애굽에 머물러 살 수 있는 상황이 아니었기 때문이다. 그들은 가나안에 대한 부푼 꿈을 안고 미련 없이 애굽을 떠난 것이 아니라, 할 수 없이 눈물을 머금고 애굽을 떠나 가나안으로 갔던 것이다. 훗날 바벨론 포로에서 돌아올 때 그랬던 것처럼 "여호와께서 우리를 위하여 큰일을 행하셨으니 우리는 기쁘도다"(시 126:3) 하며 가나안을 향해 갔던 것이 아니다.

아브라함을 가나안으로 보내신 분은 하나님이었다. 요셉을 애굽으로 보내신 분도 하나님이었다. 야곱의 가족 모두를 애굽으로 보내신 분도 하나님이었다. 하나님은 이 모든 과정을 통해 이스라엘이 애굽에서 한 민족을 이루어 가나안 땅으로 향하게 하셨다.

🪨 척박한 땅, 가나안에 들어가다

가나안의 절반은 광야

이스라엘 백성은 광야를 지나면서 낮이나 밤이나 한 가지 색깔만을 바라보며 살았다. 암갈색이다. 광야에서 녹색이라곤 눈을 씻고 찾아봐도 볼 수 없었다. 40년 내내 암갈색 광야에서 살아야만 했다. 그랬으니 얼마나 질렸겠는가? 빨리 가나안에 들어가 녹색 세상을 볼 수 있게 되기를 학수고대했을 것이다.

이제 그런 가나안이 눈앞에 있다. 요단 강만 건너면 된다. 그러나 모세는 그들과 함께 요단 강을 건널 수 없었다. 하나님이 모세는 가나안에 들어가지 못하게 하셨다. "너는 여기까지다." 모세는 홀로 광야에 남아 있어야 했다. 가나안에 들어가지 못하는 그의 심정이 어떠했을까? 그는 작별인사를 나누고 홀로 외롭게 느보 산꼭대기로 올라갔다.

느보 산에 올라가면 가나안이 한눈에 들어온다. 해발 800미터 정도의 고원 지대에 위치한 느보 산 바로 아래는 사해가 자리 잡고 있다. 그 위

▶ 느보 산에서 바라본 가나안

로 사해 북단이 보인다. 요단 강도 보인다. 넓은 요단 강 계곡이 눈앞에 펼쳐진다. 그리고 저 멀리 여리고도 보인다. 여리고 뒤편으로는 높은 산들이 보인다. 그리고 그 산꼭대기에 예루살렘이 있다. 밤에 보면 예루살렘의 불빛이 보인다. 직선거리로는 50킬로미터가 조금 넘는다. 예루살렘 남쪽으로는 베들레헴, 헤브론이 자리 잡고 있다. 이곳에서부터 동쪽 사해까지는 완전히 광야다. 모세의 눈에 들어온 가나안은 젖과 꿀이 흐르는 땅이 아니라 암갈색 광야였다. 지난 40년간 눈 뜨면 보였던 그 암갈색 광야가 그대로 모세의 눈앞에 펼쳐진 것이다. "아니 하나님, 가나안은 젖과 꿀이 흐르는 땅이라고 하지 않으셨습니까? 정녕 제가 보고 있는 저곳이 가나안이란 말입니까?" 눈앞에 펼쳐진 가나안을 바라보면서 모세는, 저런 가나안이라면 못 들어가도 그렇게 억울할 건 없다고 생각했을지도 모른다.

젖과 꿀이 흐르는 땅으로만 알고 있는 가나안 땅의 절반 가량이 사실은 광야다. 가나안 중앙에는 등뼈처럼 높은 산이 남북으로 뻗어 있는데, 이 중앙 산악 지대에 벧엘, 기브온, 예루살렘, 베들레헴, 헤브론이 자리 잡고 있다. 중앙 산악 지대에서 요단 계곡까지는 직선거리로 15킬로미터밖에 되지 않는다. 그런데 고도의 차이는 1,000미터 이상이다. 얼마나 급경사인지 알 수 있다. 이 지역이 모두 광야다. 이 광야를 '유대 광야'라고 부른다. 예루살렘이나 베들레헴, 헤브론 그리고 여리고는 모두 광야에 있다. 이런 도시들에서 한 발자국만 밖으로 나가도 광야다. 이곳이 모세가 바라보았던 가나안이었다.

성경은 가나안을 "단에서부터 브엘세바까지"라고 표현하기도 한다 (삿 20:1; 삼상 3:20). 단은 헐몬 산 아랫자락에 위치해 있는데, 가나안에서 사람이 살 수 있는 최북단 지역이다. 브엘세바는 가나안에서 사람이 살 수 있는 최남단에 자리 잡고 있는 지역으로, 그 아래로는 광대한 네게브 광야가 펼쳐져 있다. 아브라함이 바로 이 브엘세바에서 살지 않았는가? 하나님은 그에게 가나안 땅을 약속하셨다. 그러나 그가 살았던 곳은 사람이 살 수 있는 곳 중에 가장 끄트머리, 곧 광야 인근 지역이었다. 그는 가나안에서 주변인으로 변방에서 살았던 것이다. 가나안이라고 해서 다 '젖과 꿀이 흐르는 땅'은 아니다. 가나안의 절반 가량은 사람이 살 수 없는 광야다. 현재 이스라엘에서 경작지로 사용되는 땅은 전체 면적의 약 3퍼센트가 채 안 된다고 한다.

가나안 땅에 들어갔을 때 유다 지파는 유대 광야를 분배받았다. 시므온 지파는 네게브 광야를 분배받았다. 벧엘과 기브온, 여리고 지역을 분배받은 베냐민 지파도 땅의 대부분이 광야로 이루어져 있다. 르우벤 지파도 광야인 모압과 에돔 지역을 분배받았다. 열두 지파 가운데 네 지파가 광야를 할당받은 것이다. 그 땅을 분배받았을 때 그들은 얼마나 기가 막혔겠는가? "아니, 우리가 이런 땅에 살려고 40년 광야를 거쳐 여기에 들어왔단 말인가?"

다윗은 13년 동안이나 사울을 피해 숨어 다녀야 했다. 하루하루 피 말리는 삶의 연속이었을 것이다. 날이면 날마다 '오늘도 무사히'를 기도했을 것이다. 다윗은 광야에서 13년간이나 숨어 살았다. 그는 어렸을 때부터 양을 쳤는데, 그가 양을 친 곳은 베들레헴 주변의 유대 광야였다. 그러다 보니 다윗은 광야를 손바닥 보듯이 잘 알고 있었다. 그랬기 때문에 광야로 숨어들었던 것이고, 13년 동안이나 붙잡히지 않을 수 있었던 것이다. 광야에서는 광야를 아는 사람만이 살아남을 수 있다.

예수님은 베들레헴에서 태어나셨다. 베들레헴은 광야다. 예수님은 여리고 앞 요단 강에서 세례를 받으셨는데, 그곳도 광야. 40일 동안 마귀에게 시험받으며 금식하셨던 곳도 여리고 근처의 유대 광야였다. 예수님은 예루살렘으로 올라갈 때마다 여리고를 통해 가셨다. 여리고에서 예루살렘으로 올라가는 길은 험하기로 유명하다. 선한 사마리아인의 비유에 나오는 무대가 바로 이곳이다. 지금도 그 길은 험해서 혼자서는 트래킹을 하지 못하도록 하고 있다. 여리고는 해저 350미터, 예루살렘은 해발 800미터에 위치해 있다. 순례자들은 이런 험한 길을 올라가면서 이렇게 탄식할 수밖에 없었다.

"내가 산을 향하여 눈을 들리라 나의 도움이 어디서 올까"(시 121:1).

그러나 이 길이 정말 위험한 이유는 다른 데 있다. 여리고에서 예루살렘으로 올라가는 길은 험한 산일 뿐만 아니라 황량한 광야다. 샘도 없고 그늘도 없다. 인가가 없는 것은 말할 것도 없다. 예수님은 예루살렘으로 올라갈 때마다 이런 험한 길을 가셨다. 어쩌면 시편 121편 1절은 "내가 광야를 향하여 눈을 들리라 나의 도움이 어디서 올까" 하는 탄식일지도 모른다.

나무가 자라기 힘든 땅

물론 가나안에도 '젖과 꿀이 흐르는 땅'이 있다. 블레셋 평야, 샤론 평야처럼 지중해 연안에 위치한 비옥한 평야 지대가 있다. 그러나 이스라엘 백성은 그쪽 지역을 정복하지 못했다. 이 비옥한 평야는 이미 블레셋이 차지하고 있었다.

성경에 나오는 전쟁의 대부분은 블레셋과의 전쟁이다. 그 유명한 다윗과 골리앗의 전투도 블레셋과의 전쟁이었다. 이 전쟁에서 다윗이 골리앗을 죽이고 승리를 얻었지만, 그렇다고 해서 이스라엘이 블레셋을 정복한 것은 아니었다. 블레셋이 패해서 물러갔을 뿐이었다.

가나안에 정착한 이스라엘은 끊임없이 블레셋에게 침략을 당했다. 그들을 이겨 낼 힘이 없었다. 그때그때 위기만 넘겼을 뿐, 쳐들어가 그들을 몰아내고 그 땅을 차지하지는 못했다. 블레셋과의 전쟁은 항상 방어하는

전쟁이었다. 단 지파에게 할당된 땅은 바로 블레셋과 경계를 같이하고 있었다. 그러나 단 지파는 결국 그들의 괴롭힘을 참다못해 가나안 최북단으로 이주해 갔다. 블레셋은 철기 시대에 들어선 지 오래되었는데, 가나안에 들어간 이스라엘은 아직도 청동

기 시대에 머물러 있었기 때문에 상대가 안 되었던 것이다.

이스라엘은 블레셋이 차지한 젖과 꿀이 흐르는 땅을 그들이 가나안에 들어간 후 북 이스라엘이 망하고 이어서 남 유다가 멸망할 때까지 단 한 번도 차지하지 못했다. 블레셋은 앗수르에 의해 북 왕국이 멸망할 때 함께 멸망당하고 역사 속에서 사라졌다. 블레셋 땅은 바벨론 포로 후에야 비로소 이스라엘이 차지할 수 있었다.

가데스바네아에서 가나안으로 정탐꾼들을 보냈을 때, 그들이 보고 온 곳은 가나안 전역이 아니라 산악 지대였다. 그들은 중앙 산악 지대를 타고 가나안을 정탐했다. 그들이 갔던 곳은 헤브론, 베들레헴, 예루살렘, 기브온, 벧엘, 실로 같은 곳들이었다. 아브라함이 가나안에 들어올 때도 바로 이 경로를 이용했다. 아브라함, 이삭, 야곱이 이 길을 따라서 오고 갔기 때문에 '족장들의 길'이라고도 부른다. 이 길은 중앙 산악 지대의 능선을 타고 나 있다. 중앙 산악 지대는 지중해 쪽 어디서나 한눈에 다 볼 수 있다.

몇 해 전 이스라엘을 방문했을 때의 일이다. 밤늦게 벤구리온 공항에 도착한 성지 학습 여행 팀은 15인승 밴(van)에 올라 예루살렘을 향해 가고 있었다. 그런데 차가 중간쯤에 서는 것이었다. 차에 문제가 생겼는가 걱정했더니 기사가 하는 말이, 경사가 너무 가팔라서 쉬었다 가야 한다는 것이었다. 예루살렘은 해발 800미터에 위치하고 있다. 공항에서 예루살렘에 이르는 길은 강릉에서 대관령 정상에 이르는 길로 생각하면 맞다.

이스라엘 백성이 가나안에 들어갔을 때 가장 먼저 정복한 곳은 이 중앙 산악 지대였다. 여리고를 함락시킨 다음 곧장 벧엘과 실로로 올라갔다. 그런 다음 기브온과 헤브론을 정복했다.

이스라엘 백성이 가나안에 들어갈 때 남쪽에서 올라가지 않고 동편에서

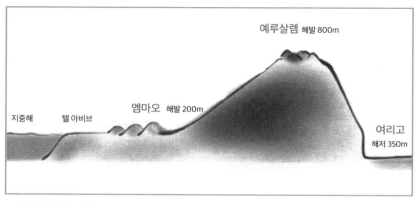

▶ 중앙 산악 지대 모형

요단 강을 건너 들어간 것은, 지중해 연안의 비옥한 평야 지대는 이미 강
대한 블레셋이 차지하고 있었기 때문이다. 처음부터 블레셋과 전쟁을 벌
이는 것은 역부족이었다. 그래서 그들보다는 약한 중앙 산악 지대를 먼저
정복하고 나중에 힘을 길러 블레셋 지역을 정복하려는 전략을 갖고 있었
을 것이다. 그러나 그들은 끝내 블레셋 지역은 차지하지 못하고 주로 중앙
산악 지대를 중심으로 가나안에서 정착하기 시작했다. 그래서 구약에 나
오는 대부분의 지명들이 세겜에서 시작해서 헤브론까지 이르는 중앙 산악
지대에 위치하고 있는 것이다.

솔로몬은 성전과 왕궁을 짓기 위해 "담군 칠만과 산에 올라 작벌할 자
팔만과 일을 감독할 자 삼천육백을" 뽑았다(대하 2:2, 개역한글 성경). 성전과 왕
궁을 건축하기 위해 8만 명을 동원해 산에 올라가 나무를 해 오게 했다는
것이다. 성전과 왕궁을 얼마나 크고 화려하게 지었는지 알 만하지 않은
가? 우리나라에서는 집을 지으려면 산에 올라가 나무를 베어 왔다. 그러
나 이스라엘에서는 나무로 집을 짓지 않는다. 나무가 별로 없기 때문이다.

▶ 이스라엘 대부분의 산은 돌로 이뤄져 있다

대신 돌로 짓는다. 돌은 어디에나 흔하기 때문이다. 우리나라에서는 산에 나무하러 가지만, 이스라엘에서는 산에 돌을 뜨러 간다.

그렇다면 왜 솔로몬은 산에 올라가 나무를 해 올 사람들을 8만 명이나 동원했다고 했는가? 이는 성경을 잘못 번역해서 그렇다. 그래서 개역개 정 성경은 이 구절을 이렇게 수정했다. "솔로몬이 이에 짐꾼 칠만 명과 산 에서 돌을 떠낼 자 팔만 명과 일을 감독할 자 삼천육백 명을 뽑고"(대하 2:2). 솔로몬 성전은 99퍼센트 돌로 지어졌다. 성전을 짓는 데 필요한 나무는 레 바논에서 수입을 했다. 헤롯 성전도 마찬가지였다. 제자들이 성전을 바라 보면서 감탄을 했다. "예수님, 저 돌들 좀 보십시오. 정말 대단하지 않습니 까?" 그러자 예수님은 돌 위에 돌 하나 남지 않고 다 무너질 것이라고 하시 지 않았는가?

이스라엘은 산에 나무가 없기 때문에 모든 건축물들은 돌로 짓는다. 무 덤도 바위를 파서 만든다. 가나의 혼인 잔칫집에 있던 돌 항아리를 기억할 것이다. 이렇게 항아리나 그릇도 돌로 만든다. 솔로몬의 마병대가 므깃도에 있었는데, 그곳에 가면 돌을 파서 만든 말구유를 볼 수 있다. 예수님이 태어나신 구유도 사실은 돌로 만들어졌을 것이다. 갈릴리 호수에서 예수님 당시의 배가 발굴되었다. 2천 년 전의 배가 펄에 묻혀 있다가 발견된 것이다. 이 배를 분석한 결과 15종 이상의 나무들을 사용해서 만든 것임이 밝혀졌다. 왜 배 한 척을 만드는 데 이렇게 많은 종류의 나무들이 사용된 것일까? 나무가 없다 보니 이 나무, 저 나무 모아서 배를 만들었기 때문이다.

예수님은 목수였다고 한다. 그러나 이스라엘에는 나무가 없기 때문에 나무로 만들 수 있는 것이 별로 없다. 목수라고 번역된 헬라어는 '테크톤'(tekton)인데, 꼭 목수만을 의미하는 것은 아니다. 나무나 돌 같은 것으로 집을 짓거나 도구를 만드는 사람을 일컫는 용어다. 예수님은 목수보다는 석수에 훨씬 가까운 분이셨다. 산에 가서 나무를 해서 자르고 다듬어 집을 짓거나 연장을 만드는 일이 아니라, 돌을 떠서 옮기고 그것을 잘라 다듬어 쌓아 올리는 일을 하셨던 분이다. 목수 일보다는 석수 일이 백배 더 힘든데, 예수님은 그런 일을 하면서 가족의 생계를 책임지셔야 했다.

가나안에 산이 없는 것도 아니고 800미터 이상 되는 중앙 산악 지대가 있는데 왜 나무가 귀한 것일까? 그것은 지반이 암반으로 이루어져 있는 돌산이기 때문이다. 그래서 비가 와도 땅속으로 스며들지 못하고 바로 흘러가 버리고 만다. 이 물이 흘러 광야로 들어가는데, 예루살렘이나 헤브론에 비가 오면 비 한 방울 내리지 않은 광야에서 홍수가 난다. 이처럼 지형이 암반으로 이루어져 있다 보니 나무들이 뿌리를 내리기가 어렵다. 또한 땅속으로 비가 스며들지 않아서 나무가 자랄 수 없다. 이렇게 나무도 자랄 수 없는 척박한 돌산이기 때문에 곡식 농사를 짓기가 어렵다. 그래서 주로 과일 농사를 많이 짓는데, 그중에서 척박한 돌산에서도 잘 자라는 감람나무(올리브나무)는 성지 산야에서 가장 쉽게 볼 수 있는 나무다.

이렇게 산은 많지만 대부분이 돌산이어서 나무도 제대로 자라지 못하는 곳이 바로 가나안이다.

나일 강 vs. 요단 강

이스라엘 하면 떠오르는 강이 있다. 바로 요단 강이다. 이스라엘에는 강이 요단 강 하나밖에 없다. 우기인 겨울철에는 넘쳐흐르지만, 건기인 여름철에는 거의 말라 버린다.

요단 강은 한강처럼 큰 강이 아니다. 우리나라의 개천이라 생각하면 된다. 우기에도 물 흐르는 폭이 10미터가 넘지 않는다. 요르단에는 얍복 강을 비롯해서 몇 개의 상시천이 흐르는 반면, 이스라엘에는 상시천이 요단 강 하나밖에 없다. 요르단은 비가 와도 물이 땅으로 흡수되지 않기 때문에 물이 항상 흐르는 데 반해 이스라엘은 비를 흡수하는 땅이기에 물이 흐를 수 없는 것이다.

나일 강과 요단 강의 가장 큰 차이는 애굽과 가나안의 차이를 가장 잘 말해 준다. 요단 강은 비가 와야 물이 흐른다. 가물게 되면 물이 줄어들거나 심한 가뭄에는 말라 버린다. 그러나 나일 강은 비가 오지 않아도 사시사철 물이 넘쳐흐른다. 나일 강의 길이는 요단 강과 비교가 되지 않는다. 에티오피아에서 발원한 나일 강물이 지중해로 흘러들어가는 데는 한 달도 더 걸린다고 한다. 애굽은 사막으로 이루어져 있지만 이 사막 한가운데를 가로질러 흐르는 거대한 강이 있기 때문에 일찍이 애굽 문명이 꽃필 수 있었다. 지금도 95퍼센트 이상이 나일 강 유역에서 살아가고 있다. 또한 애굽은 대농업 국가이기도 하다. 나일 강 홍수 때마다 밀려온 토사로 인해 농사가 아주 잘되었다. 요셉의 초청을 받아 이민을 갔던 야곱의 가족들도 나일 강 삼각주 평야 지대에서 살았다. 나일 강 삼각주는 가나안과는 비교도 안 될 정도로 넓고 비옥한 평야다.

애굽은 이렇게 나일 강이 사시사철 흐르기 때문에 가뭄을 모른다. 비가 오지 않아도 강물이 크게 줄지를 않는다. 그렇기 때문에 가나안에 기근이 들 때마다 애굽으로 양식을 구하러 내려갔던 것이다.

성경은 가나안을 '젖과 꿀이 흐르는 땅'이라고 표현하고 있다. 그러나 가나안만 젖과 꿀이 흐르는 땅은 아니다. 애굽도 젖과 꿀이 흐르는 땅이다.

"네가 우리를 젖과 꿀이 흐르는 땅에서 이끌어 내어 광야에서 죽이려 함이 어찌 작은 일이기에 오히려 스스로 우리 위에 왕이 되려 하느냐"(민 16:13).

애굽에서 살다 나온 사람들의 말이다. 그들은 사막에서 살다가 더 이상 못 살겠어서 젖과 꿀이 흐르는 가나안을 향해 간 것이 아니다. 그들은 이미 젖과 꿀이 흐르는 땅에서 살고 있었다. 그들은 더 살기 좋은 곳으로 가기 위해 애굽에서 나와 가나안으로 간 것이 아니었다. 성경은 애굽이 얼마나 살기 좋은 곳이었는가에 대해 이렇게 설명하고 있다. "여호와의 동산 같고 애굽 땅과 같았더라"(창 13:10). 나일 강에 흐르는 물 때문에 애굽이 젖과 꿀이 흐르는 땅 그리고 여호와의 동산 같은 곳이 될 수 있었던 것이다.

애굽과 달리 가나안에는 나일 강과 같은 강이 없다. 하늘에서 비가 내려야 강이 흐르고, 비가 그치면 강물도 그친다. 애굽에서는 비가 오는 것과 관계없이 사시사철 나일 강물을 끌어다가 농사를 지을 수 있지만, 가나안은 하늘이 비를 그치면 강도 말라 버리고 농사도 못 짓는다. 가나안에는 기근이 들어도 애굽에는 기근이 들지 않는 이유가 여기에 있다.

사실 우리가 꿈꾸는 가나안에는 가뭄과 기근을 모르는, 사시사철 물 걱정 없이 농사를 지을 수 있게 해 주는 나일 강이 있어야 하고, 애굽에는 요단 강 같은 강밖에 없어야 하는 것 아닌가? 그러나 가나안에는 개울보다 조금 큰 요단 강 하나만 있을 뿐이다. 그래서 가나안에서는 애굽처럼 강에 의존해서 살 수 없다. 오직 하늘에서 내리는 비에 의존해서 살아가야 한다. 가나안에서는 하늘만 바라보고 농사를 지어야 하는 천수답(天水畓) 인생을 살 수밖에 없다. 하늘에서 비를 내려 주면 젖과 꿀이 흐르는 땅이 되고, 비를 내려 주지 않으면 광야가 되는 곳이 바로 가나안이다.

가나안에 살면서 가장 큰 두려움은 하늘이 문을 닫고 비를 내려 주지 않는 것이다. 반면 가장 큰 축복은 하늘 문이 열리고 비가 내리는 것이다. 이렇게 하늘 문을 열고 닫을 수 있는 열쇠를 가지신 분이 하나님이다. 가나안 땅에서는 하나님이 내려 주시는 가장 큰 축복이 비고, 하나님이 내리는 가장 큰 형벌과 저주는 비를 내려 주시지 않는 것이다. 하나님은 이스라엘 백성에게 이렇게 광야에서처럼 하나님만을 절대 의지하고 살아갈 수밖에 없는 가나안 땅을 주셨다.

이슬도 귀한 땅, 가나안

엘리야 시대에 가뭄이 들었다. 바알을 숭배하는 이스라엘 백성에게 벌로 내리신 것이었다. 그 가뭄이 시작되기 전, 엘리야가 아합 왕에게 이렇게 전한다. "내 말이 없으면 수 년 동안 비도 이슬도 있지 아니하리라"(왕상 17:1). 그리고 3년 6개월 동안 가뭄이 계속되었다. 사르밧 과부의 이야기도 이때를 배경으로 하고 있다.

우리는 가뭄이 들었다고 하면 비가 오지 않는 것만을 생각한다. 그러나 하나님은 비만 내려 주지 않으신 것이 아니라 이슬도 내려 주지 않으셨다. 우리에게는 이슬보다 비가 훨씬 중요하다. 이슬은 안 내려도 별로 상관이 없다. 비만 잘 오면 된다. 그러나 가나안에서는 그렇지 않다. 이슬도 비만큼 중요하다.

우리는 대개 '비와 이슬'이라고 부른다. 그런데 성경에는 항상 '이슬과 비'로 나온다. 앞의 구절에서도 한글 성경에는 '비와 이슬'로 되어 있지만, 히브리어 원문에는 '이슬과 비'로 되어 있다.

> "길보아 산들아 너희 위에 이슬과 비가 내리지 아니하며 제물 낼 밭도 없을지어다"(삼하 1:21).

> "야곱의 남은 자는 많은 백성 가운데 있으리니 그들은 여호와께로부터 내리는 이슬 같고 풀 위에 내리는 단비 같아서"(미 5:7).

이스라엘에서는 이슬이 비만큼 중요하다. 이스라엘은 겨울과 봄에 농사를 짓는다. 그때는 비가 와야 한다. 이때 비가 오지 않으면 기근이 들게 된다. 포도, 무화과, 석류, 올리브, 대추야자는 여름에 익어 간다. 그런데 4월부터 10월까지는 비 한 방울 내리지 않는데 어떻게 과일 농사를 지을 수 있는가? 이슬 때문이다. 이스라엘은 이슬이 많이 내린다. 밤새 내린 이슬 때문에 과일 농사를 지을 수 있는 것이다. 이슬이 내리지 않으면 여름 농사는 망하고 만다.

가나안에는 비가 충분히 내리지 않는다. 그 대신 이슬이 많이 내린다.

가나안 강수량의 25-30퍼센트가 이슬이다. 남쪽 네게브 광야에는 연중 250일간 이슬이 내린다. 유다 산지와 갈릴리에서는 150-180일 정도 이슬이 내린다. 곡식 농사를 짓는 갈릴리나 해안 평야 쪽으로는 비가 오지 않으면 흉년이 든다. 그러나 과일 농사를 주로 짓는 산악 지대에는 이슬이 내리지 않으면 과일 농사에 큰 타격을 입게 된다.

"그러므로 너희로 말미암아 하늘은 이슬을 그쳤고 땅은 산물을 그쳤으며"(학 1:10).

스룹바벨 성전을 짓다가 중단한 것에 대한 하나님의 책망이다. 그런데 좀 이상하지 않은가? 신명기 28장에는 불순종하면 하나님이 하늘 문을 닫고 비를 내려 주시지 않을 것이라고 경고하고 있다. 그런데 여기에서는 이스라엘 백성이 하나님을 등한시하고 성전을 짓다 말아서 하나님이 하늘 문을 닫고 비가 아니라 '이슬'을 내려 주시지 않았다고 한다.

가나안의 절반이 광야인데, 광야에서는 농사를 지을 수가 없다. 그 대신 양을 키운다. 그렇다면 물이 절대적으로 부족한 광야에서 양들은 어떻게 살아갈까? 광야는 일교차가 심하다. 그러다 보니 밤새 이슬이 많이 맺힌다. 그 이슬로 아주 작은 풀들이 자라게 되는데, 양들은 그 풀을 뜯어 먹고 산다. 그리고 돌에 맺힌 이슬을 핥아먹으며 하루를 버틴다.

이렇게 광야에서 양들은 이슬 때문에 살아갈 수 있다. 이 양들을 통해서 유목민들은 매일 신선한 젖(우유)을 마실 수 있다. 그것으로 유제품을 만들어 단백질을 공급받는다. 양의 털로 옷을 해 입는다. 양이 죽으면 고기를 먹는다. 털이나 가죽으로는 장막을 만든다. 뼈로는 연장이나 도구를 만든다. 또 배설물을 가지고는 불을 피운다. 이렇게 유목민들은 광야에서 양만 키우면서도 살아갈 수 있는데, 결국은 이슬 때문에 살아갈 수 있다 해도 과언이 아니다. 그렇기 때문에 비가 오지 않는 것 못지않게 큰 재앙은 이슬이 내리지 않는 것이다. 이슬이 내리지 않으면 양들이 다 죽기 때문이다.

광야에서는 비를 기대할 수 없다. 이슬만 내려 주서도 감사하다. 비만 축복이 아니다. 광야에서는 이슬이 축복이다. 하나님은 비와 이슬을 내려 주시는 분이다. 그런데 성경에는 비를 내려 주시는 하나님보다 이슬을 내려 주시는 하나님에 대한 구절이 더 많이 나온다. 이유가 있다. 가나안에서는 비만큼이나 이슬이 중요하기 때문이다.

"하나님은 하늘의 이슬과 땅의 기름짐이며 풍성한 곡식과 포도주를 네게 주시기를 원하노라"(창 27:28).

"내가 이스라엘에게 이슬과 같으리니 그가 백합화같이 피겠고 레바논 백향목같이 뿌리가 박힐 것이라"(호 14:5).

"그 땅이 여호와께 복을 받아 하늘의 보물인 이슬과 땅 아래에 저장한 물과"(신 33:13).

"이스라엘이 안전히 거하며 야곱의 샘은 곡식과 새 포도주의 땅에 홀로 있나니 곧 그의 하늘이 이슬을 내리는 곳에로다"(신 33:28).

소산물로 보는 가나안 땅의 척박함

가나안의 7대 소산물이 있다(신 8:7-8). 밀과 보리, 포도, 무화과, 석류, 감람

(올리브) 그리고 꿀이 그것이다. 가나안에서 많이 나는 소산물이 과연 그 땅이 젖과 꿀이 흐르는 땅임을 말해 줄까? 사실 이런 작물들은 옥토가 아니더라도 어디에서나 가꿀 수 있는 것들이다. 이런 작물들을 거두기 위해 특별히 좋은 옥토가 필요한 것은 아니다.

감람나무는 돌산에도 잘 자란다. 감람나무는 이스라엘 전역 어디에서나 흔하게 볼 수 있다. 팔레스타인의 수입원 가운데 90퍼센트 이상이 감람나무에서 온다고 한다. 가나안에서 감람나무가 잘 자란다는 것은 그 땅이 비옥하다는 것을 말하는 것이 아니라, 반대로 척박한 땅이라는 것을 이야기해 준다.

또한 가나안에서는 포도 농사가 잘된다. 가나안 정탐꾼들이 돌아올 때 포도를 나무에 꿰서 어깨에 메고 왔는데, 포도 알이 그만큼 커서 그랬을까? 아니다. 포도송이에 포도가 얼마나 많이 맺히는가를 보여 주기 위해 포도 한 송이를 베어서 가져온 것이다. 그것이 오는 동안 상하지 않도록 하기 위해 잘 펴서 나무에 꿰어 어깨에 메고 왔던 것이다. 3,500년이 지난 지금도 헤브론은 포도로 유명하다. 포도는 기름진 땅에서는 잘되지 않는다. 약간 척박하고 가물고 돌이 많이 섞여 있는 땅에서 잘된다. 이스라엘은 비가 귀하다. 여름 내내 비 한 방울 내리지 않는다. 모든 과일 나무들은 여름 내내 목이 말라 허덕인다. 이 나무들의 목마름을 해갈시켜 주는 것은 비가 아니라 이슬이다. 밤새 돌 사이에 맺힌 이슬을 먹고 자란다. 그러니 얼마나 감질나겠는가? 그러나 그렇게 이슬을 먹고 자란 덕분에 과일이 맛있게 익어 가는 것이다.

가나안에서는 꿀이 많이 난다고 했는데, 이는 벌이 꽃에서 만드는 꿀을 말하는 것이 아니다. 종려나무에서 열리는 대추야자가 꿀처럼 달기 때문

▶ 척박한 땅에서 잘 자라는 감람나무(올리브나무)

에 꿀이라고도 부른다. 종려나무는 광야나 사막에서 자란다. 오아시스에 가면 볼 수 있는 나무가 바로 종려나무다. 엘림에도 열두 개의 샘과 칠십 그루의 종려나무가 있었다고 하지 않는가? 광야에 위치한 여리고는 종려 나무 성읍이라고 불렸다. 말하자면 광야의 오아시스인 것이다. 그래서 종 려나무가 많았다. 이스라엘 남부 네게브 광야에는 수천 내지 수만 그루의 종려나무를 키우는 농장들이 많이 자리하고 있다.

성경은 가나안을 '젖과 꿀이 흐르는 땅'이라고 했는데, 젖은 물론 양과 염 소의 젖을 말한다. '젖이 흐르는 땅'이라는 표현을 우리는 기름진 옥토라는 의미로만 받아들이지만, 실제적으로 젖이 많이 나려면 양을 많이 키워야 한다. 그런데 비옥한 땅에서는 양을 키우지 않는다. 광야와 같이 농사를 지을 수 없는 곳에서 양을 키운다. 가나안에 젖이 많이 난다는 말은 그곳 이 농사보다는 목축업에 적합한, 척박한 땅이라는 의미가 포함되어 있다.

이렇게 가나안에서 생산되는 소산물만 봐도 가나안이 우리가 생각하는 것처럼 '젖과 꿀이 흐르는' 비옥한 땅이 아니라는 것을 알 수 있다.

🍃 가나안에도 기근은 찾아온다

하나님은 아브라함으로 하여금 복이 되게 해 주겠다고 약속하시고는 그를 가나안 땅으로 들어오게 하셨다. 가나안에 들어온 아브라함에게 하나님은 그 땅을 다 주겠다고 약속하셨다. 하나님이 주겠다고 약속하신 땅이니 얼마나 좋은 곳이겠는가? 그런데 아브라함이 고향과 친척과 아버지 집을 떠나 하나님 말씀에 순종해서 가나안에 들어갔을 때 무엇이 그를 기다리고 있었는가? 아브라함이 가나안 땅에 이르매 농사를 지어 첫해에 백배의 결실을 거두었더라? 아니다. 그런 일은 없었다. 그를 기다리고 있었던 것은 기근이었다. 그것도 보통 기근이 아니라 '심한 기근'이었다.

가나안에 들어오자마자 이런 일을 당했으니 많은 생각이 들었을 것이다. '여기가 진짜 하나님이 약속하신 땅이란 말인가? 내가 잘못 온 것은 아닌가? 이런 땅에서 앞으로 어떻게 살아간단 말인가?'

아브라함은 가나안에 들어오자마자 가나안을 떠나야 했다. 먹고살기 위해 양식을 구하러 애굽으로 내려가야만 했다. 아브라함이 하나님의 명령을 거슬러 다른 곳으로 가서 이런 일을 당한 거라면 이해가 된다. 문제는, 하나님의 뜻을 따랐음에도 이런 일이 벌어진 것이다.

성경에서 가나안에 대해 처음으로 언급되는 곳은 창세기 12장 5절이다. 그런데 12장 10절에 가서는 그 땅에서 일어난 일에 대해 이렇게 기록하고 있다. "그 땅에 기근이 들었으므로." 가나안에 기근이 들었다는 것이다. 이것이 가나안에 대한 첫 번째 언급이다. 아이러니하지 않은가? 어떻게 가나안에 기근이 드는가? 기근 같은 것은 없는 곳이 가나안 아닌가?

아브라함 때에 어쩌다 한 번 기근이 들었던 것이 아니다. 이삭 때에도 기근이 들었다. "아브라함 때에 첫 흉년이 들었더니 그 땅에 또 흉년이 들매"(창 26:1). 여기에 '또'라는 표현이 나온다. 또, 또, 또. 성경에는 기근 이야기가 한두 번 나오는 게 아니다. 계속해서 나온다. 이삭 때에도 기근이 들었고, 야곱 때에도 기근이 들었다. 나오미 때에도 기근이 들었고, 다윗 때에도 기근이 들었다. 엘리야 때에도 그리고 엘리사 때에도 기근이 들었다. 기근이 상습적으로 드는 곳이 가나안이었다. 하나님은 왜 이런 땅을 아브라함에게 주신 것일까? 이런 땅을 과연 '젖과 꿀이 흐르는 땅'이라고 할 수 있는가? 하나님의 약속의 땅이라고 할 수 있는가?

'어? 왜 가나안에 기근이 들어? 기근은 가나안이 아니라 애굽에 들어야 하는 거 아닌가?' 우리가 이렇게 생각하는 것은 가나안에 대한 환상을 갖고 있기 때문이다. 성경에서 말하는 가나안과는 다른 가나안을 상상하고 있기 때문이다. 가나안보다는 애굽이 훨씬 비옥하다. 나일 강 삼각주 평야를 보라. 얼마나 넓은가? 나일 강은 기근을 모른다. 하늘에서 비가 내리지 않아도 큰 문제가 없다. 나일 강은 언제나 흐르기 때문이다. 만일 애굽이 없었다면 가나안에는 기근 때문에 사람들이 살지 못했을 것이다. 그러나 기근 때마다 양식을 구할 수 있는 애굽이 있었기 때문에 가나안에도 사람들이 살 수 있었다. 가나안이 애굽을 구한 것이 아니라, 애굽이 가나안을 구한 것이다. 하나님은 이런 애굽에서 이스라엘 백성을 이끌어 내어 가나안으로 데려오셨다.

하나님의 약속의 땅 가나안에도 기근은 찾아오는가? 그렇다. 하나님의 약속의 땅 가나안에 살아도 인생의 기근은 찾아오게 되어 있다. 이상한 것이 아니다. 가나안이라고 기근이 찾아오지 않는 것이 아니다. 가나안에도 기근이 찾아온다. 그것도 어쩌다 한 번이 아니라 또, 또, 또 찾아온다 (창 26:1). 할아버지 대에도 찾아왔고, 아버지 대에도 찾아왔고, 아들 대에도 찾아왔다. 지겹도록 기근이 찾아왔다. 그런 곳이 가나안이다.

하나님이 택하신 땅, 젖과 꿀이 흐르는 땅, 약속의 땅 가나안에 산다고 기근이 찾아오지 않는 것은 아니다. 탕자처럼 아버지 집을 떠나지 않았어도 인생의 기근을 만나게 된다. 아브라함처럼 하나님의 명령에 순종해서 그분이 인도하시는 곳으로 가도 기근을 만나게 된다. 살다 보면 인생의 흉년이나 기근은 누구에게나 다 찾아오게 되어 있다. 그런 것 없는 가나안은 없다. 믿음 가운데 살아도, 하나님의 돌보심 가운데 살아도, 하나님의 축복 가운데 살아도, 하나님 말씀에 순종하며 살아도, 기도하며 살아도, 하나님과 동행하는 삶을 살아도 인생의 흉년이 찾아올 때가 있고, 인생의 기근을 만날 때가 있다.

🔖 가나안, 하나님만 바라보게 하는 땅

젖과 꿀이 흐르는 땅! 어디를 두고 하는 말인가? 물론 가나안이다. 그러나 젖과 꿀이 흐르는 땅이 또 있다.

"네가 우리를 젖과 꿀이 흐르는 땅에서 이끌어 내어 광야에서 죽이려 함이 어찌 작은 일이기에 오히려 스스로 우리 위에 왕이 되려 하느냐"(민 16:13).

여기에서 '젖과 꿀이 흐르는 땅'은 가나안이 아니라 애굽을 말한다. 불평은 이어진다.

"이뿐 아니라 네가 우리를 젖과 꿀이 흐르는 땅으로 인도하여 들이지도 아니하고 밭도 포도원도 우리에게 기업으로 주지 아니하니"(민 16:14).

이 말씀에서의 '젖과 꿀이 흐르는 땅'은 물론 가나안을 말한다.
'애굽이 젖과 꿀이 흐르는 땅이라니? 애굽은 사막 아닌가?' 애굽의 대부분은 사막으로 이루어져 있으나 나일 강 유역은 기름진 옥토다. 히브리인들은 바로 이 나일 강 하류의 옥토에서 살았다. 그들은 그곳에서 부족한 것이 없었다.

"너희가 어찌하여 우리를 애굽에서 나오게 하여 이 나쁜 곳으로 인도하였느냐 이 곳에는 파종할 곳이 없고 무화과도 없고 포도도 없고 석류도 없고 마실 물도 없도다"(민 20:5).

"우리가 애굽에 있을 때에는 값없이 생선과 오이와 참외와 부추와 파와 마늘들을 먹은 것이 생각나거늘"(민 11:5).

이 말씀들을 통해 우리는 히브리인들이 애굽에서 농사를 지으며 풍족하게 살았던 것을 알 수 있다. 애굽은 우리가 상상하는 것처럼 사막만은 아니다. 애굽에서도 히브리인들이 살았던 고센은 그야말로 '젖과 꿀이 흐르는 땅'이었다.

가나안 정탐꾼들은 돌아올 때 세 가지 열매(포도, 무화과, 석류)를 가지고 왔다(민 13:23). 이 세 가지는 가나안에서 많이 나는 과일들이었다. 이것들을 가지고 온 이유가 무엇일까? '애굽에는 이런 것들이 없는데 가나안에는 있습니다'라고 말하고 싶어서일까? 아니면 가나안에도 애굽처럼 포도도 있고 무화과도 있고 석류도 있다는 사실을 보여 주기 위해서 가지고 온 것이었을까?

가나안은 이런 곳이었다. "골짜기든지 산지든지 시내와 분천과 샘이 흐르고 밀과 보리의 소산지요 포도와 무화과와 석류와 감람나무와 꿀의 소산지라 네가 먹을 것에 모자람이 없고 네게 아무 부족함이 없는 땅이며 그 땅의 돌은 철이요 산에서는 동을 캘 것이라 네가 먹어서 배부르고 네 하나님 여호와께서 옥토를 네게 주셨음으로 말미암아 그를 찬송하리라"(신 8:7-10). 하지만 이런 것들은 애굽이 더 풍부했다. 그리고 애굽이 더 옥토였다. 그렇다면 모세는 이스라엘 백성에게 가나안도 애굽처럼 좋은 곳이라고 말하고 싶었던 것일까? 아래 말씀을 보라.

> "네가 들어가 차지하려 하는 땅은 네가 나온 애굽 땅과 같지 아니하니 거기에서는 너희가 파종한 후에 발로 물 대기를 채소밭에 댐과 같이 하였거니와 너희가 건너가서 차지할 땅은 산과 골짜기가 있어서 하늘에서 내리는 비를 흡수하는 땅이요"(신 11:10-11).

당신이라면 어떤 땅을 택하겠는가? 당연히 가나안인가? 가나안은 천수답이다. 비가 와야 농사를 지을 수 있다. 그러나 애굽은 비가 오지 않아도 농사를 지을 수 있다. 사시사철 나일 강에 물이 넘쳐흐르기 때문이다. 그러면 가나안이 더 좋은 곳일까, 아니면 애굽이 더 좋은 곳일까?

광야에서는 하나님이 하늘에서 만나를 내려 주셨지만, 가나안에서는 하나님이 하늘에서 비를 내려 주셨다. 만나를 내려 주시지 않으면 굶어 죽는 것처럼, 비를 내려 주시지 않으면 가나안에서도 굶어 죽을 수밖에 없다. 광야는 철저히 하나님만 의존해야 하는 곳이다. 그러나 광야만 그런 것이 아니다. 가나안도 그런 곳이었다.

가나안은 '비를 흡수하는 땅'이라고 했다. 비를 흡수하는 땅은 좋은 곳일까? 가나안에는 비가 충분히 오지 않는다. 그런데 그마저도 다 흡수되어 버리고 만다. 그러면 샘물은 터져 나올지 몰라도 농사를 짓기에는 불편하다. 비가 오면 다 흡수된다고 했는데 중앙 산악 지대는 또 그렇지 않다. 예루살렘에 비가 오면 네게브 광야에는 홍수가 난다. 물이 고이지 않고 다 흘러가 버리기 때문이다. 이스라엘 산에 나무가 없는 이유는, 물이 흡수되지 않아서 나무가 자랄 수 없기 때문이다.

가나안에는 산과 골짜기가 많다고 했다. 히브리인들이 살았던 애굽에는 그런 곳이 없었다. 전부 평야였다. 우리나라는 삼천리금수강산으로 산이 약 64퍼센트다. 히브리인들이 살았던 애굽 고센 지방은 대평야 지대였다. 히브리인들이 살게 될 가나안이 더 좋은 곳일까, 아니면 그들이 살았던 곳이 더 좋은 곳일까?

이런 가나안이 젖과 꿀이 흐르는 땅이 되려면 하나님의 특별한 돌보심이 있어야 한다. '네 하나님 여호와께서 돌보아' 주셔야 한다. 하나님이 제때에 충분한 비를 내려 주셔야 농사를 지을 수 있다. 그렇지 않으면 살기가 힘들어진다. 하나님의 눈길이 떠나지 않아야 한다. 하나님이 항상 바라보고 계셔야 한다.

"네 하나님 여호와께서 돌보아 주시는 땅이라 연초부터 연말까지 네 하나님 여호와의 눈이 항상 그 위에 있느니라"(신 11:12).

그래야 농사를 짓고 양을 치며 먹고살 수 있게 된다

"여호와께서 너희의 땅에 이른 비, 늦은 비를 적당한 때에 내리시리니 너희가 곡식과 포도주와 기름을 얻을 것이요 또 가축을 위하여 들에 풀이 나게 하시리니 네가 먹고 배부를 것이라"(신 11:14-15).

그렇다면 어떻게 할 때 하나님의 눈길이 떠나지 않고 하나님이 그 땅을 돌보시는가?

"내가 오늘 너희에게 명하는 내 명령을 너희가 만일 청종하고 너희의 하나님 여호와를 사랑하여 마음을 다하고 뜻을 다하여 섬기면"(신 11:13).

답은 간단하다. 하나님 말씀에 순종하고 그분만을 사랑으로 섬기는 것이다. 그렇게 하지 않으면 다음과 같은 결과를 초래하게 된다.

"여호와께서 너희에게 진노하사 하늘을 닫아 비를 내리지 아니하여 땅이 소산을 내지 않게 하시므로 … 속히 멸망할까 하노라"(신 11:17).

애굽은 강대국이었다. 가장 먼저 문명이 발생한 곳이기도 하다. 반면 가나안은 아직 개발되지 않은 미개척지로서 열국들이 별로 탐을 내지 않는 곳이었다. 만일 히브리인들이 애굽에서 노예로 있지 않았다면 모세가 그들에게 가나안으로 가자고 했을 때 단 한 사람도 따라 나서지 않았을 것이다. 애굽이 가나안보다 훨씬 살기에 좋은 곳이었기 때문이다.

천수답처럼 하나님만 바라보고 살아가야 하는 곳, 그곳이 가나안이었다. 가나안이 젖과 꿀이 흐르는 땅이 되려면 하나님만 바라보고 살아가야 한다. 그렇지 않으면 가나안에서도 광야를 살아가게 된다.

가나안에 살아도 하나님이 은혜와 축복을 내려 주시지 않으면 광야 같은 삶을 살게 되고, 광야에 살아도 하나님이 은혜와 축복을 내려 주시면 가나안 같은 삶을 살게 된다. 약속의 땅 가나안도 광야에서처럼 하나님만 바라보아야 살 수 있는 곳이다. 그래서 하나님은 애굽이 아닌 가나안을 이스라엘 백성에게 주셨던 것이다.

🔊 가나안, 과연 '약속의 땅'인가

성경은 가나안에 대해 다음과 같이 묘사하고 있다.

젖과 꿀이 흐르는 땅

"내가 내려가서 그들을 애굽인의 손에서 건져내고 그들을 그 땅에서 인도하여 아름답고 광대한 땅, 젖과 꿀이 흐르는 땅 곧 가나안 족속, 헷 족속, 아모리 족속, 브리스 족속, 히위 족속, 여부스 족속의 지방에 데려가려 하노라"(출 3:8).

성경은 19회에 걸쳐 가나안을 젖과 꿀이 흐르는 땅으로 묘사하고 있다.

맹세하신 땅

"네 하나님 여호와께서 네 조상 아브라함과 이삭과 야곱을 향하여 네게 주리라 맹세하신 땅으로 너를 들어가게 하시고"(신 6:10).

하나님이 주기로 '맹세하신 땅'이라는 표현은 성경에 33회 나온다.

허락하신 땅

"내가 너희의 자손을 하늘의 별처럼 많게 하고 내가 허락한 이 온 땅을 너희의 자손에게 주어 영원한 기업이 되게 하리라"(출 32:13).

하나님이 '허락하신 땅'이라는 표현은 성경에 4차례 나온다.

아름다운(좋은) 땅

"여호와께서 너희로 말미암아 내게 진노하사 내게 요단을 건너지 못하며 네 하나님 여호와께서 네게 기업으로 주신 그 아름다운 땅에 들어가지 못하게 하리라고 맹세하셨은즉"(신 4:21).

가나안을 '아름다운 땅'으로 묘사한 구절은 성경에 12회 나온다. 한글 성경에서 '아름답다'로 번역한 히브리어는 '토브'(tov)로서 자연이 아름답다는 말이 아니라, '좋은 땅'이라는 의미다.

광대한 땅

> "내가 내려가서 그들을 애굽인의 손에서 건져내고 그들을 그 땅에서 인도하여 아름답고 광대한 땅, 젖과 꿀이 흐르는 땅 곧 가나안 족속, 헷 족속, 아모리 족속, 브리스 족속, 히위 족속, 여부스 족속의 지방에 데려가려 하노라"(출 3:8).

성경에서는 단 한 번, 가나안을 '광대한 땅'이라고 묘사하고 있다.

가나안 하면 가장 먼저 떠오르는 단어가 있다. '젖과 꿀이 흐르는 땅'과 '약속의 땅'이 그것이다. '젖과 꿀이 흐르는 땅'이라는 표현은 성경에 많이 나오는 데 반해 '약속의 땅'이라는 표현은 신약에 딱 한 번 등장한다.

> "믿음으로 그가 이방의 땅에 있는 것같이 약속의 땅에 거류하여"(히 11:9).

어떻게 된 것일까? 왜 우리는 가나안을 '약속의 땅'이라고 부르는 것일까? 한글 성경에는 가나안을 하나님이 약속해 주신 땅이라고 번역한 곳이 단 한 군데도 없다. 그런데 영어 성경(KJV)에는 가나안을 하나님이 약속해 주신 땅(land … promised)으로 번역한 곳들이 더러 등장한다(출 12:25; 신 6:3, 9:28, 19:8, 27:3; 수 23:5; 느 9:23). 이 구절들에 사용된 히브리어는 '다바르'(davar)또는 '아마르'(amar)로서 단순히 '말하다'라는 뜻이다. 히브리어에는 '약속하다'라는 단어가 따로 없다. 영어 성경에서 'davar' 또는 'amar'를 문맥에 따라 '약속하다'로 번역한 것은 하나님이 말씀하신 것은 하나님이 약속하신 것이나 다름없다고 해석한 것이다. 그래서 '하나님이 주겠다고 말씀하신 땅'을 영어 성경에서는 '하나님이 주겠다고 약속하신 땅'으로 옮긴 것이다.

영어로 'land of promise'는, 우리가 꿈꾸는 세상, 소원을 이룰 수 있는 세상, 꿈을 마음껏 펼쳐 나갈 수 있는 세상, 행복을 누리며 살 수 있는 세상을 의미한다. 전에는 미국을 바로 그런 나라로 생각하고 많은 이들이 아메리칸 드림(American dream)을 위해 미국으로 이민을 갔다. 음악을 하는 사람들에게는 이탈리아가 land of promise다. 대문자로 Land of Promise라고 쓰면 가나안을 뜻하기도 한다. 우리가 생각하는 가나안이 바로 이런 약속의 땅이 아닌가?

그러나 성경에 나오는 가나안은 land of promise가 아니라 promised land다. 하나님이 주기로 '약속하신 땅'이지, 장밋빛 미래가 펼쳐질 '약속의 땅'이 아니다. 가나안은 하나님이 아브라함 때부터 이스라엘 백성에게 주리라고 약속하신 땅이다. 우리가 생각하듯 젖과 꿀이 흐르는 축복의 땅, 새로운 세계, 희망의 땅, 그래서 언제나 동경하는 가장 이상적인 세상을 뜻하는 것이 아니다. 그러나 가나안이 '젖과 꿀이 흐르는 땅'으로 표현되어 있기 때문에 그와 비슷한 의미의 '약속의 땅'으로 오해를 하고 있는 것이다. 가나안은 '약속의 땅'이 아니라 '약속하신 땅'이다.

🔖 가나안처럼 척박한 땅을 선택하신 하나님

가나안은 우리가 생각하는 만큼 그렇게 비옥한 곳이 아니다. 아브라함이 살았던 하란이나 히브리인들이 살았던 애굽보다 훨씬 척박한 땅이었다. 하나님은 그런 땅을 이스라엘 백성에게 주시고 그곳에서 하나님 나라를 이루어 가게 하셨다.

이스라엘은 하나님이 특별한 목적을 가지고 선택하신 백성이다. 그러나 아브라함을 선택하신 데에는 특별한 이유가 없었다. 그냥 선택하신 것이었다. 그가 믿음의 사람이었기 때문에 선택하신 것도 아니었다. 아브라함은 처음부터 믿음의 사람은 아니었다. 아브라함이 하나님의 눈에 띌 만한 어떤 특별한 이유가 있어서 그를 선택하신 것이 아니었다.

가나안도 하나님이 특별한 목적이 있어서 이스라엘 백성에게 주기 위해 택하신 땅이다. 하나님에게 선택받은 아브라함이 보통 사람이었듯이, 가나안도 특별한 땅은 아니었다. 젖과 꿀이 흐르는 땅이라서 그곳을 택해 이스라엘 백성에게 주신 게 아니었다는 것이다. 지리적인 조건으로 말하자면 가나안보다 훨씬 좋은 곳들이 얼마든지 있었다. 그러나 하나님은 가나안을 선택해서 이스라엘 백성에게 주셨다.

이렇듯 가나안은 하나님에게 택함 받은 땅이었다. 이스라엘 백성이 하나님에게 택함을 받았듯이, 가나안도 하나님에게 택함 받은 땅이었다. 그랬기에 하나님의 눈길이 연초부터 연말까지 그 위에 머물러 있었다.

"네 하나님 여호와께서 돌보아 주시는 땅이라 연초부터 연말까지 네 하나님 여호와의 눈이 항상 그 위에 있느니라"(신 11:12).

하나님은 가나안이 비가 풍족하게 내리는 비옥한 지역이라서 택하신 것이 아니었다. 반대로 하나님이 그 땅을 택하셨기 때문에 철을 따라 비를 내려 주시는 땅이 되었다. 척박한 곳이었지만 택함 받았기 때문에 하나님이 비를 내려 주셔서 옥토가 되게 하셨던 것이다. 가나안은 비옥해서가 아니라, 하나님의 눈길이 연초부터 연말까지 항상 그 위에 머물러 있어 그곳에 거주하는 백성을 위해 비를 내려 주시기에 축복의 땅이 된 것이다.

애굽은 하나님이 특별히 돌보아 주시지 않아도 그 땅에 사는 사람들은 아무런 문제가 없다. 하나님이 비를 내려 주시지 않아도 살아가는 데 문제가 없다. 그러나 하나님은 그런 땅을 이스라엘에게 주지 않으셨다. 하나님은 그들에게 하나님이 돌보아 주셔야 농사를 지을 수 있는 땅을 주셨다.

🪨 척박한 광야가 더 복된 땅일 수 있다

북 이스라엘은 남 유다에 비해 지리적으로 훨씬 유리했다. 북 이스라엘엔 이즈르엘 평야와 악고 평야와 돌 평야가 있고, 최북단엔 요단 강의 근원지인 헐몬 산이 있어 여기서 흘러내린 물이 갈릴리 호수로 모여들었다. 반면 남 유다에는 중앙에 산악 지대가 자리 잡고 있었다. 뿐만 아니라 산지 동쪽으로는 유대 광야와 남쪽으로는 네게브 광야가 펼쳐져 있었다. 해안 쪽으로 평야가 있지만 그곳은 이미 블레셋이 차지하고 있었다. 북 이스라엘에는 살아 있는 호수인 갈릴리가 있는 반면, 남 유다에는 죽은 바다인 사해가 있었다. 북 이스라엘은 산에 나무도 많았다. 그러나 남 유다는 산에 나무가 거의 자라지 못했다.

북 이스라엘은 도로가 발달되어 있었다. 국제 무역로인 비아 마리스(Via Maris)가 지나갔다. 그러나 남 유다는 비아 마리스가 지나가는 길을 블레셋이 장악하고 있었다. 지중해 지역도 블레셋이 장악하고 있어 세계로 나가는 길이 막혀 있었다. 따라서 교역이나 문화 교류, 문물 수입에 있어서 북 이스라엘에 뒤질 수밖에 없었다.

북 이스라엘은 동서남북 어디로나 열려 있는 반면, 남 유다는 산간 지역에 위치한 데다 북쪽으로는 이스라엘이, 서쪽으로는 블레셋이, 남쪽과 동쪽으로는 광야가 자리 잡고 있어 다른 세계로의 진출과 교류가 어려웠다. 새로운 문화와 문물을 접할 기회가 많지 않았다. 따라서 남 유다는 북 이스라엘보다 보수적인 편이었으며, 여호와 신앙을 더 잘 지킬 수 있었다. 그리고 북 이스라엘보다 전통을 잘 보존할 수 있었다.

북 이스라엘에는 비옥한 평야 지대가 있어 대부분이 농사를 지었다. 그러나 남 유다는 대부분이 산간 지대와 광야로 이루어져 있어 양을 치는 유목민들이 많았다. 그러다 보니 경제적으로 북 이스라엘보다 훨씬 낙후되어 있었다.

북 이스라엘은 열 지파로 이루어져 있었고, 남 유다는 두 지파만으로 이루어져 있었다. 북 이스라엘이 남 유다보다 강대한 나라를 이룰 수 있었다. 또한 북 이스라엘이 남 유다보다 훨씬 살기 좋은 환경을 갖고 있었으며, 실제로도 잘 살았다. 그러나 남 왕국보다 강대했던 북 왕국 이스라엘은 남 유다보다 먼저 멸망했다. 이렇게 된 데는 이유가 있다. 남 유다는 산지에 갇혀 있어 외세의 침입으로부터 비교적 자유로울 수 있었던 반면, 북 이스라엘은 사방으로 열려 있어 외세의 침입이 끊일 날이 없었다. 결국 북 이스라엘은 앗수르에 의해 무너졌다. 그러나 남 유다는 북 이스라엘보다 약 130년 이상 더 오래갈 수 있었다.

성경은 북 이스라엘이 멸망당한 이유에 대해 그들이 여호와 신앙을 떠났기 때문이라고 밝힌다. 그러면서 북 이스라엘의 왕들에 대해 이렇게 평가하고 있다. '여로보암의 길로 행하였더라'(왕상 15:34, 16:19, 26). 여로보암은 솔로몬의 신하로서 북 이스라엘의 초대 왕이다. 그는 북 이스라엘 백성이 남 유다에 위치한 예루살렘 성전에 올라가지 못하도록 하기 위해 여러 곳에 산당을 세우고 바알을 섬기게 했다. 북 이스라엘에서는 남 유다보다 훨씬 더 바알 신앙이 판을 쳤다. 엘리야가 갈멜 산에서 바알의 선지자들과 대결을 벌인 사건은 북 이스라엘을 배경으로 하고 있다. 북 이스라엘에서 여호와의 예언자는 한 사람이었던 데 반해 바알과 아세라의 예언자들은 850명이었다는 사실이 당시의 종교적 상황을 잘 보여 주고 있다.

남 유다에서도 바알 신앙이 큰 문제가 되기는 했지만 북 이스라엘만큼 심각하지는 않았다. 남 유다에는 예루살렘 성전과 제사장들이 있었다. 이들은 보수적인 신앙을 가졌으며, 지리적으로 다른 문화나 문명 또는 종교를 접할 기회가 북 이스라엘보다 훨씬 적었다. 따라서 여호와 신앙을 그래도 어느 정도는 지킬 수가 있었던 것이다. 그러나 북 이스라엘은 다른 문화와 종교를 쉽게 접할 수 있었으며, 그런 문화와 종교에 쉽게 동화되었다. 그 결과 남 유다보다 먼저 무너지고 말았던 것이다.

북 이스라엘은 남 유다보다 지리적으로 훨씬 유리한 위치에 있었으며 경제적인 풍요를 누렸다. 그리고 남 유다보다 훨씬 강대한 왕국을 건설했다. 그러나 여러 조건이 불리했던 남 유다가 북 이스라엘보다 훨씬 오래 버틸 수 있었던 것은, 이러한 불리한 환경들이 그들이 여호와 신앙을 지키는 데 큰 역할을 했기 때문이다. 한 예로, 농사를 주로 지었던 북 이스라엘에서는 농경 신인 바알을 섬기는 신앙이 더 판을 쳤지만, 남 유다에는 유목민들이 더 많았기 때문에 북 이스라엘보다는 바알 신앙에 덜 노출되었던 것으로 보인다. 실제로 남 유다에서는 농사지을 땅이 없어 대부분의 사람들이 양을 쳐야 했다. 그러다 보니 이들은 굳이 북 이스라엘 백성처럼 비를 내려 주는 바알을 섬길 필요가 없었던 것이다.

북 이스라엘 왕궁에서는 피비린내가 끊일 날이 없었다. 몇 년에 한 번씩 왕들이 살해되었다. 아들에게 왕위를 물려준 왕이 거의 없을 정도다. 반면 남 유다에서는 하나의 왕조가 계속 왕국을 다스렸다. 그 왕조가 바로 다윗 왕조다. 이스라엘 역사를 다루고 있는 역대기서는 열왕기서와 달리 남 유다 왕국의 역사만을 기록하고 있다. 북 이스라엘은 하나님의 저주를 받아 멸망당한 것으로 보았기 때문에 역사 기록에 남길 필요가 없다고 판단한 것이었다.

마태복음 1장에는 예수님의 족보가 나열되어 있다. 이 족보는 아브라함으로부터 시작해서 남 유다 왕들을 통해 메시아이신 예수님이 탄생한 것으로 되어 있다. 북 이스라엘 왕들은 단 한 명도 등장하지 않는다.

문화와 경제가 발달하고 훨씬 좋은 지리적 환경을 가졌던 북 이스라엘이 열악한 환경 가운데 살아갔던 남 유다보다 먼저 멸망하고 말았다는 사실은 우리에게 많은 것을 말해 주고 있다. 모세는 이스라엘 백성을 향해, 가나안에 들어가 아름다운 집을 짓고 살고 은금이 증식되며 소와 양이 번성하고 배가 부르게 될 때에 하나님을 떠날까 조심하라고 경고했다. 모세가 우려했던 대로 북 이스라엘은 좋은 땅을 차지하고 잘 먹고 잘 살게 되자 바알을 따라가게 되었고, 그 결과 하나님의 심판을 받아 멸망당하고 말았다. 가나안에서 쫓겨나고 말았다. 그러나 그들보다 훨씬 열악한 환경 가운데서 살았던 남 유다는 북 이스라엘보다 덜 타락했다. 그래서 북 이스라엘보다 약 140년간 왕국이 더 지속될 수 있었다.

만일 남 유다가 블레셋이 머물고 있던 지역을 차지했더라면 어떻게 되었을까? 아마 북 이스라엘과 똑같이 되고 말았을 것이다. 그들에게는 젖과 꿀이 흐르는 비옥한 평야 지대를 차지하지 못했던 것이 오히려 잘된 것이었는지도 모른다.

남 유다 백성은 왜 가나안에 들어와서도 이런 광야에서 살아야 하는가 원망하면서 젖과 꿀이 흐르는 비옥한 땅(가나안)에 사는 북 이스라엘 백성을 부러워했을 것이다. 그들은 자신들에게 주어진 불리한 환경이 오히려 축복이었다는 사실을 알지 못했을 것이다. 가나안에서 부족함 없이 살아가는 것만이 축복이 아니다. 때로는 가나안에 사는 것보다 광야에 사는 것이 더 큰 축복일 수 있다.

🔲 광야도 가나안이 될 수 있다

아브라함의 고향인 갈대아 우르는 지금의 이라크 지역으로 고대 4대 문명 가운데 하나인 메소포타미아 문명의 발상지다. 그 당시 전 세계에서 가장 화려한 문화의 꽃을 피웠던 곳이다. 유프라테스 강과 티그리스 강을 끼고 있어 땅이 비옥했으며, 풍부한 농작물로 인해 경제적인 부를 누리며 살아갈 수 있는 곳이었다.

그런 곳에서 하나님은 아브라함을 불러내어 "내가 네게 지시할 땅으로 가라"고 하셨다. 그곳이 어디였는가? 가나안이다. 아브라함이 살던 우르나 하란에 비하면 가나안은 변방도 안 된다. 하란에서 우르에 이르는 지역은 초승달 모양을 한 비옥한 지대로서 레반트(Levant)라 불리는 곳이었다. 당시의 가나안은 우르나 하란에 비하면 척박하기 이를 데 없는 광야와 같은 곳이었다.

아브라함은 하나님의 인도를 따라 가나안 땅에 들어왔지만, 그도 원래는 가나안으로 이주할 계획을 갖고 있었다. 아브라함은 왜 하란보다 더 열악한 가나안 땅으로 옮길 계획을 하고 있었던 것일까? 아마 가나안이 외지인이 정착하기에 좋은 곳이었기 때문일 것이다. 그곳이 살기 좋은 땅이었다면 그런 곳에 들어가서 정착하며 산다는 것은 쉬운 일이 아니다. 아브라함은 가나안에 들어와서도 좋은 지역에 정착하지 않고 척박한 광야 지역에 자리를 잡았다. 그렇게 해야 좀 더 쉽게 정착할 수 있기 때문이다.

가나안이 살기 좋은 곳이었다면 그곳에 강대국이 세워졌을 것이다. 그러나 가나안에는 한 번도 주변국을 다스린 나라가 없었다. 항상 주변 국가에 짓밟히기만 했을 뿐, 그들을 점령한 적은 없다. 젖과 꿀이 흐르는 땅은 가나안이 아니라 우르와 하란이었다. 아브라함은 그런 곳을 떠나 척박한 가나안 땅에 들어왔던 것이다.

하나님이 아브라함에게 복을 주기 위해 하란을 떠나게 하신 것이었다면 가나안으로 인도하지 않으셨어야 한다. 가나안보다는 하란이 훨씬 살기 좋은 곳이었기 때문이다. 그러나 하나님은 아브라함을 그런 가나안으로 인도하지 않으셨다. 반대로 더 척박한 곳으로 가게 하셨다.

우리에게 있어서 가나안은 지금 우리가 살고 있는 곳보다 훨씬 좋은 곳이다. 그곳은 젖과 꿀이 흐르는 약속의 땅이다. 그러나 하나님은 항상 우리를 그런 가나안으로 인도하시지는 않는다. 때로는 우리를 지금보다 더 열악한 곳으로 인도하기도 하신다. 아브라함에게 그러셨던 것처럼 그리고 히브리인들에게 그러셨던 것처럼 말이다.

하나님은 아브라함을 가나안으로 인도해 가셨다. 요셉을 애굽으로 인도해 가셨다. 모세를 광야로 인도해 가셨다. 이스라엘 백성을 가나안으로 인도해 가셨다. 하나님이 우리를 인도해 가시는 곳, 하나님이 우리를 보내시는 곳, 그곳이 바로 우리의 가나안이다. 애굽이든 광야든, 하나님의 뜻하신 바에 따라 우리를 보내시는 그곳이 바로 우리의 가나안이다.

하나님이 보내신 곳에 와 있다면 우리는 이미 가나안에 있는 것이다. 내가 하나님의 섭리 가운데 하나님의 인도를 따라 광야에 와 있다면, 그 광야가 가나안인 것이다. 내가 있는 곳이 광야처럼 느껴져도 하나님이 나를 이곳으로 보내신 것이라면, 내가 지금 있는 이곳이 바로 가나안이다. "하나님의 부르심을 따라 여기까지 왔는데, 하나님, 여기는 가나안이 아니고 광야인 것 같습니다." 이런 우리에게 하나님은 말씀하신다. "내가 너를 광야로 보냈노라. 내가 너에게 그 광야를 가나안으로 주었노라. 너에게는 그 광야가 너의 가나안이니라."

선교지는 누가 봐도 광야다. 그러나 하나님의 보내심을 받아 광야와 같은 선교지에서 사명을 감당하는 선교사들에게는 그 선교지가 바로 가나안이다.

아브라함에게 있어 가나안은 광야와 같은 곳이었다. 그러나 하나님은 뜻이 있으셔서 광야와 같은 가나안으로 아브라함을 보내셨다. 우리가 기대하는 가나안과 하나님이 인도해 가시는 가나안은 다를 수 있다. 그러므로 우리는 "하나님, 이곳이 가나안이라고요? 저는 이 가나안이 싫습니다. 다른 가나안으로 보내 주세요" 하고 억지를 부려서는 안 된다. 우리가 부르심을 받은 곳, 그곳이 우리의 가나안이다. "내가 네게 지시할 땅으로 가라"고 하시는 그곳이 바로 가나안이다.

🌀 '축복의 땅'이 아닌 '축복을 약속하신 땅'

광야를 지나서 가나안에 들어가면 고생 끝, 행복 시작일까? 미국에 오면 아메리칸 드림을 이루고 토요일마다 뒷마당에서 파티하며 살 줄 알았다. 그런데 와서 보니 가나안이 아니라 광야였다. 고생 끝, 행복 시작일 줄 알았는데 그렇지 않았다. 가나안도 그런 곳이다. 가나안에 들어간다고 축복을 누리거나 행복하게만 사는 것은 아니다. 가나안에 살아도 기근이 들 수 있고, 인생의 흉년이 찾아올 수 있다. 가나안에 산다고 항상 이삭처럼 그해에 농사해서 백배의 결실을 얻을 수 있는 것은 아니다.

이스라엘 백성이 드디어 그 지긋지긋한 광야를 벗어나 가나안에 들어왔다. 그런데 들어와 보니 가나안 땅의 절반이 광야인 게 아닌가. 가나안에 들어왔으니 이제 광야는 더 이상 없을 줄 알았다. 그런데 가나안 안에 광야가 또 있는 것이다. 광야를 지나왔는데 들어와서 보니 또 광야가 보이는 것이다.

하나님은 가나안이 축복의 땅이라서 이스라엘 백성에게 주신 것이 아니다. 축복의 땅이라서가 아니라, 축복해 주기 위해 주신 땅이었다. 가나안이 젖과 꿀이 흐르는 땅이라 할지라도 하나님이 하늘 문을 닫고 비를 내려 주시지 않으면 광야가 되고 만다. 하지만 가나안이 척박한 땅이긴 해도 하나님이 비를 내려 주시면 옥토가 될 수 있는 곳이다.

광야에서는 땅에서 얻을 수 있는 것이 하나도 없었다. 모든 것이 위로부터 내려왔다. 하나님이 위로부터 내려 주시는 것만 받아서 살아왔다. 그래서 항상 하늘을 바라보아야 했다. 하나님만을 의지해야 했다. 그러나 가나안에 들어가서는 모든 것이 아래(땅)로부터 났다. 농사를 지어야 살 수 있었다. 하지만 여전히 가나안에서도 하늘을 바라보아야 했다. 비는 하늘에서 내리기 때문이다. 땅이 아무리 비옥하고 열심히 땀 흘려 농사를 짓더라도 하나님이 하늘 문을 닫고 비를 내려 주시지 않으면 농사를 지을 수 없다. 아무리 비옥한 땅이라 할지라도 광야가 되고 만다.

모세는 가나안에 들어가 하나님을 잘 섬기고 하나님 뜻대로 살아가면 하나님이 복을 내려 주실 것이라고 선포했다.

"그러므로 너희는 내가 오늘 너희에게 명하는 모든 명령을 지키라 그리하면 너희가 강성할 것이요 너희가 건너가 차지할 땅에 들어가서 그것을 차지할 것이며 또 여호와께서 너희의 조상들에게 맹세하여 그들과 그들의 후손에게 주리라고 하신 땅 곧 젖과 꿀이 흐르는 땅에서 너희의 날이 장구하리라"(신 11:8-9).

"내가 오늘 네게 명령하여 네 하나님 여호와를 사랑하고 그 모든 길로 행하며 그의 명령과 규례와 법도를 지키라 하는 것이라 그리하면 네가 생존하며 번성할 것이요 또 네 하나님 여호와께서 네가 가서 차지할 땅에서 네게 복을 주실 것임이니라"(신 30:16).

그 축복 가운데 하나가 비를 내려 주시는 것이었다.

"내가 오늘 너희에게 명하는 내 명령을 너희가 만일 청종하고 너희의 하나님 여호와를 사랑하여 마음을 다하고 뜻을 다하여 섬기면 여호와께서 너희의 땅에 이른 비, 늦은 비를 적당한 때에 내리시리니 너희가 곡식과 포도주와 기름을 얻을 것이요 또 가축을 위하여 들에 풀이 나게 하시리니 네가 먹고 배부를 것이라"(신 11:13-15).

그러나 그렇게 하지 않으면 가나안에 들어가서도 저주를 받게 될 것이라고 경고했다. 그 가운데 하나가 하늘이 문을 닫고 비를 내려 주지 않는다는 것이었다.

"네 머리 위의 하늘은 놋이 되고 네 아래의 땅은 철이 될 것이며 여호와께서 비 대신에 티끌과 모래를 네 땅에 내리시리니 그것들이 하늘에서 네 위에 내려 마침내 너를 멸하리라"(신 28:23-24).

가나안에서의 삶도 광야에서처럼 땅에 달려 있는 것이 아니라 하늘에 달려 있다. 가나안에서도 하나님이 축복을 내려 주시지 않으면 가나안은 광야가 되고 만다. 사하라 사막이 원래부터 사막이었을까? 아니다. 초원이었다. 그러나 언젠가부터 비가 내리지 않기 시작했다. 그렇게 100년, 500년, 1,000년이 지나면서 사막으로 바뀌게 된 것이다. 지금도 해마다 지구에서는 몽골만 한 땅덩어리가 사막으로 바뀌고 있다. 반대로 아프리카에서는 사막이 초원으로 바뀌고 있다. 우리가 가나안에 살고 있다 할지라도 하나님이 하늘 문을 닫고 비를 내려 주시지 않으면 그때부터 광야로 내몰리게 된다. 그러나 광야와 같은 삶을 살고 있다 할지라도 하나님이 비를 내려 주시면 우리의 삶은 가나안으로 바뀌게 된다.

광야와 같은 인생에 하나님이 비를 내려 주시면 광야가 꽃처럼 피어나고(사 35:1), 광야에 꽃이 피며(사 35:2), 광야에 강이 넘쳐흐르고(사 35:6, 43:19-20), 광야에 대로가 생기며(사 35:8, 43:19), 광야에 샘이 솟고(사 41:18), 광야에 백향목과 소나무가 자라며(사 41:19), 광야가 기뻐 노래하고(사 35:2), 광야가 춤을 추며 아름다운 동산같이 되어 여호와의 영광을 보게 될 것이다(사 35:2). 광야가 가나안이 될 것이다.

지금 광야에 있느냐, 가나안에 있느냐에 따라 우리의 인생이 결정되는 것이 아니다. 광야에 살아도 하나님이 은혜와 축복을 내려 주시면 우리의 삶은 가나안으로 바뀌게 될 것이고, 반대로 가나안에 살아도 우리에게 하늘 문이 닫히면 그때부터 광야로 들어가게 된다.

가나안 땅에 들어간다고 저절로 축복을 누리며 사는 것은 아니다. 가나안에서 저주를 받거나 쫓겨날 수도 있다. 가나안에 들어가는 것보다 더 중요한 것은 가나안에서 어떻게 살아가느냐 하는 것이다. 가나안에서 어떻게 사느냐에 따라 그 가나안이 진짜 가나안이 될 수도 있고, 광야가 될 수도 있다.

2. 광야에서보다
   더 큰 은혜가 필요하다

🪨 광야와 가나안은 다르다

광야와 가나안은 전혀 다르다. 하나부터 열까지 다 다르다. 광야를 지나면서 가나안에서처럼 살려고 해서는 안 된다. 광야에서는 만나를 내려 주시는 것만으로도 감사해야 한다. 파가 없다고, 부추가 없다고, 마늘이 없다고, 채소가 없다고 불평해서는 안 된다.

광야를 지날 때는 모으지 못한다고, 좋은 집에 살지 못한다고, 은금이 증식되지 않는다고, 양 떼가 번성하지 않는다고, 비가 오지 않는다고, 씨를 뿌리지 못한다고 원망하고 불평해서는 안 된다. 광야에서는 장막에 머물 수 있는 것만으로도 감사해야 한다. 이슬 한 방울에도 감사해야 한다. 로뎀나무 그늘만 있어도 감사해야 한다. 광야에서는 하루하루 살아가는 것만으로도 감사해야 한다. 광야에서는 축복의 장맛비를 기대해서는 안 된다. 이슬방울 같은 은혜에도 감사해야 한다.

광야를 지날 때는 곳간을 지으려고 하지 마라. 모으지 못한다고 조급해 하지 마라. 광야의 이스라엘 백성은 모아 놓은 것이 하나도 없었지만, 한 번도 먹을 것이 없어 굶주린 적이 없었다. 하나님이 항상 그날그날 필요한 것으로 내려 주셨다.

광야에서의 목표는 하나다. 지금 지나고 있는 광야를 무사히 통과하는 것이다. 그 광야를 벗어나는 것이다. 좋은 집과 곳간을 짓는 것은 가나안 에 들어간 다음에 생각할 일이다. 광야에서는 그런 것을 기대해서는 안 된다.

은금이 증식되게 해 달라는 기도는 가나안에 들어갔을 때 하는 기도다. 좋은 집을 짓고 살게 해 달라는 기도도, 양 떼가 번성하게 해 달라는 기도 도, 축복의 장맛비를 내려 달라는 기도도 가나안에 들어갔을 때 하는 기도 다. 광야를 지날 때는 황금이 아니라 생수를 달라고 기도해야 한다. 케이 크가 아니라 만나를 위해 기도해야 한다. 곳간을 채워 달라고 기도할 것이 아니라 일용할 양식을 달라고 기도해야 한다.

광야를 지나면서 가나안에 사는 것처럼 살려 해서는 안 된다. 물론 가나 안에 들어갔다면 광야에 있을 때처럼 살아서는 안 된다. 만나를 내려 주신 것은 농사를 지을 수 없을 때의 일이다. 농사를 지을 수 있는 가나안에서 는 하늘에서 만나가 내리기를 기대해서는 안 된다. 가나안에 들어가서는 텐트가 아니라 집을 짓고 살아야 하고, 일용할 양식만으로 만족하기보다 는 창고를 만들어 채워야 한다. 내일 먹을 양식이 준비되어 있어야 한다. 광야에서는 이슬만 내려도 충분했지만, 가나안에서는 비를 구해야 한다. 광야에서는 하나님이 반석에서 물이 나오게 하셨지만, 가나안에서는 우물 을 파야 한다. 광야에서는 하나님이 불기둥과 구름 기둥으로 인도하셨지만, 가나안에서는 지도를 보고 길을 찾아가야 한다.

광야에서는 하나님이 수시로 나타나셨다. 수시로 말씀해 주셨다. 수시로 기적이 일어났다. 기적이 일상이었다. 그러나 가나안에 들어간 후로는 하나님이 거의 나타나시지 않았다. 거의 말씀해 주시지 않았다. 기적 또한 거의 일어나지 않았다.

가나안에 들어가서는 집과 창고를 크게 짓고, 우물도 더 깊이 파고, 소와 양도 번식시키고 은금도 증식시키는 등 할 수 있다면 그렇게 해야 한다. 그러나 성경은 경고하고 있다.

> "내가 오늘 네게 명하는 여호와의 명령과 법도와 규례를 지키지 아니하고 네 하나님 여호와를 잊어버리지 않도록 삼갈지어다 네가 먹어서 배부르고 아름다운 집을 짓고 거주하게 되며 또 네 소와 양이 번성하며 네 은금이 증식되며 네 소유가 다 풍부하게 될 때에 네 마음이 교만하여 네 하나님 여호와를 잊어버릴까 염려하노라"(신 8:11-14).

이렇게 되면 가나안을 잊어버리게 된다. 쫓겨나게 된다. 다시 광야로 들어가게 된다.

> "네가 만일 네 하나님 여호와를 잊어버리고 다른 신들을 따라 그들을 섬기며 그들에게 절하면 내가 너희에게 증거하노니 너희가 반드시 멸망할 것이라 여호와께서 너희 앞에서 멸망시키신 민족들같이 너희도 멸망하리니 이는 너희가 너희의 하나님 여호와의 소리를 청종하지 아니함이니라"(신 8:19-20).

광야	가나안
장막	집
생수	황금
만나/일용할 양식	곳간에 쌓아 둠
이슬	비
반석에서 물이 나옴	우물
만나	빵/케이크
불기둥과 구름 기둥	지도
생존이 목표	성공이 목표
단순한 삶	복잡한 삶
이동	정착
유목 문화	농경 문화
need를 채움	want를 채움
평등	빈부 격차
성막	성전
하나님을 섬김	바알을 섬김
하나님과의 밀월	하나님을 떠남
하나님의 은혜	인간의 노력
기적	기적이 거의 일어나지 않음
하나님이 수시로 나타나심	하나님이 거의 나타나지 않으심
하나님의 직접적인 개입	하나님의 간접적인 개입
하늘을 바라보며 삶	땅을 바라보며 삶

광야는 하나님이 아니면 살아남을 수 없는 곳이다. 그래서 하나님만을 믿고 의지하며 살아왔다. 그러나 가나안은 하나님이 없어도 얼마든지 잘 살아갈 수 있는 곳이다. 하나님을 떠나기 쉬운 곳이다. 광야에서는 기도하지 않고는 살아남을 수 없었다. 그러나 가나안은 그렇지 않다. 기도하지 않고도 얼마든지 잘 살 수 있는 곳이다. 광야에서는 하나님만을 섬겼다. 우상을 몰랐다. 그러나 가나안에 들어와서는 수많은 우상들 가운데 믿음을 지켜야 했다.

광야는 하나님의 은혜로만 살아남을 수 있는 곳이다. 하나님 없이는 살 수 없는 곳이다. 광야를 지날 때는 하나님의 은혜가 절대적으로 필요하다. 그러나 가나안에서는 은혜 위에 은혜가 필요하다. 광야에서보다 더 큰 은혜가 필요하다. 광야보다 영적으로 더 유혹받고 도전받는 곳이 가나안이기 때문이다. 은혜 위에 은혜가 임하지 않는다면 가나안에서 믿음을 지킬 수 없고, 가나안을 누릴 수 없게 된다.

✒ 가나안, 광야보다 더 위험한 곳

"네가 먹어서 배부르고 아름다운 집을 짓고 거주하게 되며 또 네 소와 양이 번성하며 네 은금이 증식되며 네 소유가 다 풍부하게 될 때에"(신 8:12-13).

가나안 하면 우리는 이런 모습을 상상하지 않는가? 그러나 이 구절은 가나안에 들어가서 누리게 될 축복에 관한 말씀이 아니다. 말씀을 끝까지 읽어 보라.

"네 마음이 교만하여 네 하나님 여호와를 잊어버릴까 염려하노라"(신 8:14).

이것은 경고로 주어진 말씀이지 축복의 말씀이 아니다. 결국 모세가 우려했던 대로 이스라엘은 가나안에 들어가 이렇게 되고 말지 않았는가?

신명기는 모세가 가나안 땅에 들어가게 될 이스라엘 백성에게 마지막으로 전한 설교다. 이 설교에서 모세는 이스라엘 백성이 가나안에 들어가 누리게 될 축복에 대해 이야기하지 않고, 가나안에 들어가서 어떻게 살아야 하는지를 가르치면서 그렇게 살지 않으면 반드시 가나안에서 쫓겨나게 될 것이라고 경고하고 있다. 오늘날 가나안에 대한 설교를 들어 보면 대부분이 가나안에 들어가서 누리게 될 축복에 대한 내용이다. 그러나 모세는 가나안을 눈앞에 두고 있는 이스라엘 백성에게 경고하는 설교를 했다.

미국에 데스밸리(Death Valley)라는 곳이 있다. '죽음의 사막'이라는 뜻이다. 그곳에 들어갔다가 죽은 사람이 많기 때문에 붙여진 이름이다. 한여름에는 기온이 50도 이상 올라간다. 그러다 보니 데스밸리 곳곳에 경고문이 붙어 있다. 물론 데스밸리만 위험한 것은 아니다. 모든 광야가 다 위험하다. "그 광대하고 위험한 광야 곧 불뱀과 전갈이 있고 물이 없는 간조한 땅을 지나게 하셨으며"(신 8:15). 이런 광야를 이스라엘 백성은 40년간 지나왔다. 이제 가나안이 눈앞에 있다. 광야 끝, 가나안 시작이다. 그러나 모세는 가나안도 위험하기는 마찬가지라며 신명기 전체를 통해 경고하고 있다.

중세 시대에 유럽에서 왕이 되려면 교황의 재가를 받아야 하던 때가 있었다. 왕 위에 교황이 있었던 것이다. 그러니 교황과 교회의 권세를 알 만하지 않은가? 어떤 왕은 교황이 임명해 주지 않자 천릿길도 더 되는 거리를 걸어와 엄동설한에 사흘 동안이나 교황이 머무는 성 앞에서 금식하며 무릎을 꿇고 용서를 구해 겨우 왕으로 인정받은 일도 있었다. 그 유명한 '카노사의 굴욕'이라는 사건이다.

"먹어서 배부르고." 중세 시대 때 교인들은 먹고살기 힘들었어도 교회는 절대로 배고픈 적이 없었다. 모든 것이 차고도 넘쳤다. 부족함이 없었다. 배가 불렀다.

"아름다운 집을 짓고 거주하게 되며." 중세 시대 당시 성당을 얼마나 크고 화려하게 지었는가? 하늘을 찌를 듯한 고딕 양식의 교회들이 여기저기 우뚝 서 있다. 교회를 짓는 데 500년, 1,000년이 걸린 경우도 수두룩하다.

"소와 양이 번성하며." 중세 시대 때 교회라는 목장에는 양들이 넘쳐났다. 누구나 태어나면서부터 교인이 되었다. 세례를 받지 않으면 결혼을 하지 못할 정도였다. 교회에 오든지 오지 않든지 모든 사람이 교인 명부에 올라가 있었다.

"은금이 증식되며." 중세 시대 때 가톨릭교회의 재정은 차고도 넘쳤다. 헌금으로 채워진 것이 아니라 세금으로 들어온 것들이었다. 사람들에게 종교세를 부과해서 교회가 거둬들였던 것이다.

"소유가 다 풍부하게 될 때에." 중세 시대 때는 교황이 세상 권력을 잡은 왕을 자신에게 예속시켰다. 사람들은 태어나면서 교인이 되었다. 누구나 다 교회에 종교세를 내야 했다. 그러니 부족한 것이 무엇이었겠는가?

중세 시대의 가톨릭은 이렇게 가나안에서 배부르고, 아름다운 집을 짓고 거주하며, 소와 양이 번성하고, 은금이 증식되며, 소유가 풍부했다. 이런 일화가 전해 내려오고 있다. 황금 마차에 은금을 잔뜩 싣고 교황청으로 들어오는 마차 행렬을 보고는 교황이 흐뭇해하고 있었다. 그때 추기경이 이렇게 말했다고 한다. "교황님, 베드로에게는 은금은 없었으나 예수 이름의 능력이 있었습니다. 그러나 우리에게는 금은보화는 차고도 넘치지만 예수 이름의 능력은 없습니다."

이렇게 가톨릭교회는 세속화되면서 말할 수 없이 부패했다. 교인들이 교회를 떠나면서 예배당은 텅텅 비게 되었다. 500년, 1,000년 동안 지은 대성당들에는 몇 십 명만이 모여서 예배를 드리고 있다. 많은 성당들이 술집이나 식당으로 넘어갔다. 오늘날 유럽의 기독교는 산소통에 의지해서 숨 쉬고 있다. 언제 숨이 넘어갈지 모른다. 어쩌다가 이렇게 되었는가? 이스라엘이 가나안에 들어가 아름다운 집을 짓고 은금을 증식시키고 창고를 가득 채우면서 바알 종교에 넘어가 하나님 나라 대신 이스라엘 왕국을 세운 결과가 무엇인가? 결국 나라가 망하고 가나안에서 쫓겨나지 않았는가? 똑같은 전철을 로마가톨릭도 밟았던 것이다. 교회가 빈 것은 안타까워할 일만은 아니다. 하나님이 교회를 심판하셔서 그렇게 된 것이다. 그런 교회는 심판받아야 마땅하다.

이스라엘도 가나안에 들어가 실패했다. 중세 교회도 가나안에서 실패했다. 우리도 마찬가지다. 어렵고 시련이 많을 때, 광야를 지날 때보다 평안하고 아무 문제없을 때, 가나안에 살 때가 더 위험하다. 사람들은 광야보다 가나안에서 더 많이 실패한다. 사람들이 넘어지는 곳은 광야가 아니라 가나안에 들어갔을 때다. 광야에서는 잘 버티다가도 가나안에 들어가면 힘없이 넘어진다.

가나안은 바알이 다스리는 곳

이스라엘 백성이 광야를 통과해 꿈에도 그리던 가나안에 들어갔다. 좋은 집을 짓고 살게 되었다. 은금이 증식되고 소와 양이 번성하게 되었다. 창고를 크게 짓고 살게 되었다. 성공과 형통의 축복을 누리며 살게 되었다. 물질적인 풍요를 누리며 살게 되었다.

그들은 가나안에 들어가는 데는 성공했지만, 가나안에 들어가서는 실패하고 말았다. 배부르고 먹고살 만하니까 하나님을 멀리한 것이다. 하나님을 떠난 것이다. 하나님을 잊어버린 것이다. 가나안에서는 농사를 지어야 한다. 농사를 지으려면 하늘에서 비가 내려야 한다. 그런데 가나안 사람들에게 듣자 하니 비를 내려 주는 신이 있는데 그가 바로 바알이었다. 가나안에서 살아가려면 바알 신을 잘 섬겨야 했던 것이다. 그들은 가나안에서 잘 먹고 잘 살기 위해 바알을 섬기기 시작했다.

우리가 사는 세상에서는 돈이 가장 힘이 있다. 돈이 위력을 발휘한다. 다들 돈, 돈 하며 살아간다. 우리의 삶을 알게 모르게 지배하는 것이 바로 돈이다. 우리는 돈이 지배하는 세상에서 돈을 의지하며 살고 있는 것이다. 미국 지폐에 보면 이렇게 쓰여 있다. "In God We Trust." 돈이 우리에게 말한다. 돈을 의지하지 말라고. 그런데 우리는 돈을 신뢰한다. 눈에 보이지 않는 하나님보다 은행 계좌에 있는 돈을 더 신뢰한다. 돈이 있으면 안심이 된다. 하지만 돈이 없으면 불안하다. 예수님 다음으로 돈이 좋다는 내용의 책도 있다. 돈이 하나님 수준에까지 올라가 있는 것이다. 예수님도 하나님과 맘몬 중 하나를 택하라고 말씀하시지 않았는가?

이처럼 우리가 살고 있는 세상은 바알이 지배하고 있다. 그리고 사람들은 물질 만능주의, 황금만능주의의 바알 종교를 따르고 있다. 바알은 가나안을 제패했었다. 모두가 가나안에서는 잘 먹고 잘 살게 해 준다는 바알을 섬기고 있었다. 이스라엘도 잘 먹고 잘 살게 해 준다는 말에 넘어가 바알을 숭배했다. 오늘날도 여전히 바알은 세상을 지배하고 있다. 돈으로 지배하고 있다. 축복과 성공과 형통을 주겠다고 유혹한다. 여기에 넘어가지 않는 사람은 많지 않다. 모두가 성공과 축복과 풍요와 형통을 얻기 위해 바알을 따라간다.

천 년 넘게 가나안을 지배하던 바알이라는 신은 로마 시대 이후로 사라졌다. 더 이상 바알 신을 섬기는 사람은 없다. 그러나 아직도 여전히 바알 종교는 우리가 사는 세상을 지배하고 있다. 이렇게 바알이 지배하는 세상에서 바알을 섬기지 않고 살아가는 것은 쉬운 일이 아니다. 모든 사람이 물질적인 풍요를 추구하는 가나안에서 풍요의 신을 따라가지 않고 산다는 것은 결코 쉬운 일이 아니다.

가나안은 죄악으로 물든 곳

가나안은 젖과 꿀이 흐르는 땅이다. 약속의 땅이다. 하나님이 택하신 땅이다. 그러나 가나안은 거룩한 땅이 아니다. 하나님은 가나안이 거룩해서 당신의 나라를 세우기 위해 그 땅을 이스라엘 백성에게 주신 것이 아니다. 그 땅을 이스라엘 백성에게 주신 데에는 다른 이유가 있었다. 가나안에는 일곱 족속이 살고 있었는데, 그들의 죄악이 하늘에까지 사무쳤고, 그들이 지은 죄악으로 인해 그 땅 또한 더럽혀지게 되었다. 가나안은 거룩한 땅이 아니라 죄로 더럽혀진 땅이었다. 그 땅 거민이 지은 죄로 인해 가나안이 광야같이 죽은 땅, 버림받은 땅이 되고 만 것이다. 그 땅 거민이 얼마나 가증한 죄들을 많이 지었는지, 성경은 그 땅이 그 죄악을 감당하지 못해 토해 냈다고 이야기한다. 하나님은 소돔과 고모라 성처럼(소돔과 고모라도 가나안 땅에 있었다) 그 땅의 거민을 심판하셨다. 그들에게서 그 땅을 빼앗아 이스라엘 백성에게 주신 후 당신의 백성이 가나안의 모든 죄악들을 몰아내고 그 땅을 회복시켜 그곳에 거룩한 하나님 나라를 세우도록 하셨다.

하나님은 이스라엘 백성에게 가나안을 진멸시키라고 하셨다. 그렇지 않으면 그 땅에서 죄를 뽑아 버릴 수 없기 때문이다. 그러나 이스라엘 백성은 그 땅 거민을 진멸시키지 않았다. 오히려 그들과 좋은 관계를 맺으며 살았다. 그들과 혼인 관계도 맺었다. 그들의 문화와 종교를 받아들이고, 그들을 따라 바알도 섬겼다. 그러면서 그들의 가증스러운 관습을 이어받았다.

가나안에 들어가서 가나안 사람처럼 살지 않는 것은 쉬운 일이 아니다. 가나안 문명에 동화되지 않고 그들이 섬기는 신을 섬기지 않는 것은 결코 쉬운 일이 아니다. 그러나 이스라엘 백성은 절대로 가나안 문화에 동화되어서는 안 되었다. 그들처럼 될까 봐 그들을 진멸하라고 명하셨던 것이다. 그러나 이스라엘 백성은 가나안 사람들과 똑같이 살았다. 그들과 똑같은 죄악을 범했다. 그리고 결국 그들처럼 심판을 받게 되었다.

우리가 살고 있는 세상은 가나안보다 더 죄악이 관영하고 있다. 하나님이 이 세상을 심판하지 않고 그대로 두신다면 소돔과 고모라 백성에게 사과를 하셔야 한다는 말이 있지 않은가? 소돔과 고모라 성 사람들뿐만 아니라 노아의 홍수로 죽은 사람들에게도 똑같이 사과를 하셔야 할 것이다. 노아 홍수 당시보다 더 부패하고 죄악이 관영한 세상이 바로 오늘 이 시대가 아닌가? 이런 세상에서 죄와 싸우며 살아가기 위해, 죄와 싸워서 이기기 위해서는 은혜 위에 은혜가 필요하다. 하나님의 은혜가 절대적으로 필요하다.

더 많은 유혹이 기다리는 가나안

광야에는 아무것도 없다. 하늘과 바람과 별과 모래밖에 보이지 않는 곳이 광야다. 광야에서는 유혹받을 일이 없다. 그러나 가나안에 들어가 물질적인 풍요를 누리며 살아가다 보면 유혹받을 일이 너무나 많다. 생각해 보라. 산속에 혼자 사는 '자연인'은 유혹받을 일이 없다. 그러나 라스베이거스에 가면 유혹받을 일이 얼마나 많은가?

수도원에 들어가면 유혹받을 일도 없고 죄지을 일도 별로 없다. 수도원이 광야라면 우리가 살아가는 세상은 가나안이라 할 수 있다. 수도원에 사는 수도사들보다 우리는 더 치열하게 유혹과 죄와 싸우며 살아간다. 매일매일이 주일이면 유혹받을 일이 없다. 교회 와서 예배만 드리면 된다. 그러나 우리는 월요일부터 토요일까지 가나안과 같은 세상에서 살아가야 한다. 매 순간 유혹과 싸워야 한다. 세상 문화의 유혹, 죄의 유혹, 바알의 유혹, 쾌락의 유혹 등 얼마나 많은 유혹이 우리를 기다리고 있는가? 가나안에서 신앙을 지키는 것은 광야에서보다 훨씬 힘들다.

광야를 지날 때는 일용할 양식을 달라고 간절히 기도한다. 그러나 '우리를 시험에 들게 하지 마시옵고'라는 기도는 건성으로 하기 쉽다. 반대로 가나안에서는 일용할 양식을 달라고 간절히 기도하는 사람은 없다. 그 대신 시험에 들지 않게 해 달라는 기도는 간절히 하게 된다. 가나안은 영적 전쟁터다. 수많은 죄의 유혹과 싸워야 하는 곳이다. 그러기에 가나안은 광야보다 더 위험한 곳이다.

하나님 없이도 살 수 있는 곳

광야를 지날 때는 우리가 할 수 있는 것이 하나도 없다. 모든 것이 하나님에게 달려 있다. 하나님이 만나를 내려 주시고, 하나님이 불기둥과 구름기둥으로 인도하시고, 하나님이 반석에서 물이 터져 나오게 하신다. 하나님이 보호하고 인도하고 공급해 주시지 않으면 살아남을 수 없는 곳이 광야다. 그래서 광야에서는 하나님을 의지할 수밖에 없으며, 하늘을 바라보고 살아갈 수밖에 없다.

그러나 가나안에서는 하늘만 쳐다보거나 하나님을 의지하지 않아도 된다. 나의 노력만으로도 얼마든지 잘 살 수 있다. 하나님이 없어도 좋은 집과 많은 재산을 소유할 수 있다. 하나님 없이 살아가는 세상 사람들도 다 그렇게 살아가고 있지 않은가? 이런 가운데서 하나님만을 바라보고 의지하며 살아간다는 것은 쉬운 일이 아니다. 그렇기에 모세는 이렇게 경고하고 있다.

"네가 먹어서 배부르고 아름다운 집을 짓고 거주하게 되며 또 네 소와 양이 번성하며 네 은금이 증식되며 네 소유가 다 풍부하게 될 때에 네 마음이 교만하여 네 하나님 여호와를 잊어버릴까 염려하노라"(신 8:12-14).

"네가 마음에 이르기를 내 능력과 내 손의 힘으로 내가 이 재물을 얻었다 말할 것이라 네 하나님 여호와를 기억하라 그가 네게 재물 얻을 능력을 주셨음이라"(신 8:17-18).

결국은 모세가 우려했던 것처럼 가나안에 들어가 잘 먹고 잘 살게 되자 하나님을 멀리하면서 떠나게 되지 않았는가? 물질적인 풍요를 누리게 되면 하나님에게서 멀어지기 쉽다. 가짜 가나안이 가져다주는 물질적인 풍요에 빠져 살게 된다. 과거 이스라엘 백성을 보라. 그들은 요셉 덕분에 애굽에 정착해 좋은 집과 큰 창고를 짓고 살다가 하나님을 멀리하게 되었고, 결국은 하나님을 떠나게 되었다. 하나님을 잊어버렸다. 그리고 애굽의 신들을 섬기며 살게 되었다. 그러다가 결국은 노예로 전락하게 되지 않았는가?

살아오면서 가장 어렵고 힘들었던 때를 기억해 보라. 그때 한 번만 살려 달라고 얼마나 간절하게 기도했는가? 어떤가? 지금도 그렇게 살고 있는가? 광야를 지날 때는 하나님만 바라보고 하나님만 의지하고 하나님만 붙든다. 광야를 지날 때는 다 믿음이 좋다. 그러나 하나님 없이 살 수 있는 가나안에 들어가서도 광야를 지날 때처럼 하나님만 바라보고 하나님만 의지하며 하나님 앞에 겸손하게 기도하는 것은 쉽지 않다. 우리의 진짜 신앙은 가나안에 들어가 봐야 알 수 있다. 가나안에 들어가면 우리의 신앙이 진짜인지 가짜인지가 드러나게 된다.

하나님을 만나기 힘든 가나안

광야를 지날 때는 하나님이 수시로 나타나셨다. 수시로 말씀하셨다. 기적이 다반사였다. 하나님의 기적이 나타나지 않는 날이 하루도 없었다. 안식일을 제외하고 매일 만나를 내려 주시고, 항상 구름 기둥과 불기둥으로 인도하지 않으셨는가? 그러나 가나안에 들어가서는 하나님이 거의 나타나지 않으셨다. 기적 또한 거의 일어나지 않았다. 40년 동안 내리던 만나도 요단 강을 건너자마자 그쳤다. 하나님이 말씀하시는 일도 거의 없었다. 물론 그렇다고 하나님이 물러가신 것은 아니었다. 하나님이 말씀하시고 임재하시는 방법이 광야에서와는 달랐을 뿐, 하나님은 계속 이스라엘 백성과 함께하셨고, 그들을 인도하셨으며, 그들 가운데 역사하셨다.

세상 한가운데서 하나님을 만나기란 쉬운 일이 아니다. 그러나 광야에 들어가면 저절로 하나님을 찾게 된다. 기도하게 된다. 세상에서는 잘 들리지 않던 하나님의 음성이 크게 들린다. 이처럼 세상에서보다는 광야에서 하나님을 만나는 것이 훨씬 쉽다. 가나안에 살 때보다는 광야를 통과할 때 하나님을 더 확실하게 그리고 더 자주 만난다. 더 깊은 하나님의 임재를 체험한다. 가나안보다는 광야에서 하나님의 음성이 더 분명하고 선명하게 들려온다.

3. 광야 길만이
가나안으로 이어진다

🐚 가나안에 들어가는 길은 하나밖에 없다

애굽에서 가나안에 이르는 경로는 다양하다.

1번 경로

이것이 제일 좋은 길이다. 국제 고속도로인 비아 마리스가 나 있다. 이 길로 갔더라면 40일이면 들어갈 수 있었을 것이다. 그러나 이 길 곳곳에는 애굽 군대가 주둔하고 있었기 때문에 이 경로를 선택하지 않았던 것으로 보인다.

2번 경로

이스라엘 백성은 이 길을 통해 가데스바네아까지 갔다. 하나님은 그곳에서 바로 중앙 산악 지대로 올라가라고 하셨다. 이 길로 갔더라면 2년 만에

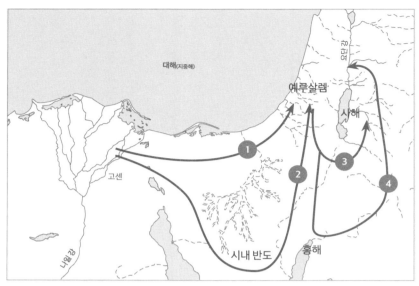

▶ 이스라엘은 ④번 길로 가나안에 돌고 돌아서 들어갔다

가나안에 들어갈 수 있었을 것이다. 그러나 정탐꾼 사건으로 인해 40년을
광야에서 지내야 했다.

3번 경로

가데스바네아에서 에돔 땅을 통해 가나안으로 가려고 했다. 그러나 길을
비켜 주지 않아 이 길로는 갈 수가 없었다. 그러자 수많은 사람이 먼 길로
돌아서 간다고 불평하다가 불뱀에 물려 죽었다. 이 길로 갔더라면 불뱀에
물려 죽은 사람들도 모두 가나안에 들어갈 수 있었을 것이다.

4번 경로

3번 경로로 가지 못하게 되자 홍해 길로 내려와서 다시 광야 길을 지난

다음 '왕의 대로'를 통해 올라가서 마침내 요단 강을 건너 가나안에 들어 갔다.

어느 경로로 가든지 애굽에서 가나안으로 올라가려면 광야를 거쳐야만 한다. 광야를 통과하지 않고는 가나안에 들어갈 수 없다.

아브라함은 하란을 떠나 가나안에 들어왔다. 가나안에 들어왔으나 고생 끝, 행복 시작은 아니었다. 가나안에 들어와서 그는 광야를 살아야 했다. 이방인으로 살아야 했다. 주변인으로 살아야 했다. 농사지을 땅이 없어 양을 치며 살아야 했다. 젖과 꿀이 흐르는 땅에 들어왔지만 변방에서 살아야 했다.

아들을 주신다는 약속 하나 믿고 가나안에 왔지만 1년이 지나도, 3년이 지나도, 5년이 지나도 하나님은 아들 줄 생각을 하지 않으셨다. 후손을 볼 가능성이 점점 사라져 가자 아브라함은 여종 하갈을 통해 이스마엘을 낳게 되었다. 세월이 흐르고 흘러 어느덧 아브라함의 나이가 100세가 되었을 때에야 비로소 하나님은 그에게 아들 이삭을 허락하셨다. 가나안에 들어온 지 25년이 지나서야 그는 아들을 얻을 수 있었다.

이삭은 '웃음'이라는 뜻이다. 이삭을 낳고서야 비로소 아브라함과 사라는 웃을 수 있었다. 그동안은 좋은 일이 없었다. 광야를 살았던 것이다. 25년의 기나긴 기다림의 광야를 통과한 다음에야 비로소 가나안에 들어갈 수 있었던 것이다. 아브라함은 가나안에 들어와 살면서도 진짜 가나안에 들어가기까지 25년 동안 광야를 살아야 했다. 그 기다림의 광야를 거친 다음에야 가나안의 삶을 살 수 있었다. 하나님은 아브라함으로 하여금 먼저 광야를 살게 하시고, 그다음에 가나안을 살게 하셨다. 광야를 통과하고 나서야 우상 장수의 아들에서 믿음의 조상이 되게 하셨다.

요셉이 꿈을 꾸었다. 가족이 그에게 절을 하는 꿈이었다. 그 꿈 이야기를 한 덕분에 그는 형제들의 시기와 미움을 받아 도단에 있는 한 구덩이에 던져졌다. 성경은 이 사건을 이렇게 묘사하고 있다. "그를 광야 그 구덩이에 던지고 손을 그에게 대지 말라"(창 37:22). 도단은 이스라엘에서 제일 비옥한 이즈르엘 평야에 자리 잡고 있다. 그런데 성경은 광야에 있는 구덩이에 던져 넣었다고 밝히고 있다. 도단은 광야가 아닌 평야인데 왜 광야라고 한 것일까? 여기에서 광야는 지리적인 의미로 쓰인 것이 아니다. 그 구덩이가 요셉에게 있어서는 광야였다. 요셉은 그 구덩이에 던져지면서 광야로 들어가게 된다. 구덩이에 던져지고, 애굽에 노예로 팔려가고, 노예 시장에서 보디발 장군의 집으로 팔려가고, 감옥에 던져진다. 요셉은 계속해서 더 깊은 구덩이에 던져졌다. 더 깊은 광야로 들어갔다.

요셉은 처음 구덩이에 던져지고 바로의 총리가 되기까지 13년이 걸렸다. 그는 13년 동안의 '구덩이' 광야를 견뎌 냈다. 그리고 마침내 가나안에 들어갔다. 바로의 총리가 된 것이다. 요셉은 버림받은 줄로만 알았다. 그러나 버림받은 것이 아니라 보냄을 받은 것이었다. 하나님이 요셉을 통해 하나님의 계획을 이루고자 그를 애굽으로 보내셨던 것이다. 애굽이 요셉에게 있어서는 광야였지만, 그곳은 하나님이 계획을 이루기 위해 보내셨던 가나안이었다. 이렇게 하나님은 요셉으로 하여금 광야를 통과하게 한 다음 가나안에 들어가게 하셨다. 광야를 통과한 다음 야곱의 아들에서 애굽의 총리가 되게 하셨다.

궁중에서 살다가 광야로 도망친 모세는 미디안 광야에서 40년 동안 장인 이드로의 양을 치며 살았다. Somebody였던 모세가 Nobody가 된 것이다. 그러던 어느 날 하나님이 그를 찾아오셨다. 40년 만에 찾아오신 하나님은 그에게 출애굽의 사명을 맡기셨다. 광야에서 나온 그를 또다시 광야로 들어가게 하신 것이다. 40년 광야 생활이 끝났으면 이제는 다시 가나안으로, 애굽으로, 왕궁으로 돌아가게 하셔야 하는 것 아닌가? 이제 고생 끝, 행복 시작이 되어야 하는 것 아닌가? 그러나 모세는 다시 광야로 들어가야 했다. 미디안 광야는 도망쳐 들어간 광야였지만, 출애굽 광야는 부름을 받아 들어간 광야였다. 같은 광야지만 전혀 다른 광야였다.

모세는 40년 동안 이스라엘 백성을 가나안까지 인도했다. 모세가 그렇게 할 수 있었던 것은 미디안 광야에서의 40년 경험이 있었기 때문이다. 광야를 통과한 사람만이 광야의 리더가 될 수 있다. 하나님은 모세를 미디안 광야에서 장차 출애굽의 리더로 준비시키고 계셨던 것이다.

모세는 미디안 광야에서 나왔지만 애굽 궁중(가나안)으로는 돌아가지 못했다. 출애굽 40년 광야가 끝난 다음에도 가나안에 들어가지 못했다. 평생을 광야에서 살다가 광야에서 죽었다. 그러나 눈에 보이는 가나안에 들어가지는 못했지만 진짜 가나안, 영원한 가나안, 천상의 가나안에 들어갔다. 그렇기 때문에 그는 눈에 보이는 가나안에 들어가지 못한 것에 대해 미련을 갖지 않았다.

출애굽의 리더가 되어 이스라엘 백성을 40년 동안 광야에서 가나안으로 인도해 갔지만, 모세에게는 그 광야가 가나안이었다. 하나님과 동행한 광야였기 때문이다. 광야라 할지라도 주님과 동행하면 가나안이다. 이스라엘 백성에게는 지긋지긋하고 하루 빨리 벗어나고 싶은 광야였겠지만, 모세는 그 광야를 하나님과 함께 지났다. 모세에게는 그 광야가 가나안이었다. 그는 광야를 지나면서 가나안을 살았다. 모세가 미디안 광야를 통과하지 않았더라면 그는 하나님과 동행하는 출애굽 광야(가나안)에 들어갈 수 없었을 것이다. 모세도 광야를 통과한 다음에야 가나안에 들어갔다. 광야를 통과한 다음에야 비로소 바로의 아들에서 '하나님의 사람'이 되었다.

애굽에서 노예로 살던 히브리인들을 가나안 땅으로 데리고 가려고 하나님이 그들을 광야로 이끌어 내셨다. 그들은 광야를 지나면서 불평불만과 원망으로 일관했다. 그들은 언제쯤 이 광야를 벗어날 수 있을까 하는 일에만 관심이 있었다. 그러나 하나님은 그들을 광야에서 40년간 머물게 하신 다음에야 가나안에 들어가게 하셨다. 하나님은 왜 그렇게 오랜 시간을 광야에 머물게 하신 걸까?

하나님은 이스라엘 백성을 통해서 가나안에 하나님 나라를 세울 계획을 갖고 계셨다. 그래서 그들을 가나안 땅으로 인도해 가신 것이었다. 그들은 애굽에서 400년이 넘는 세월을 살았다. 그곳에서 사는 동안 애굽의 문화와 종교 및 관습과 전통이 그들의 뼛속까지 스며들었을 것이다. 그들은 이름만 히브리인이었지 애굽 사람들과 다를 바가 하나도 없었을 것이다. 그러한 그들을 하나님의 백성으로 만들기 위해서는 먼저 그들 안에 흐르고 있는 애굽적인 것들을 모두 벗겨 버려야 했다. 그러지 않고 가나안에 들어가게 되면 그들은 가나안에서도 애굽에서와 똑같이 살아갈 것이 분명했다. 그러면 하나님 나라를 세울 수가 없다. 때문에 하나님은 가나안에 들어가기 전에 먼저 하나님의 백성이 되는 훈련을 시키셔야 했다. 그래서 하나님은 히브리인들로 하여금 광야 40년을 지나게 하셨던 것이다.

광야는 그저 통과하는 곳이 아니다. 빨리 통과한다고 좋은 것도 아니다. 가나안에 들어가기 전에 그곳에서 살 준비를 충분히 해야 한다. 준비 없이 들어가면 반드시 실패하게 되어 있다. 다시 쫓겨날 수 있다. 40년을 광야에서 훈

런시키셨는데도 이스라엘 백성은 가나안에 들어가서 실패하지 않았는가?

하나님이 우리를 가나안으로 인도해 가실 때는 그렇게 하시는 목적이 있다. 그 목적을 이루기 위해 우리로 하여금 광야를 통과하게 하신다. 광야를 지나면서 준비시키시는 것이다. 히브리인들은 애굽에서 바로의 노예로 살았다. 하나님은 그런 그들을 하나님의 백성으로 삼기 위해 출애굽을 시키셨다. 그리고 40년 광야를 통과하게 하신 다음 가나안에 들어가게 하셨다. 그렇게 광야를 통과한 다음에야 비로소 바로의 노예로 살던 히브리인들은 하나님의 백성이 되었다.

다윗도 사울에게 쫓겨서 광야로 숨어 들어가 13년 동안 피 말리는 하루하루를 살아야 했다. 시편을 보면 광야에서 사울에게 쫓겨 다닐 때 드린 기도들이 많이 나온다. 그의 기도 제목은 한마디로 '오늘도 무사히'였다. 광야에서 살아남는 것이 그의 가장 큰 목표였다. 매일, 매 순간 살려 달라고 기도하며 13년을 광야에서 살았다. 그러다 마침내 사울이 죽자, 다윗은 광야에서 나와 왕이 되었다.

사울과 다윗의 가장 큰 차이는, 사울은 광야를 모르는 사람이었고, 다윗은 13년간 광야를 통과한 사람이었다는 것이다. 광야를 거치지 않고 왕이 된 사울은 하나님에게 버림받았다. 그러나 광야를 통과한 다음 왕이 된 다윗은 '하나님 마음에 맞는 사람'이 되었다. 이것이 광야를 거친 사람과 그렇지 않은 사람의 차이다. 다윗은 광야를 통해 하나님 마음에 맞는 왕이 될 준비를 할 수 있었다. 하나님은 다윗이 사울과 같은 왕이 되지 않도록 하기 위해 그를 광야로 떠미셨던 것이다. 그 광야를 통과했을 때 다윗은 이스라엘 역사에 있어서 하나님이 가장 기뻐하시는 왕이 될 수 있었다.

바울이 회심하고 3년 후 예루살렘교회를 찾아갔다. 예루살렘교회에서 사도들과 친분을 쌓고 그들과 같이 사역을 하다 선교사로 파송을 받고 싶었다. 그러나 베드로와 예루살렘교회는 그를 받아 주지 않았다. 이방인들에게 복음을 전하라는 소명을 받았다는 말을 사도들은 이해하지 못했다. 결국 바울은 실의에 빠져 고향인 다소로 내려가게 되었다. 고향으로 유배 아닌 유배를 가게 된 것이다.

바울은 초조했다. '지금 이러고 있을 때가 아닌데… 나는 언제쯤 중앙 무대에 올라갈 수 있을까?' 그는 이렇게 변방에서 칼을 갈고닦으며 세월을 보내야 했다. 그러나 아무도 그를 부르러 오지 않았다. 그렇게 바울은 고향 다소에서 13년간의 광야 생활을 해야 했다.

그러나 사도 요한이 유배지에서 하늘 문이 열리는 체험을 하고 요한계시록을 썼듯이, 바울도 유배지에 머무는 동안 여러 계시를 받았다. 많은 환상을 체험했다. 다소 광야를 지나는 동안 그의 신앙과 신학이 무르익었다. 그의 서신들 속에 나타나 있는 그의 신학은 모두 이때 정립된 것이다.

여름이 끝날 무렵 바로 가을로 접어들지 않고 마지막 태양빛이 오곡백과를 무르익게 하는 계절을 '장하'(長夏)라고 부른다. 바울에게 있어 다소는 바로 그런 장하의 계절이었다. 사울이 바울로 바뀌어 가는 시간이었다. 다소가 있었기에 그는 후에 광야에서 나와 3차에 걸친 전도 여행을 효과적으로 할 수 있었다. 다소가 있었기에 우리가 알고 있는 바울이 있게 된 것이다. 유배지와 같았던 다소 광야에서의 시간은 결코 허비하는 시간이 아니었다. 하나님은 바울로 하여금 다소 광야를 통과하게 하신 다음 본무대에 서게 하셨다.

하나님의 지도에는 가나안에 들어가는 길이 하나밖에 없다. 광야를 통과해서 가는 길이다. 하나님의 사람들은 전부 광야를 통과한 사람들이다. 광야를 통과하지 않고 쓰임 받은 사람은 아무도 없다. 광야를 통과하지 않고 가나안에 들어간 사람은 아무도 없다.

🔊 원망이 클수록 광야에 머무는 시간도 길어진다

가나안에 들어가는 시간이 지연되자 이스라엘 백성은 조급해졌다. 그리고 원망하기 시작했다. 원망은 민수기의 주제이기도 하다. 민수기에 등장하는 사건에 반드시 나오는 단어가 바로 이 '원망'이다. 출애굽 사건을 읽어 보라. 홍해를 시작으로 요단 강을 건널 때까지 원망에 원망을 거듭했다. 원망하지 않은 적이 한 번도 없었다. 원망할 때마다 하나님의 징벌을 받았음에도 불구하고 그들은 계속 원망했다. 이스라엘 백성의 뼛속까지 원망이 깊이 배어들어 있어, 하나님이 징계라는 도리깨질을 수백 번씩 가하셨음에도 그것을 빼낼 수가 없었다.

그들은 무엇을 원망했는가? "우리를 애굽에서 인도해 내어 이 광야에서 죽게 하는가"(민 21:5). 40년 전에 애굽에서 막 나왔을 때도 똑같은 원망을 했었다. 그런데 40년이 지난 후 가나안 땅을 눈앞에 두고 있는 시점에서도 그들은 똑같은 원망을 하고 있다. 정말 하나님 눈에도 대책 없는 백성으로 보였을 것이다. 이 일로 진노하신 하나님은 불뱀을 풀어 수많은 사람을 죽게 하셨다. 하나님도 그들의 원망 소리가 지긋지긋하셨던 것이다.

이제 조금만 있으면 가나안 땅에 들어가게 되는데, 광야를 거의 다 빠져나와서 하는 말이 "이 광야에서 죽게 하는가?"라니, 이게 말이 되는가? 따지고 보면 지금 감사해야 할 상황이 아닌가? '여기까지 인도해 주셔서 감사합니다.' 이래야 하는 것 아닌가? 그런데 조금 길을 돌아가게 되었다고 원망의 말을 쏟아 놓다니, 하나님의 진노를 사 마땅하지 않은가?

그들은 또한 이렇게 원망했다. "우리 마음이 이 하찮은 음식을 싫어하노라"(민 21:5). 그들은 하나님이 40년 동안 신실하게 하늘에서 내려 주신 만나를 '이 하찮은 음식'이라고 불렀다. 그 만나를 내려 주시지 않았다면 그들은 벌써 굶어 죽었을 것이다. 그 만나 때문에 지금까지 살아 있는 것인데 그것을 '이 하찮은 음식'이라고 부르다니, 말이 되는가? 하늘로부터 내려 주신 만나, 생명의 만나, 기적의 만나를 보고 '이 하찮은 음식'이라고 말하다니, 하나님이 진노하실 만하지 않은가?

지금 누가 불평하고 있는 것인가? 출애굽 1세대가 아니다. 2세대다. 광야에서 태어난 세대다. 출애굽한 세대는 광야에서 원망하고 불평하다 모두 죽고 말았다. 지금 여기서 원망하고 있는 사람들은 다음 세대들이다. 그들도 부모 세대와 마찬가지로 원망하고 불평하며 불만을 터뜨리고 있는 모습을 보게 된다. 왜 부모 세대가 전부 광야에서 죽게 되었는지를 알 텐데도 그들 또한 부모들의 전철을 밟고 있다.

"우리 마음이 이 하찮은 음식을 싫어하노라." 새번역 성경에서는 이 구절을 이렇게 번역했다. "이 보잘것없는 음식은 이제 진저리가 납니다." 하나님이 하늘로부터 내려 주신 만나를 진저리가 난다고 했다. '또 만나야? 만나밖에 없어? 다른 건 없어?' 이런 뜻이다. '이 지긋지긋한 만나, 보기만 해도 넌덜머리가 나는 만나, 보기도 싫은 만나, 하나님, 이제 만나는 질렸습니다. 다른 것 좀 주실 수 없나요?' 이런 뜻이다.

나는 라면을 좋아하지 않는다. 대학생 때 기숙사 식당이 문을 닫는 방학 내내 라면을 끓여 먹은 적이 있는데, 그 후 40여 년이 지난 지금까지도 라면을 잘 먹지 않는다.

그러나 여기가 어디인가? 광야다. 가나안에서는 계속 같은 것만 먹으면 짜증을 부릴 수 있다. 그러나 그들은 가나안이 아닌 광야에 있다. 광야에서는 만나만 내려 주서도 감사해야 한다. 광야에서 가나안에 사는 것처럼 살려고 하면 불평하고 원망하게 된다. 광야를 지나면서 케이크는 주지 않고 빵(만나)만 준다고 불평하는 것은 철딱서니가 없는 것이다. 현실을 파악하지 못하는 것이다.

이들이 불평불만과 원망을 쏟아 내고 있는 것은 주제 파악을 하지 못했기 때문이다. 이 사람들은 지금 하나님에게 징벌을 받고 있는 중이다. 그래서 가나안에 들어가지 못하고 광야에서 40년을 지내고 있는 것인데 무슨 불평불만이 그렇게 많단 말인가? 정신 못 차리고 있는 것이다. 결국 그들은 "어찌하여 우리를 애굽에서 인도해 내어 이 광야에서 죽게 하는가"라고 원망했던 자신들의 말대로 가나안을 눈앞에 두고 광야에서 죽고 말았다.

🗿 "광야로 들어갈지니라"

애굽을 떠난 지 2년이 지난 후 가데스바네아에 이르렀을 때, 하나님은 이스라엘 백성에게 가나안으로 올라가라고 명령하셨다. 그러나 이스라엘 백성은 정탐부터 하겠다고 했다. 40일 동안의 정탐을 마치고 돌아온 그들은 가나안에 들어가지 않겠다고 했다. 그러자 하나님은 도로 광야로 들어가라고 하셨다. "광야로 들어갈지니라"(민 14:25). 그리고 앞으로 40년을 더 광야에서 떠돌아야 할 거라고 하셨다.

이 말을 들은 이스라엘 백성은 하늘이 무너지는 것 같았을 것이다. "정말 우리는 평생을 이 광야에서 살다가 광야에서 죽고 말겠구나." 당시의 평균 수명은 얼마나 되었을까? 그리스 시대의 평균 수명은 19세였다. 로마 시대는 28세였다. 100년 전 미국인의 평균 수명은 47세였다. 이런 사실로 미루어 볼 때 출애굽 당시의 평균 수명은 30세가 안 되었을 것이다. 그런데 40년을 더 광야에 머물러야 한다. 이 말은, 그 자리에 있던 사람들 중에는 어느 누구도 가나안에 들어가지 못하고 모두가 광야에서 죽게 될 거라는 뜻이다. 그들은 늘 입버릇처럼 '우리의 무덤을 이 광야에 만들려고 우리를 이곳으로 이끌어 냈느냐'고 했는데, 그 말대로 되게 된 것이다.

그렇다면 하나님은 왜 그들을 가나안 입구에서 도로 광야로 돌려보내신 것일까?

"이 백성이 어느 때까지 나를 멸시하겠느냐 … 어느 때까지 나를 믿지 않겠느냐"(민 14:11).

"또 나를 멸시하는 사람은 한 사람도 그것을 보지 못하리라"(민 14:23).

"내 영광과 애굽과 광야에서 행한 내 이적을 보고서도 이같이 열 번이나 나를 시험하고 내 목소리를 청종하지 아니한 그 사람들은 내가 그들의 조상들에게 맹세한 땅을 결단코 보지 못할 것이요"(민 14:22-23).

"너희의 자녀들은 너희 반역한 죄를 지고 너희의 시체가 광야에서 소멸되기까지 사십 년을 광야에서 방황하는 자가 되리라"(민 14:33).

"나를 원망하는 이 악한 회중에게 내가 어느 때까지 참으랴 이스라엘 자손이 나를

향하여 원망하는 바 그 원망하는 말을 내가 들었노라"(민 14:27).

"나를 거역하는 이 악한 온 회중에게 내가 반드시 이같이 행하리니 그들이 이 광야

에서 소멸되어 거기서 죽으리라"(민 14:35).

"그 땅에 대하여 악평한 자들은 여호와 앞에서 재앙으로 죽었고"(민 14:37).

"너희가 여호와를 배반하였으니 여호와께서 너희와 함께 하지 아니하시리라"(민 14:43).

멸시, 불신, 시험, 불순종, 반역, 원망, 거역, 악평, 배반과 같은 죄 때문
에 하나님이 그들을 다시 광야로 돌아가게 하셨다. 하나님은 늘 불평불만
과 원망과 불신 가운데 살아가는 이스라엘 백성을 '악한 회중'(민 14:27, 35)이
라고 부르셨다. 얼마나 화가 많이 났으면 당신의 백성을 '악한 회중'이라고
부르셨겠는가?
이스라엘 백성은 40년 동안 광야를 지나면서 날이면 날마다 불평불만
을 쏟아 놓았다. 하나님을 불신하고 그분을 시험했다. 하나님을 무시하고
그분에게 불순종했다. 하나님을 배반하고 그분을 거역했다. 하나님은 하
루도 화가 나지 않으신 날이 없었을 것이다. 광야에서 얼마나 많은 사람이
하나님의 진노로 심판을 받아 멸망당했는가?

"사십 년간 너희의 죄악을 담당할지니 너희는 그제야 내가 싫어하면 어떻게 되는

지를 알리라"(민 14:34).

가나안에 들어가서도 하나님은 엄청 화가 나셨다. 하나님이 그들을 가나안까지 어떻게 인도하셨는가? 그런데 어떻게 그들이 가나안에 들어가서는 하나님을 떠나 바알 신을 섬길 수 있단 말인가? 그들은 결국 하나님의 진노로 가나안에서 쫓겨나게 되지 않았는가?

성경을 읽다 보면 하나님이 행복해하시는 모습을 찾아보기 힘들다. 항상 화가 나 계시다. "당신은 사랑받기 위해 태어난 사람." "당신은 하나님이 가만히 두고 보기에도 아까운 사람입니다." 정말 그럴까? 하나님은 정말 너무나도 사랑스러운 눈으로 우리를 바라보고 계실까? 혹시 화가 나서 우리에게서 고개를 돌리고 계신 것은 아닐까?

어렸을 때 아버지가 화가 나 있으면 식구들 모두가 숨을 죽이고 있었다. 아버지 눈치를 봐야 했다. 그런데 요즘은 아버지가 화가 나 있어도 자식들은 신경 쓰지 않는다. 우리도 하나님을 그렇게 대하고 있지는 않은가? 하나님이 화가 나 계시든 말든 전혀 신경 쓰지 않는 우리는 아닌가?

애굽에서 나왔다고 다 가나안에 들어가는 것은 아니다. 또한 지금 광야에 있다고 다 가나안에 들어가는 것은 아니다. 광야를 지나면서 이스라엘 백성처럼 힘들다고 불평불만하고, 원망하고, 불신하고, 불순종하면 가나안에 언제 들어가게 될지 모른다. 아니, 못 들어갈 수도 있다. 이스라엘 백성은 가나안에 2년 만에 들어갈 수 있었는데도 40년이나 더 헤매다 들어갔으니 얼마나 통탄할 일인가? 땅을 치고 통곡할 일이 아닌가? 그렇게도 벗어나고 싶었던 광야를 드디어 벗어날 수 있는 기회가 주어졌는데 그 기회를 놓치고 다시 광야로 돌아갔으니 얼마나 천추의 한이 되었겠는가?

아무리 노력해도 아직 가나안에 들어가지 못한 채 광야에 머물러 있다면, 혹시 광야를 지나 가나안을 향해 가면서 불평불만하며 원망으로 가득

차 있는 것은 아닌지 스스로를 돌아봐야 할 것이다. 또한 하나님을 불신하고 그분에게 불순종하며 그분을 무시하고 멸시하고 배반하고 거역해서 그런 것은 아닌지 스스로를 점검해야 할 것이다.

> "여호와께서 우리를 기뻐하시면 우리를 그 땅으로 인도하여 들이시고 그 땅을 우
> 리에게 주시리라 이는 과연 젖과 꿀이 흐르는 땅이니라"(민 14:8).

하나님이 우리를 기뻐하시면 하나님이 우리를 가나안에 들어가게 해 주실 것이다. 우리는 하나님을 기쁘시게 하고 있는지, 혹시 그 반대로 하나님을 화나시게 만들고 있지는 않은지, 그래서 가나안에 들어가지 못하는 것은 아닌지를 늘 점검해야 한다.

"이 지긋지긋한 광야, 언제 끝날까? 언제쯤 가나안에 들어갈 수 있을까?" 그것은 우리 하기에 달려 있다. 2년 만에 들어갈 수도 있고, 40년이 걸릴 수도 있다. 우리가 광야에서 어떻게 살아가느냐에 따라 광야에 머무는 시간이 단축될 수도 있고 연장될 수도 있다. '여호와께서 우리를 기뻐하시면' 2년 만에 들어갈 수도 있지만, 기뻐하지 않으시면 40년이 지나도 못 들어갈 수 있다.

🪨 광야에서의 삶이 가나안에서의 삶을 결정한다

이스라엘 백성이 광야를 지나는 40년 동안에는 부자도, 가난한 사람도 없었다. 남보다 땅을 많이 갖거나 더 큰 집에 사는 사람도 없었다. 성공

한 사람도, 실패한 사람도 없었다. 지위가 높은 사람도, 낮은 사람도 없었다. 창고를 가진 사람도 없었고, 모아 놓고 사는 사람도 없었다. 누구도 내일 먹을 양식을 쌓아 놓지 않았다. 누구나 다 짐이 되지 않을 만큼만 소유했다.

지금도 광야에서 양을 치며 살아가고 있는 베두인들은 최소한의 것만을 소유한다. 나귀에 싣고 이사 갈 수 있을 정도의 짐만을 갖고 살아간다. 이스라엘 백성도 광야에서 그렇게 살았다. 아무도 탐욕이나 물질문명에 사로잡혀 살지 않았다. 누구도 다른 사람과 경쟁하며 살지 않았다.

그러나 가나안에 들어가서는 남보다 더 큰 집과 창고를 짓고, 더 많은 땅을 차지하고, 더 많이 모으고, 더 부자가 되고, 더 큰 권세를 잡고, 더 큰 힘을 얻기 위해 열심히 일했다. 그러기 위해서는 경쟁을 해야 했다. 그러다 보니 부자도 생기고 가난한 사람도 생겼다. 성공하는 사람도 생기고 실패하는 사람도 생겼다. 힘 있는 사람도 생기고 힘없는 사람도 생겼다. 광야에서와는 전혀 다른 세상이 되고 말았다. 우리가 살고 있는 지금 이 세상이 바로 가나안의 모습과 똑같지 않은가?

광야에서는 어느 누구도 자신의 힘으로 노력해서 살지 않았다. 모두가 다 똑같이 살았다. 모두가 다 위를 바라보며 살았다. 모두가 다 하나님만 바라보며, 하나님만 의지하며, 하나님의 인도를 따라 살았다. 모든 것을 하나님이 공급해 주셨기 때문이다. 그러나 가나안에서 살 때는 땅만 바라보며 살았다. 광야에서와는 달리 모든 것이 땅에서 나왔기 때문이다. 그러다 보니 더 이상 위를 바라보지 않아도 되었다. 더 이상 기적이 필요하지 않았다. 더 이상 하나님이 필요하지 않게 되고 말았다. 광야는 하나님 없이는 살 수 없는 곳이다. 그러나 가나안은 하나님 없이도 얼마든지 살아갈 수 있는 곳이다. 결국 이스라엘 백성은 모세가 염려했던 대로 "네 마음이 교만하여 네 하나님 여호와를 잊어"버리고 말았다(신 8:14).

이스라엘 백성은 가나안에 들어가 바알을 섬겼다. 바알은 농사를 잘 짓게 해 준다는 신이었다. 비를 내려 주는 신이었다. 풍요와 다산의 신이었다. 바알은 사실 광야에서는 알지도 못하던 신이었다. 그곳에서는 바알이 필요하지 않았다. 농사를 짓지 못하는데 비를 내려 주는 신이 무슨 필요가 있겠는가? 그런데 가나안에서는 농사를 지어야 한다. 성공해야 한다. 잘 살아야 한다. 바알이 그 욕심과 욕망을 채워 준다 하니 어찌 그 신을 섬기지 않을 수 있었겠는가?

광야에 들어가면 비우게 된다. 무엇을 더 얻기 위해 노력하지 않는다. 있는 것에 자족하며 살아간다. 그러나 가나안에서는 자족하지 않는다. 있는 것에 만족하지 않는다. 더 많이 소유하고, 더 크게 성공하고 더 많이 누리려고 한다. 가나안에 들어가면 탐욕에 사로잡혀 살게 된다. 바알을 따라가게 된다. 어떻게 보면 가나안이 광야보다 더 위험하다. 그래서 광야를 지날 때는 하나님의 은혜가 절대적으로 필요하지만, 가나안에서 살 때는 은혜 위에 은혜가 필요하다.

바알의 세상에서 바알 없이 살아가는 것은 쉬운 일이 아니다. 이스라엘이 실패한 곳은 광야가 아니라(광야에서도 실패하기는 했지만) 가나안이었다. 하나님은 이스라엘 백성이 바알이 지배하는 가나안에서 바알을 섬기지 않고 하나님만 섬기도록 하려고 그들에게 광야 40년을 지나며 하나님만 섬기는 훈련을 받게 하셨다. 광야를 지나면서 욕심과 욕망을 모래 속에 파묻는 훈련을 받게 하셨다. 그럼에도 불구하고 가나안에 들어가서는 성공과 형통과 축복을 얻기 위해 바알을 따라가고 말았다. 광야에서의 40년 세월이 다 허

사로 돌아가고 만 것이다.

결국 하나님은 그들을 다시 광야로 되돌려 보내셨다. 그들에게 광야가 더 필요했기 때문이다. 더 내려놓고 더 비우는 훈련을 받도록 하기 위해, 바알이 지배하는 가나안에서도 하나님만 섬길 수 있도록 하기 위해 그리고 하나님 없이 살 수 있는 가나안에서도 하나님을 섬기며 살아가도록 하기 위해 더 깊은 광야로 몰아내셨다. 그 광야가 바로 바벨론 포로 광야였다. 이번 광야는 출애굽 광야보다 더 깊은 광야였다. 40년이 아니라 70년을 지나야 하는 광야였다. 가나안을 향해 가는 광야가 아니라, 가나안에서 쫓겨난 광야였다. 애굽의 노예 생활에서 벗어나 가나안으로 가는 광야가 아니라, 다시 바벨론의 포로가 되어 살아가야 하는 광야였다.

지금 광야를 지나고 있는가? 가나안에 들어가서도 광야에서처럼 살아갈 수 있도록 잘 훈련받아야 한다. 그렇지 않으면 가나안에 들어가 바알을 따라가게 될 것이고, 결국 다시 광야로 쫓겨나고 말 것이다. 빨리 광야를 지날 생각만 하지 말고, 어떻게 이 광야를 잘 지날 것인가를 생각해야 한다. 지금 지나고 있는 광야를 어떻게 통과하느냐에 따라 앞으로 들어가게 될 가나안에서의 운명이 결정될 것이기 때문이다.

🔖 왜 들어왔는지를 알아야 광야를 벗어나는 길이 보인다

요셉은 형제들에 의해 구덩이에 던져짐으로 광야가 시작되었다. 하나님은 이스라엘이라는 한 민족을 만들기 위해 요셉을 먼저 애굽으로 보내셨다. 요셉을 광야로 들어가게 하신 하나님의 뜻과 목적이 이루어졌을 때 그의 광야는 끝났다.

모세는 순간의 실수로 40년을 광야에서 살아야 했다. 하나님이 모세를 40년 만에 찾아오셨을 때 그의 광야는 끝났다. 알고 보니 출애굽의 리더로 세우기 위해 광야로 들어가서 훈련받게 하셨던 것이다.

하나님은 출애굽한 이스라엘 백성을 가나안에 들어갈 준비를 시키기 위해 광야로 들어가게 하셨다. 그들의 유일한 관심사는 하루라도 빨리 가나안에 들어가는 것이었다. 그러나 하나님의 관심은 다른 데 있으셨다. 그들이 언제쯤 가나안에 들어갈 준비를 마칠 수 있을까 하는 것이었다. 준비가 안된 채로 들어가면 가나안에서 실패하고 말 것이 뻔했기 때문이다. 그들은 가나안에 들어갈 준비가 안 되었기 때문에 40년을 광야에서 머물러야 했다.

다윗은 사울에게 쫓겨 광야로 들어갔다. 광야로 내몰린 13년 동안 하루하루 피 말리는 삶을 살아야 했다. 사울이 죽었을 때 비로소 다윗은 광야에서 나올 수 있었다. 다윗의 기도 가운데는 '언제까지니이까?'라는 탄식이 많이 나온다. '언제 이 광야가 끝나는 것입니까?'라는 탄식이다. 다윗은 13년 동안이나 '언제까지니이까'라는 기도를 해야만 했다.

광야에 들어가 있는 사람들의 가장 큰 관심사는 '언제쯤 이 지긋지긋한 광야가 끝나고 가나안에 들어갈 수 있을까?' 하는 것이다. 그래서 열심히 기도한다. 빨리 광야에서 벗어나게 해 달라고. 그러나 속히 광야가 끝나게 해 달라고 열심히 기도한다고 광야에서 벗어날 수 있는 것은 아니다. 광야에서 벗어날 준비가 되어 있을 때, 가나안에 들어갈 준비가 되어 있을 때 비로소 광야에서 벗어날 수 있고, 가나안에 들어갈 수 있다. 광야에서 빨리 나오는 방법은 내가 이 광야에 왜 들어왔는가를 깨닫는 것이다. '하나님이 왜 나를 이 광야로 떠밀어 넣으신 것일까?' '내가 왜 이 광야에 들어와 있는 것일까?' 이에 대한 대답 속에 광야에서 벗어날 수 있는 길이 들어 있다.

탕자의 비유에 나오는 둘째 아들이 먼 나라에서 기근을 만나 돼지우리에서 먹고 자야 했다. 하나님을 떠났다가 인생의 흉년을 만난 것이다. 그때 탕자가 회개하고 아버지 집으로 돌아왔다. 그리고 인생의 흉년이 끝났다. 만일 그가 기근이 끝나게 해 달라고 기도했다면 어떻게 되었을까? 다른 살길을 열어 달라고 기도했다면 어떻게 되었을까? 그는 광야가 빨리 끝나게 해 달라고 기도하지 않았다. 그는 자신이 왜 광야에 들어오게 되었는지를 알았다. 그랬기 때문에 아버지 집으로 돌아간 것이다. 그는 그렇게 광야에서 벗어날 수 있었다.

우리는 끔찍한 코로나 광야를 지나오면서 '빨리 이 광야가 끝날 수 있게 해 달라'고 기도했다. 하지만 그전에 생각해야 할 게 있다. 우리가 왜 이 코로나 광야로 들어오게 되었는가 하는 것이다. 우리의 관심은 그저 빨리 이 광야를 벗어나는 것에만 집중되어 있었다. 하나님이 왜 우리를 코로나 광야 속으로 내모셨는지를 모르고 코로나 광야를 벗어난다면, 우리는 그보다 더 무서운 광야에 또다시 들어가게 될지도 모른다.

이스라엘 백성은 바벨론 포로로 끌려가서야 그들이 얼마나 하나님 앞에 큰 죄를 지었는지를 깨닫고 하나님에게 돌아왔다. 영적인 부흥 운동이 일어났다. 그랬을 때 하나님이 그들을 다시 가나안으로 돌아가게 하셨다. 포로에서 해방시켜 주셨다. 망했던 나라를 다시 세워 주셨다.

살다 보면 우리도 가나안에서 광야로 내몰릴 때가 있다. 광야로 내몰렸을 때는 왜 하나님이 나를 이 광야로 내보내셨는가를 잘 생각해야 한다. 광야에 왜 들어오게 되었는가를 깨달아야 광야에서 나가는 길이 보인다. 그래야 광야에서 벗어날 수 있다.

"너희는 여호와를 만날 만한 때에 찾으라 가까이 계실 때에 그를 부르라 악인은 그의 길을, 불의한 자는 그의 생각을 버리고 여호와께로 돌아오라 그리하면 그가 긍휼히 여기시리라 우리 하나님께로 돌아오라 그가 너그럽게 용서하시리라"(사 55:6-7).

이 말씀은 가나안에서 쫓겨나 바벨론 포로로 끌려가 광야 생활을 하고 있는 이스라엘 백성에게 주신 것이다. 바벨론 포로 광야로 내몰린 이스라엘 백성에게 회개하고 돌아오면 다시 가나안으로 돌아가게 해 주시겠다는 말씀이다.

지금 광야를 지나고 있는가? 우리를 지금 이 광야로 들어오게 하신 하나님의 뜻과 섭리와 목적이 이루어지면 우리는 이 광야를 무사히 통과해서 가나안에 들어가게 될 것이다. 그러나 생각보다 시간이 걸릴 수도 있다. 하지만 광야를 지나는 동안 하나님은 우리를 잊지 않고 계실 것이다. 어떤 시련이나 연단도 잘 감당하게 하실 것이다. 광야를 잘 이겨 내게 하실 것이다. 그리고 가나안에 들어가게 해 주실 것이다. 그러나 내가 왜 이 광야에 들어왔는지를 깨닫지 못하고 원망만 하면 광야에 머무는 시간이 그만큼 길어지게 될 것이다.

🌰 광야에 감춰진 하나님의 계획

광야를 지나던 이스라엘 백성에게 가장 끔찍했던 순간은 언제였을까? 가데스바네아에서 가나안 올라가기를 거부했을 때 하나님은 그들을 다시 광야로 돌려보내 40년을 더 살게 하셨다. "너희는 내일 돌이켜 … 광야로 들어갈지니라"(민 14:25). 가데스바네아에서 광야가 끝나는 것이었는데, 그랬으면 2년 만에 가나안에 들어가는 것이었는데, 그만 다시 광야로 돌아가 40년을 더 살아야 했다. 광야로 다시 돌아간다는 것은 정말 끔찍한 일이다.

하나님이 이스라엘 백성을 광야로 이끌어 내신 것은 가나안에 들어가게 하기 위해서였다. 그러나 그들은 별로 가나안에 들어가고 싶어 하지 않았다. 그들의 목표는 가나안에 들어가는 것이 아니라 광야를 벗어나는 것이었다. 하나님은 이스라엘 백성이 가나안을 싫어했다고 말씀하셨다.

"너희의 유아들은 내가 인도하여 들이리니 그들은 너희가 싫어하던 땅을 보려니와"(민 14:31).

이스라엘 백성은 가나안이든 애굽이든 광야만 벗어나면 좋겠다고 생각했다. 그런데 가나안을 정탐한 후 그들은 가나안에 들어갈 수 없다고 생각했다. 그래서 애굽으로 돌아가려고 했다. 그러자 하나님은 그들을 다시 광야로 들어가게 하셨다. 애굽이 아니라 광야로 다시 들어가게 하셨다.

바벨론 포로기의 광야

이스라엘은 앗수르와 바벨론에 의해 차례로 망하게 되었다. 예루살렘 성전이 무너지고 포로로 끌려가게 되면서 더 이상 제사를 드릴 수 없게 되었다. 그러나 언제까지나 바벨론 강변에서 무심히 흘러가는 강물을 바라보며 수금을 버드나무에 걸어 놓고 한숨만 쉴 수는 없었다. 그들은 성전 대신에 회당을 세우고 안식일마다 모여 제사를 대신한 예배를 드렸다. 제사장에게 하나님의 말씀을 들을 수 없게 되자 그들은 성경을 기록하기 시작했다. 구약성경의 대부분이 이방 땅에 포로로 끌려갔을 때 기록되었다. 랍비들은 성경을 열심히 연구하고 가르쳤다. 그것들을 기록으로 남긴 것이 바로 그 유명한《탈무드》다.

예루살렘에 성전이 있을 때는 하나님을 멀리하고 안식일도 지키지 않았다. 제사장들은 타락하고 백성은 바알을 숭배했다. 이런 그들을 하나님은 가나안에서 쫓아내 바벨론에 포로로 끌려가게 하셨다. 그러자 그들은 바벨론에서 비로소 정신을 차리고 하나님에게 돌아왔다. 회당을 세우고 안식일마다 예배를 드리며 성경을 기록하기 시작했다. 말씀 부흥 운동이 일어난 것이다. 영적 르네상스가 일어난 것이다. 영적 회복 운동이 일어난 것이다. 영적 부흥 운동이 일어난 것이다. 언제 이런 일들이 일어났는가? 나라가 망하고 가나안에서 광야로 쫓겨난 다음에 일어났다.

이스라엘 백성과 하나님이 신혼을 경험한 곳은 어디였는가? 가나안인가? 아니다. 광야였다. 바벨론 포로기의 광야 시절이 하나님과 이스라엘이 가장 친밀하고 행복한 때였다. 이러한 광야를 통과한 다음 이스라엘은 다시 가나안으로 돌아가게 된다. 다시 회복하게 된다.

중세 유럽의 흑사병 광야

13세기에 유럽에 흑사병이 돌아 인구의 3분의 1이 죽었다. 루터도 그때 두 동생을 잃었다. 인구수가 회복되는 데 무려 300년이 걸렸다. 인구의 3분의 1이 죽자 노동할 사람이 없게 되었다. 그 결과 임금이 5-6배로 뛰어올랐다. 농노들은 자유민이 되고 영주 계급이 무너지면서 중세 봉건주의가 몰락했다.

중세 시대는 가톨릭과 정치, 교황과 황제/귀족이 결탁을 이룬 시기였다. 이로 인해 교회(가톨릭)는 말할 수 없이 타락했다. 흑사병으로 인해 귀족 사회가 무너지면서 교회가 지배하는 시대도 끝나고 타락한 중세 기독교 또한 쇠퇴하기 시작했다. 교황과 교회의 권위가 실추되었다. 그러면서 르네상스가 일어나게 되었다.

결과적으로는 타락한 교회가 무너지고 종교 개혁으로 이어졌다. 그리고 다시 교회가 회복되기 시작했다. 광야를 통과한 다음 회복의 역사가 일어난 것이다. 인문학적인 르네상스만 일어난 것이 아니라, 교회에도 영적 르네상스(회복, 부흥)가 일어나게 된 것이다.

교회가 가장 번창하던 중세야말로 영적인 암흑기였다. 그러나 흑사병이라는 광야를 지나면서 교회가 새로워지기 시작했고, 종교 개혁이 일어나게 되었으며, 신앙 부흥 운동이 일어나게 되었다. 아골 골짜기로 소망의 문이 되게 해 주신 것이다!

코로나의 광야

우리는 지금 코로나의 광야를 지나고 있다. 코로나 때문에 변화된 것이 얼마나 많은가? 그중 하나가 주일에 교회에서 예배를 드리지 못하고 가정에서 인터넷으로 예배를 드리는 것이다. 코로나 바이러스는 교회에 모이지 못하게 했지만, 그 대신 수억만 가정을 교회로 만드는 데 혁혁한 공을 세웠다.

이런 일은 이미 2천 년 전에도 있었다. 예루살렘 성전이 로마에 의해 무너졌다. 유대인들에게는 생각할 수도 없는 일이 벌어진 것이다. 철저한 성전 중심의 유대교는 위기를 만나게 되었다. 더 이상 제사를 드릴 성전이 없게 되었다. 이 땅에 있는 하나님의 집이 무너지게 되었다. 하나님 임재의 상징인 성전이 없어지게 된 것이다.

이런 신앙의 위기를 어떻게 극복했는가? 성전은 무너졌지만 그 대신 수천, 수만의 성전이 생기게 되었다. 성전에서 제사를 드리는 대신에 각 가정에서 예배를 드렸다. 점심때까지 밥을 먹었던 식탁이 안식일 저녁에는 제단으로 바뀌었다. 아버지가 제사장이 되었다. 식탁 위의 촛불이 성전의 메노라(촛대)가 되었다. 가족이 식탁에 둘러서서 드리는 찬양과 기도가 제사가 되었다. 제사장이 사라지게 되었다. 그 대신 랍비들이 그 자리를 대신해서 성경을 가르쳤다.

2천 년 전에 무너진 성전은 아직도 세워지지 않고 있다. 그러나 유대인들은 2천 년 동안 가정에서 신앙을 지켜 왔다. 가정에서 예배를 드려 왔다. 가정에서 기도를 하고, 가정에서 말씀을 읽었다. 성전이 가정으로 옮겨 온 것이다. 이것이 유대교다. 가정이 성전이 된 것이다. 우리가 코로나 광야를 지나는 지금, 똑같은 일이 일어나고 있지 않은가?

이 코로나 광야를 잘 통과하게 되면, 이 광야에서 다시 하나님에게 돌아가 그분과의 관계가 회복되고 친밀하게 되면 그리고 하나님과 맺은 언약과 첫사랑을 회복하게 되면, 이 아골 골짜기와 같은 광야가 우리에게 소망의 문이 될 것이다.

"내가 그를 타일러 거친 들[광야]로 데리고 가서 말로 위로하고 거기서 비로소 그의 포도원을 그에게 주고 아골 골짜기로 소망의 문을 삼아 주리니"(호 2:14-15).

◢ 광야는 생각보다 길어질 수도 있다

이스라엘 백성이 바벨론에 포로로 끌려갔다. 그런 이스라엘 백성에게 예언자들은 이렇게 선포했다.

광야가 꽃처럼 피어나고(사 35:1),

광야에 꽃이 피며(사 35:2),

광야에 강이 넘쳐흐르고(사 35:6, 43:19-20),

광야에 대로가 생기고(사 35:8 43:19),

광야에 샘이 솟고(사 41:18),

광야에 백향목과 소나무가 자라게 될 것이다(사 41:19).

그래서 광야가 기뻐 노래하며(사 35:2),

광야가 춤을 추는 아름다운 동산같이 될 것이며,

여호와의 영광을 보게 될 것이다(사 35:2).

여기에서 광야는 가나안 땅을 말한다. 젖과 꿀이 흐르는 땅이 이스라엘 백성으로 인해 심판을 받아 광야가 되고 말았다. 폐허가 되고 말았다. 지나가는 사람들마다 고개를 절레절레 흔들었다. 예루살렘 성과 성전이 무너졌다. 수많은 백성이 이방 땅으로 끌려갔다. 그 땅에 남아 있던 사람들은 포로로 끌려간 사람들보다 더 비참하게 살아야 했다. 가나안이 황폐한 땅이 된 것이다. 그런데 이렇게 버려진 땅(광야)이 된 가나안을 하나님이 다시 회복시켜 주겠다고 하셨다. 광야가 된 가나안 땅을 다시 에덴동산같이 되게 해 주겠다고 하셨다.

에스겔은 성전에서 흘러나온 물이 강을 이루는 환상을 보았다. 그 물이 사해에 흘러들자 죽은 물이 다시 살아났다. 한편 그 강물이 흘러가는 곳에 숲이 우거졌다. 예루살렘에서 사해에 이르는 곳은 모두 광야로 이루어져 있다. 그런데 그곳으로 강이 흘러가면서 죽은 땅이 살아났다. 나무 한 포기 자라지 못하던 곳에 숲이 우거졌다. 광야가 살아난 것이다. 사해만 살아난 것이 아니라 광야도 살아난 것이다.

에스겔이 본 환상 가운데 또 하나 회복된 것이 있다. 바로 성전이다. 성전에서 흘러나온 물이 광야와 사해를 살리는 환상을 보았는데, 그 성전은 바벨론에 의해 무너지고 없었다. 그런데 에스겔은 환상을 통해 성전에서 물이 흘러나오는 것을 본 것이다. 하나님은 에스겔에게 장차 무너진 성전이 회복되어 광야(죽은 땅)와 사해(죽은 바다)와 같은 이스라엘이 회복될 것이라는 환상을 보여 주신 것이다.

문제는 언제 회복시켜 주실 것이냐 하는 것이었다. 거짓 예언자들은 하나님이 곧 가나안 땅으로 돌아가게 해 주실 거라고 선포했다. 그러나 이사야와 예레미야와 에스겔 같은 예언자들은 그런 거짓 예언에 넘어가지 말라고 했다. 그러면서 돌아갈 날만 손꼽아 기다리지 말고 바벨론에서 집을 짓고 살며 밭을 일구고 그 열매를 먹으라고 했다(렘 29:28).

어떻게 보면 이렇게 선포하는 사람들이 거짓 선지자처럼 보인다. "믿음으로 기도하면 하나님이 속히 돌아가게 하실 줄로 믿습니다. 그러니 낙심하지 말고 기다립시다." 누구든 이런 메시지를 듣고 싶어 하지, 하나님이 언제 돌아가게 하실지 모르니 한평생 바벨론에서 살 것처럼 살라는 소리를 듣고 싶어 하겠는가? 그러나 그들은 백성이 듣고 싶어 하는 '형통의 복음', '긍정적 사고방식', '믿음 만능주의'를 전하지 않았다. 그들은 죗값을 치르기 위해 바벨론에 포로로 끌려왔으니, 그 죗값을 다 치르기 전에는 하나님이 가나안으로 돌아가게 하시지 않을 것이라고 외쳤다. 가석방을 기다리지 말고 죗값을 충실하게 치르라고 외쳤다. 그러다 보면 '노역의 때'(사 40:2)가 끝나면서 가나안에 돌아가게 하실 것이라고 했다.

우리는 어떤 광야에 들어갔든지 간에 빨리 그 광야에서 탈피하는 것에만 관심이 있다. 그러나 하나님은 우리를 광야에 들어가게 한 목적을 다 이룰 때까지 내보내지 않으신다. 다 준비되지 않은 이스라엘 백성이 가나안에 들어가서 어떻게 되었는지 우리는 잘 알고 있지 않은가?

'언제쯤 이 광야에서 벗어나나' 또는 '언제 가나안에 들어가나'가 아니라, 광야에서 보내는 시간을 죄의 문제를 해결하고 하나님과의 관계를 회복하는 기간으로 만들어야 한다. 빨리 광야를 벗어나는 것이 목적이 되어서는 안 된다. 우리로 하여금 광야에 들어오게 하신 하나님의 목적과 뜻이 이루어져야 우리가 던져진 광야에서 나갈 수 있다. 그래야 그 광야가 우리에게 축복이 된다. 광야에서 빨리 나간다고 좋은 것이 아니다.

앞으로 언제 끝날지 모르는 광야 생활을 하게 될 이스라엘 백성을 위해 하나님은 이런 약속을 하셨다.

"두려워하지 말라 내가 너와 함께함이라 놀라지 말라 나는 네 하나님이 됨이라 내가 너를 굳세게 하리라 참으로 너를 도와주리라 참으로 나의 의로운 오른손으로 너를 붙들리라"(사 41:10).

"나 여호와 너의 하나님이 네 오른손을 붙들고 네게 이르기를 두려워하지 말라 내가 너를 도우리라 할 것임이니라"(사 41:13).

"너는 두려워하지 말라 내가 너를 구속하였고 내가 너를 지명하여 불렀나니 너는 내 것이라 네가 물 가운데로 지날 때에 내가 너와 함께할 것이라 강을 건널 때에 물이 너를 침몰하지 못할 것이며 네가 불 가운데로 지날 때에 타지도 아니할 것이요 불꽃이 너를 사르지도 못하리니 대저 나는 여호와 네 하나님이요 이스라엘의 거룩한 이요 네 구원자임이라"(사 43:1-3).

이 약속들은 바벨론 포로 생활을 하고 있는 이들에게 주신 것이다. 하나님은 그들이 앞으로 바벨론에서 포로 생활을 하며 지나야 할 모든 시련과 고통, 환난 가운데 함께해 그들이 잘 이기고 견디고 버텨 내게 해 주겠다는 약속을 주셨다. 우리는 하나님이 복역의 때를 단축시켜 주시길 원한다. 그러나 하나님은 그런 약속을 하지 않으셨다. 그 대신 광야를 잘 통과하도록 하겠다고 약속하셨다.

"오직 시온이 이르기를 여호와께서 나를 버리시며 주께서 나를 잊으셨다 하였거니와 여인이 어찌 그 젖 먹는 자식을 잊겠으며 자기 태에서 난 아들을 긍휼히 여기지 않겠느냐 그들은 혹시 잊을지라도 나는 너를 잊지 아니할 것이라 내가 너를 내 손바닥에 새겼고"(사 49:14-16).

이 말씀도 바벨론 포로 광야를 지나고 있는 이들에게 주신 것이다. '왜 이 광야가 끝나지 않는 것일까? 하나님이 나를 잊으신 것은 아닐까?' 우리는 광야 기간이 길어지면 이런 생각을 하게 된다. 하지만 하나님은 결코 우리를 잊지 않으신다. 우리가 그렇게 생각하는 것뿐이다.

"너희는 이전 일을 기억하지 말며 옛날 일을 생각하지 말라 보라 내가 새 일을 행하리니 이제 나타낼 것이라 너희가 그것을 알지 못하겠느냐 반드시 내가 광야에 길을 사막에 강을 내리니"(사 43:18-19).

신년이 되면 이 말씀을 자주 듣게 된다. 그러나 이것은 신년이 되었을 때 지난해를 잊고 새 출발하라는 뜻으로 주신 말씀이 아니라, 바벨론 포로 광야를 지나고 있는 이들에게 주신 말씀이다. 지금은 광야를 지나고 있어도 반드시 때가 되면 가나안에 들어가게 될 것이라는 말씀이다.

"너희는 여호와를 만날 만한 때에 찾으라 가까이 계실 때에 그를 부르라 악인은 그의 길을, 불의한 자는 그의 생각을 버리고 여호와께로 돌아오라 그리하면 그가 긍휼히 여기시리라 우리 하나님께로 돌아오라 그가 너그럽게 용서하시리라"(사 55:6-7).

이 말씀도 가나안에서 쫓겨나 바벨론 포로 광야를 지나고 있는 이들에게 주신 것이다. 광야를 지날 때 온전히 회개하면, 하나님이 용서는 물론 그 광야에서 벗어나게 해 주실 것이라고 이스라엘 백성에게 약속하셨다.

"좋은 소식을 전하며 평화를 공포하며 복된 좋은 소식을 가져오며 구원을 공포하며 시온을 향하여 이르기를 네 하나님이 통치하신다 하는 자의 산을 넘는 발이 어찌 그리 아름다운가"(사 52:7).

이 구절은 복음의 기쁜 소식을 전하는 이들에 관한 말씀이 아니다. 이 말씀 또한 바벨론 광야를 지나는 이들에게 주신 것이다. 여기서 말하는 '복된 소식'은 광야가 끝나고 가나안으로 돌아갈 거라는 소식이다. 광야에서의 노역의 때가 끝나면 가나안으로 돌아가는 때가 올 거라는 뜻이다. "여호와께서 시온의 포로를 돌려보내실 때에 우리는 꿈꾸는 것 같았도다"(시 126:1)라고 말할 날이 올 거라는 것이다.

이처럼 어렵고 힘들 때 우리에게 큰 힘과 용기와 소망을 주는 말씀들이 사실은 바벨론 포로 광야를 지나는 이들에게 주셨던 말씀이다. 우리가 생각한 것보다 광야에 머무는 시간이 길어질 수도 있다. 그러나 그렇다고 하나님이 우리를 잊어버리신 것은 아니다. 하나님이 우리를 버리신 것도 아니다. 광야를 지나는 동안 하나님은 우리와 함께하실 것이며, 우리를 지켜주실 것이다. 어떤 어려움도 이겨 낼 수 있도록 도와주실 것이다. 그러므로 광야를 지날 땐 낙심하지 말고 온전히 하나님만 바라보며 그분만을 의지해야 한다. 때가 되면 하나님이 우리를 가나안에 들어가게 하실 것이다.

4. 광야 안에
가나안이 있다

🔖 가나안에 들어가야만 성공한 것은 아니다

성공한 사람에게는 보상이 주어지지만, 승리한 사람에게는 면류관(상급)이 주어진다. 성공한 사람에게 주어지는 것에 비하면 승리한 사람에게 주어지는 면류관은 초라하고 보잘것없어 보인다. 그래서 사람들은 승리보다 성공을 더 바란다. 그러나 사람들은 성공한 사람보다 승리한 사람에게 더 뜨거운 박수갈채를 보낸다. 하나님도 그러실 것이다.

세상 사람들은 성공을 추구하지만, 하나님의 사람들은 승리를 추구한다. 교회에서는 덕담을 할 때 성공하라고 하는 대신 승리하라고 한다. 성공보다 값진 것이 승리다. 성공한 사람은 모두가 부러워한다. 그러나 성공했다고 다 존경하지는 않는다. 그러나 승리한 사람에게는 모두가 진심 어린 축하와 존경을 보낸다.

성공한 사람을 만나 보고 싶은가? 비행기 비즈니스 석에 타면 된다. 승리한 사람을 만나 보고 싶은가? 성경을 읽으면 된다. 성공하는 비결을 배우고 싶은가? 서점에 가서 자기 계발서를 사서 읽으면 된다(그러나 책을 사기 전에 성공에 관한 책을 읽고 성공한 사람이 있을까를 잘 생각해 보아야 한다). 승리하기를 원하는가? 책꽂이에 있는 성경을 꺼내 읽으면 된다.

하나님이 사용하신 사람들은 모두 성공한 사람들이 아니라, 광야를 지나면서 승리했던 사람들이다. 물론 성경에 성공한 사람들이 나오지 않는 것은 아니다. 사울은 하루아침에 왕이 되었다. 하지만 그의 인생은 실패로 끝나고 말았다. 하나님에게 버림받았다. 솔로몬도 성공한 사람이었다. 그냥 성공한 정도가 아니라 대단히 성공한 사람이었다. 그러나 그의 인생은 허무했다. "헛되고 헛되며 헛되고 헛되니 모든 것이 헛되도다"(전 1:2). 그는 결국 부와 명예와 권세를 좇다가 하나님을 떠나고 말았다.

500년 이상 된 금강송이나 천 년이 넘는 세월을 버텨 온 삼나무 같은 나무들을 보면 경외감이 저절로 든다. 이 나무들은 성공한 나무들이 아니라 오랜 세월 동안 모진 풍상과 가뭄과 화재를 버티고 견뎌 낸 승리한 나무들이다. 그랬기 때문에 그 자리에 늠름하게 서 있는 것이다.

병원을 찾았는데 의사가 "왜 이제 오셨습니까?" 하면 그때부터 광야에 들어가게 된다. 암과 투병하는 한 사람이 이런 말을 했다. "암은 앎이다." 암을 통해서 나를 알게 되고, 몸을 알게 되고, 암을 알게 되고, 인생을 알게 되고, 죽음을 알게 되고, 하나님을 알게 된다는 것이다. 암 선고를 받으면 언제 끝날지 모르는, 또 이길지 질지 알 수 없는 생사를 건 암과의 처절한 투쟁을 하게 된다. 물론 암과 싸워서 이겨야만 승리하는 것은 아니다. 이기지 못할 수도 있다. 암이라는 광야를 통과하지 못할 수도 있다. 사망의 음침한 골짜기를 벗어나지 못할 수도 있다. 그렇다고 패배한 것은 아니다.

마찬가지로 광야를 벗어나야만 승리하는 것은 아니다. 가나안에 들어가야만 성공하는 것도 아니다. 광야를 벗어나지 못할지라도 광야를 감사함으로 견디고 이겨 내면, 그 사람은 광야에서 승리한 것이다. 그러나 가나안에 들어갔다 할지라도 원망과 불평과 불신과 불순종으로 그곳을 지난다면, 그 사람은 실패한 것이다. 광야를 벗어나서 가나안에 들어가는 것만이 성공은 아니다.

모세는 평생 광야를 벗어나지 못했다. 광야에서 태어나 광야에서 살다가 광야에서 죽었다. 가나안에 들어가지 못했다. 그러면 모세는 실패한 사람인가? 아니다. 가나안에 들어가지 못했다고 실패한 것은 아니다. 그의 목표는 광야를 벗어나는 것이 아니었다. 가나안에 들어가는 것도 아니었다. 자신에게 주어진 사명을 완수하는 것이 그의 목표였다. 그리고 그는 그 목표를 이루었다. 이스라엘 백성은 가나안에 들어가는 데는 성공했지만 광야에서는 실패했다. 그러나 모세는 가나안에 들어가지는 못했지만 광야에서 승리했다.

가나안에서 아브라함은 집을 짓고 살지 않았다. 땅을 소유하고 살지 않았다. 나그네로 살았다. 주변인으로 살았다. 그러나 천국을 바라보며 살았다. 하나님만 섬기며 살았다. 가나안에 살았지만 광야에 사는 것처럼 살았다. 그는 가나안에 살았지만 가나안을 누리지는 못했다. 그러나 그는 광야에서 승리했다.

아브라함이나 이삭이나 야곱은 성공한 사람들이 아니다. 가나안을 누리며 산 사람들이 아니다. 그들은 가나안에서 광야를 살았다. 그러나 그들은 광야에서 승리했다. 가나안에 들어가야 성공하는 것은 아니다. 가나안을 누리며 산다고 성공한 것 또한 아니다.

기도했는데 응답을 받지 못했다면 헛수고한 것일까? 실패한 것일까? 응답을 받아 문제가 해결되면 성공한 것이고, 해결 받지 못하면 실패한 것일까? 아니다. 기도하는 사람은 기도하는 것 자체로 이미 승리한 것이다.

어렵게 순종했는데 결과가 좋지 않다면 괜히 순종한 것일까? 결과가 좋아야 성공한 것이고 순종한 보람이 있는 것일까? 결과가 좋지 않으면 실패한 것일까? 순종에는 실패가 없다. 성공하기 위해 순종하는 것이 아니라 결과와 상관없이 순종하는 것이다. 순종하는 사람은 이미 승리한 사람이다.

히브리서 11장에는 믿음의 전당에 들어간 사람들의 이야기가 나온다.

"또 어떤 이들은 조롱과 채찍질뿐 아니라 결박과 옥에 갇히는 시련도 받았으며 돌로 치는 것과 톱으로 켜는 것과 시험과 칼로 죽임을 당하고 양과 염소의 가죽을 입고 유리하여 궁핍과 환난과 학대를 받았으니 (이런 사람은 세상이 감당하지 못하느니라) 그들이 광야와 산과 동굴과 토굴에 유리하였느니라"(히 11:36-38).

그래서 어떻게 되었는가? 마침내 광야를 벗어나서 가나안에 들어갔는가?

"이 사람들은 모두 믿음으로 말미암아 훌륭한 사람이라는 평판은 받았지만, 약속된 것을 받지는 못하였습니다"(히 11:39, 새번역).

그들은 훌륭한 믿음의 사람들이었다. 그러나 모진 광야를 지나야 했다. 그들은 광야에서 자랑스럽게 믿음으로 승리했다. 그러나 가나안에 들어가지는 못했다. 가나안에 들어가는 것보다 더 중요한 것은 광야에서 승리하는 것이다.

광야를 지나는 사람의 관심은 온통 광야를 빨리 벗어나는 데 있다. 이스라엘 백성도 광야가 얼마나 지긋지긋했으면 가나안에 못 들어가도 좋으니 애굽으로 돌아가자고 했겠는가? 그들의 목표는 가나안에 들어가는 것이 아니라 광야를 벗어나는 것이었다.

광야를 지나면서 가나안에 들어가는 것만 생각하지 마라. 광야를 벗어나는 것에만 집중하지 마라. 어떻게 하면 지금 지나는 광야에서 승리할 것인가를 생각하라. 이스라엘 백성처럼 광야에서 실패하면 가나안에 들어가더라도 부끄러울 뿐이다. 지금 지나고 있는 광야를 벗어나지 못할 수도 있다. 평생 광야를 지나야 할지도 모른다. 그래도 우리는 그 광야에서 승리해야 한다.

광야에서는 하나님의 인도를 따라 살아가라. 하나님과 동행하라. 하나님만 의지하며 살아가라. 만나만 내려 주셔도 감사하라. 장막에서 이슬만 피할 수 있어도 감사하라. 그러면 하나님이 길이 없는 광야에서 길이 되어 주시고, 그늘이 없는 광야에서 그늘이 되어 주시고, 생수가 없는 광야에서 오아시스가 되어 주실 것이다. 광야를 지나도 하나님과 함께라면 두려울 것이 없다. 하나님과 함께 광야를 지나면, 우리는 광야에서 승리할 수 있다.

🫓 가나안에 들어가도 고생은 끝나지 않는다

이스라엘 백성은 애굽에서 살다가 출애굽해서 광야를 거쳐 가나안에 들어갔다. 그들은 어디에 있을 때 가장 힘들었을까? 애굽일까? 광야일까? 광야를 지날 때 계속해서 애굽으로 돌아가자고 한 것을 보면 애굽에서 노예 생활을 할 때보다 광야가 더 힘들었던 것 같다. 그러면 가나안에서는 어땠을까? 가나안에 들어가서는 고생 끝, 행복 시작이었을까? 가나안에 들어가서도 힘들었을 것이다. 그들은 가나안을 차지하기 위해 전쟁을 해야 했다. 그 땅을 정복한 다음에 정착하는 것도 쉬운 일은 아니었다. 정착한 다음에도 끊임없이 주변에서 쳐들어왔다. 가나안을 지켜 내기도 버거웠다. 또 애굽에서 경험해 보지 못한 기근도 자주 들었다. 광야에서는 비록 풍족하게 살지는 못했지만 먹고사는 걱정을 한 적은 없다. 그러나 가나안에 들어와서는 먹고사는 문제로 힘들어하는 사람이 많이 생겼다. 광야에서는 필요한 모든 것들을 하나님이 다 공급해 주셨다. 그러나 가나안에 들어와서는 모든 것을 스스로 해결해야 했다.

애굽에서 살 때는 애굽만 벗어나면 고생 끝, 행복 시작일 거라 생각했다. 그러나 그렇지 않았다. 광야를 지날 때는 광야를 벗어나 가나안에 들어가기만 하면 고생 끝, 행복 시작일 거라 생각했다. 그러나 이 또한 그렇지 않았다.

아브라함이 하나님의 부르심을 받고 그분의 인도를 따라 가나안에 들어왔을 때 그를 기다리고 있던 것은 기근이었다. 가나안에 들어서자 축복이 아니라 재앙이 그를 기다리고 있었던 것이다. 아브라함은 살아오면서 한 번도 그런 기근을 겪어 본 적이 없었을 것이다. 그가 살았던 우르나 하란은 유프라테스 강과 티그리스 강을 끼고 있기 때문에 기근이 드는 일이 거의 없었다. 하나님이 부르셔서 그분의 약속을 믿고 순종해서 가나안 땅에 들어왔는데, 들어와서 보니 하나님이 주시겠다는 땅에 기근이 든 것이다.

하나님은 가나안 땅에 들어온 아브라함에게 "너는 눈을 들어 너 있는 곳에서 북쪽과 남쪽 그리고 동쪽과 서쪽을 바라보라 보이는 땅을 내가 너와 네 자손에게 주리니 영원히 이르리라"(창 13:14-15)라고 말씀하셨다. 그때 아브라함은 너무 좋아서 '할렐루야, 아멘' 했을까, 아니면 시큰둥했을까? 그의 눈에 들어온 것은 유대 광야와 사해 그리고 중앙 산악 지대였다. 그가 지금까지 살아왔던 우르나 하란에 비하면 그야말로 광야와 같은 곳이었다. '이런 땅을 주려고 나를 이곳으로 부르셨단 말인가?' 아브라함은 그 땅에서 살아갈 일을 생각하면서 막막해했을지도 모른다.

하나님은 가나안 땅을 다 주겠다고 하셨다. 동서남북으로 보이는 모든 땅이 아브라함과 그의 자손의 것이 될 거라고 하셨다. 그러나 그가 장막을 친 곳은 중앙 산악 지대에서도 가장 높은 곳에 자리 잡은 헤브론이었다. 그는 그곳과 브엘세바를 오가면서 양을 치며 살았다. 브엘세바는 가나안 땅에서 사람이 살 수 있는 남쪽 한계선에 자리 잡고 있다. 브엘세바를 지나면 사람이 살 수 없는 네게브 광야가 시작된다. 아브라함은 젖과 꿀이 흐르는 평야나 비옥한 갈릴리 지역에 자리를 잡지 않았다. 험한 산악 지대와 주변이 황량한 광야인 브엘세바에 자리를 잡았다. 그는 가나안 변방에서 평생을 살았다. 집을 짓지 못하고 장막에서 살았다. 부자였지만 땅 한 평 없었다. 누가 낯선 이방인에게 땅을 팔겠는가? 하나님은 가나안 땅을 그에게 다 주겠다고 하셨지만 그는 살아생전 땅 한 마지기 없었다. 아내 사라가 죽었을 때도 땅이 없어서 헤브론 사람에게 돈을 주고 장지를 구하지 않았는가? 그것도 그냥 땅이 아니라 굴(막벨라 굴)이었다.

그는 가나안에서 이렇게 땅도 집도 없이 험한 산악 지대와 광야에서 살아야 했다. 가나안에서 이방인으로, 나그네로, 주변인으로 변방에서 살아야 했다. 이방인으로서, 나그네로서 남의 땅에 몸 붙여 산다는 것은 결코 녹록지 않았다.

유목민에게 있어서 재산 목록 1호는 우물이다. 우물이 많으면 많은 만큼 양도 많이 키울 수 있다. 그런데 아브라함은 우물을 팔 때마다 방해를 받거나 빼앗기곤 했다. 이삭도 마찬가지였다. 브엘세바에 기근이 들어 블레셋 땅으로 옮겨 갔는데, 이삭이 우물을 파는 곳마다 물이 터져 나왔다. 그러면 블레셋 사람들이 와서 빼앗았다. 이삭은 다른 곳으로 옮겨 우물을 팠다. 그러면 블레셋 사람들이 와서 또 빼앗았다. 그러기를 여러 차례 반복했으나 이삭은 그들과 다투지 않았다. 이삭이 온유한 사람이라서 그랬던 것일까? 아니다. 싸울 힘이 없었던 것이다. 생각해 보라. 싸워서 어떻게 이기겠는가? 그것이 남의 땅에 몸 붙여 사는 사람들의 운명이다. 그래서 피눈물을 흘리면서 우물을 포기하고 다른 곳으로 가서 또다시 우물을 팠던 것이다. 그것이 아브라함과 이삭의 가나안에서의 삶이었다.

아브라함은 땅에 대한 욕심(?)보다 자손의 복을 주시겠다는 약속 때문에 하란을 떠나 가나안에 들어왔다. 그랬으니 들어오자마자 이삭을 주셨다면 얼마나 좋았을까? 그러나 하나님은 아브라함에게 25년을 기다리게 하셨다. 25년이 지난 다음에야 이삭을 주셨다. 이삭이라는 이름은 '웃다'라는 뜻이다. 아브라함이 아들 이삭을 품에 안고 기뻐하면서 웃기까지 25년이 걸렸다. 아브라함은 가나안에 들어와서 웃을 일이 거의 없었다. 기근이 들고, 우물을 빼앗기고, 땅도 구하지 못해 장막을 치고 살아야 했다. 이스마엘 때문에 얼마나 많은 마음고생을 했는가? 그런데다 주신다는 아들은 감감무소식이었다. 그렇게 25년 동안 아브라함은 가나안에서 광야와 같은 삶을 살아야 했다.

아브라함에게 있어서 가나안은 젖과 꿀이 흐르는 약속의 땅이 결코 아니었다. 가나안에 들어가면 고생 끝, 행복 시작일까? 아브라함에게 물어보라. 과연 정말 그런지.

교회를 이전하면서 경험한 것이 있다. 정말 힘들게 교회를 이전하게 되었다. 교회를 이전하기까지의 과정은 광야와 같았다. 광야를 무사히 통과하고 마침내 가나안에 들어가게 되었다. 이제 교회가 부흥되는 일만 남았다고 생각했다. 그러나 가나안에 입성한 기쁨도 잠시였다. 가나안에 들어가서 해야 할 일이 더 많았다. 넘어야 할 산들이 더 많았다. 해결해야 할 일들이 더 많았다. 생각만큼 교회는 부흥되지 않았다. 교인들은 점점 지쳐가기 시작했다. 가나안에 들어가기만 하면 고생 끝, 행복 시작일 줄 알았는데, 가나안에 들어가 더 큰 시련을 겪어야 했다. 가나안에 들어가 또다시 광야를 지나야 했다. 광야 끝, 가나안 시작이 아니었다. 가나안에 들어가 또 다른 광야 속으로 들어가야 했다.

우리의 삶은 광야와 가나안이 뒤섞여 있다. 어느 날은 광야, 어느 날은 가나안이다. 광야와 가나안은 분리된 것이 아니다. 같이 있다. 광야 안에 가나안이 있고, 가나안 안에 광야가 있다. 광야를 벗어나야 가나안을 살 수 있는 것이 아니다. 광야를 지나면서도 가나안을 살 수 있고, 가나안에 살면서도 광야와 같은 삶을 살 수 있다.

가나안에서 우리는 더 자주 길을 잃어버린다. 광야에서보다 길을 찾기가 더 어렵다. 광야에서보다 더 많은 문제를 직면하며 살아간다. 절대 광야보다 더 안전하지 않다. 사람들은 광야보다 가나안에서 더 외롭게 살아간다. 더 지쳐 있다. 가나안에서는 12차선 고속도로를 쌩쌩 달리지만 우리의 인생은 매일매일 사망의 골짜기를 지나고 있다.

우리는 가나안같이 좋은, 아니 가나안보다 더 좋은 환경 속에서 살고 있다. 그러나 여전히 우리의 인생은 광야다. 가나안에서 살지만 누구나 다 광야와 같은 삶을 살고 있다. 왜 그럴까? 인생은 끝없는 광야의 연속이기 때문이다. 광야는 단순한 훈련장이 아닌 삶의 현장이다. 군대처럼 한 번 들어갔다 나오면 끝나는 곳이 아니다. 이제는 가나안이 나타날 만도 한데 안 나타나는가? 인생이 다 그렇다.

모세는 평생 광야에서 살다가 광야에서 죽은 사람이었다. 광야밖에 모르는 사람이었다. 가나안을 멀리서 바라보기만 하고 들어가지 못했다. 우리도 그럴 수 있다.

🌿 하나님을 목자로 삼고 살아가는 곳이 가나안이다

시편 23편을 읽다 보면 어렸을 때 달력에서 보았던 그림 같은 풍경이 떠오른다. 아름다운 초원에는 시냇물이 졸졸졸 흐르고, 양들은 한가로이 풀을 뜯고 있다. 나무 그늘에서 쉬고 있는 양들도 여기저기 보인다. 지팡이를 들고 있는 목자의 품에는 어린 양이 안겨 있다. 가만히 귀 기울여 들으면 다윗의 피리 부는 소리가 들리는 것 같기도 하다. 얼마나 목가적인 풍경인가? 한 폭의 그림 같지 않은가? 이렇게 푸른 풀밭과 쉴 만한 물가에서 부족함 없이 살아가는 양들이 부럽기만 하다.

우리는 종종 이런 생각을 한다. '나도 하나님을 목자로 삼고 살아가는데 왜 나에게는 부족한 게 이리도 많은 것일까? 다른 사람들은 다 푸른 풀밭과 쉴 만한 물가에서 살아가는 것 같은데 왜 나만 이렇게 광야와 같은 인생을 살아가는 것일까?'

우리가 이런 생각을 하는 것은 시편 23편의 그림을 잘못 그리고 있기 때문이다. 시편 23편에는 푸른 풀밭과 쉴 만한 물가만 있는 것이 아니다. 사망의 음침한 골짜기도 있다. 이리나 늑대(원수, 5절)도 나온다. 3절에 나오는 '의의 길'은 곧은 길, 똑바른 길을 말한다. 양들은 하루 종일 험한 산을 오르내려야 한다. 잘못해서 미끄러지면 '사망의 골짜기'가 되고 만다. 그래서 양들이 다니는 길은 지그재그로 나 있다. 그래야 양이 안전하게 다닐 수 있기 때문이다. 이 지그재그로 난 길을 통해서 험한 산을 오르내린다. 우리가 그린 그림에는 이런 험한 길이 없다.

이제 그림을 고쳐 보자. '푸른 풀밭'과 '쉴 만한 물가'만 있던 그림에 '사망의 음침한 골짜기'를 그려 넣어야 한다. 험한 산과 거기에 아슬아슬하게 나 있는 길들을 그려야 한다. 그곳으로 걸어가는 양들을 그려야 한다. 그리고 저만큼서 양들을 주시하면서 하루 종일 따라붙는 이리와 늑대도 그려야 한다. 지금까지 상상해 왔던 그림에는 푸른 풀밭과 쉴 만한 물가만 있었는데, 이제 푸른 풀밭과 쉴 만한 물가는 한쪽 구석에 보일 듯 말 듯 그려져 있다. 물론 나무 그늘 밑에서 피리 부는 목동도 보이지 않는다. 목자는 양들을 지키기 위해서 이리와 늑대를 쫓느라 피리 불 여유가 없다.

이제 그림이 완전히 달라졌을 것이다. 그렇지만 좀 더 손봐야 한다. 우리가 그려 온 그림은 온통 푸른색이었다. 산도, 들도, 나무도, 하늘도 전부 푸른색이었다. 그것이 우리가 꿈꾸는 젖과 꿀이 흐르는 가나안이었다. 그러나 지금부터는 그 위에 암갈색을 덧칠해야 한다. 광야를 그려 넣어야 한다. 아니, 광야를 그려 넣다니, 그게 무슨 말인가?

시편 23편의 양들은 뉴질랜드에 사는 양들처럼 끝없이 펼쳐진 초원에서 살지 않는다. 성경에 나오는 양들은 광야에 산다. 광야에서 평생을 양을 치며 살아가는 사람들이 있다. 베두인이다. 이들은 아브라함이나 이삭, 야곱처럼 광야에서 양을 치며 살아간다. 광야에서 살아갈 수 있는 유일한 생계 수단은 양을 키우는 것이다. 이스라엘이 출애굽해서 40년 동안 광야를 지났다. 그들이 그 40년 동안 하나님이 내려 주시는 만나만 먹고 산 것은 아니었다. 그들은 애굽에서 나올 때 수십만 마리의 양을 가지고 나왔다. 광야를 지나면서 그들은 양을 쳤다. 모세 또한 광야에서 양을 치다가 가시떨기나무 불꽃 가운데서 하나님을 만나지 않았는가? 다윗도 어린 시절 베들레헴에서 양을 쳤다. 베들레헴도 광야다. 시편 23편의 양들은 평생을 광야에서 살아가는 양들이다. 그 양들은 우리가 이제까지 그려 왔던 시편 23편의 그림 같은 곳은 보지도 못했다.

전체 그림을 다시 한 번 감상해 보자. 가장 먼저 눈에 띄는 것은 암갈색 광야다. 거기에 사망의 골짜기도 있다. 저만큼서 양들을 노려보고 있는 이리와 늑대도 보인다. 푸른 풀밭과 쉴 만한 물가는 저쪽 구석에 보일 듯 말 듯 잘 눈에 띄지 않는다. 양들은 지금 그곳을 향해 험한 산길을 오르고 있다. 우리의 삶의 모습과 너무 닮아 있지 않은가?

우리는 지금까지 시편 23편 하면 "저 푸른 초원 위에 그림 같은 집을 짓고" 살아가는 양들을 상상했다. 그런데 알고 보니 그런 초원은 평생 한 번도 보지 못하고 살아가는 양들인 것이다. 사실 저 푸른 초원 위에 그림 같은 집을 짓고 부족함이 없이 살아가는 양들도 있다. 뉴질랜드의 양들이 그렇다. 그 양들은 푸른 풀밭과 쉴 만한 물가에 산다. 울타리를 안전하게 쳐 놓았기 때문에 이리나 늑대는 얼씬도 하지 못한다. 꼴을 찾아서 하루 종일 이 산, 저 산 헤맬 일도 없다. 사망의 음침한 골짜기를 지날 일도 없다. 길을 잃어버릴 염려도 없다. 누구 하나 귀찮게 하는 사람도 없다. 그 양들에게는 목자도 필요 없다. '나에게는 목자가 없어도 내게 부족함이 없도다.' 어떤가? 우리가 꿈꾸어 왔던 가나안이 아닌가?

그러나 시편 23편의 양들은 목자 없이는 살아갈 수 없다. 광야에 살기 때문이다. 푸른 풀밭도, 쉴 만한 물가도 없기 때문이다. 험한 산을 넘고 골짜기를 지나야 하기 때문이다. 이리나 늑대가 24시간 호시탐탐 노리고 있기 때문이다.

양들은 광야에 살지만, 그러다 보니 모든 것이 문제지만, 그들에게 하나만 있으면 다 해결된다. 그것이 무엇인가? 목자다. 목자만 있으면 모든 것이 해결된다. 목자가 모든 것을 책임져 준다. 목자가 있으면 양은 아무것도 염려하지 않는다. 목자가 다 돌보아 주기 때문이다. 그러기에 "여호와는 나의 목자시니 내게 부족함이 없으리로다"(시 23:1)라고 고백할 수 있는 것이다.

광야에 풀이 어디 있으며 물이 어디 있겠는가? 그러나 목자가 푸른 풀밭과 물가로 인도해 간다. 광야에 쉴 곳이 어디 있겠는가? 그러나 목자가 쉴 만한 곳으로 데리고 간다. 광야에서는 길을 잃어버리기가 쉽다. 그러나 그때마다 목자가 찾으러 온다. 광야 길은 험하다. 그러나 목자가 안전한 길로 인도해 준다. 광야에는 험한 골짜기들이 많이 있다. 그러나 목자가 동행해 주기 때문에 안전하게 통과할 수 있다. 광야에는 이리나 늑대들이 호시탐탐 양들을 노린다. 그러나 목자가 지팡이와 막대기로 안전하게 지켜 준다. 광야에서는 여기저기 다치기 십상이다. 그러나 목자가 기름을 부어 상처를 치유해 준다. 광야에는 없는 것밖에 없다. 그러나 목자가 다 채워 준다. 광야에서는 하루하루 불안하게 살아간다. 내일을 알 수가 없다. 그러나 양들은 걱정하지 않는다. 목자가 그들의 평생에 선함과 인자함으로 돌보아 줄 것을 믿기 때문이다.

뉴질랜드에 사는 양들에게도 목자가 있기는 하다. 그러나 목자라기보다는 모직 주식회사 사장이라 해야 할 것이다. 그 목자는 시편 23편의 목자와는 전혀 다르다. 양들과 같이 있지 않는다. 가끔 나타난다. 목자가 나타나면 양들은 긴장을 한다. 그날은 털을 깎이거나 도살장에 팔려가는 날이기 때문이다. 그들에게 목자가 나타나는 날은 최후 심판의 날이다.

하나님이 목자이신데 양들은 어디에 사는가? 저 푸른 초원 위에 그림 같은 집을 짓고 사는가? 아니다. 광야에 산다. '하나님, 다른 사람들은 하나님을 목자로 삼고 가나안에서 살아가는데 나는 왜 이 광야를 벗어나지 못하는 건가요?' 아니다. 모두가 광야에 산다. 누구나 광야와 같은 인생을 산다. 당신만 광야에 사는 것이 아니다.

하나님이 우리의 목자이셔도 우리는 여전히 광야에 산다. 그러나 그 광야에서 부족함이 없이 살게 하신다. 푸른 풀밭과 쉴 만한 물가로 인도하시며, 우리의 잔이 넘치도록 채워 주신다. 또한 우리의 평생에 선하심과 인자하심으로 함께하신다. 하나님은 그 광야에서 우리로 하여금 가나안을 살게 하신다. 우리의 삶의 현장은 광야와 같지만, 하나님이 나의 목자가 되시고 내가 하나님의 양이라면, 목자의 인도를 따라 순종하며 살아가는 그곳이 바로 가나안이다. 우리가 어디에 살든 그곳에서 하나님의 양으로 살아가면, 그곳이 바로 가나안이다. 내가 광야에 살아도 하나님이 나의 목자가 되시기에 부족함 없는 것이지, 하나님이 나를 가나안에 살게 하셔서 부족함이 없는 것이 아니다. 광야 같은 삶을 살아도 하나님이 우리의 목자가 되시기에 우리는 행복한 양이다.

어느 목사님이 다른 교회로 설교를 하러 가게 되었는데 그 교회에서 설교 제목을 알려 달라고 전화가 왔다. 이 목사님이 "여호와는 나의 목자시니"라고 대답했다. 그러자 재차 물어 왔다. "그게 다입니까?" 그러자 이 목사님이 대답했다. "그것으로 충분합니다." 그다음 주일, 교회 주보에 설교 제목이 이렇게 나왔다. "The Lord is my shepherd, that's enough"(여호와는 나의 목자시니, 그것으로 충분합니다).

어느 교회에서 주일학교 아이들에게 시편 23편을 외워 오도록 했다. 그리고 발표를 시켰다. 모두가 자신 있게 손을 번쩍 들었다. 그런데 한 아이가 손을 반쯤 들었다 내렸다 했다. 자신이 없었던 것이다. 선생님이 그 아이에게 외워 보라고 했다.

"The Lord is my shepherd."

거기까지는 좋았다. 그다음에 "I shall not want"라고 나와야 하는데 그만 이렇게 말하고 말았다.

"That is all I want."

아이는 얼굴이 홍당무가 되어 자리에 앉았다.

"The Lord is my shepherd. That's all I want."

"하나님이 나의 목자가 되어 주시는 것이 내가 원하는 전부입니다." 하나님이 목자가 되어 주시면 더 이상 바랄 것이 없다는 것이었다. 그 아이는 시편 23편을 잘 암송하진 못했지만, 시편 23편의 핵심이 무엇인지를 한마디로 잘 표현해 주었다.

우리가 광야에 살아도 하나님이 우리의 목자가 되어 주시면 그것으로 충분하다. 더 이상 필요한 것이 없다. 하나님이 우리의 목자가 되어 주시면 우리가 광야에 살아도 가나안을 누릴 수 있다. 광야를 벗어나야 가나안에 살 수 있는 것이 아니다. 광야에서도 가나안을 살 수 있다.

🔸 광야에서 가나안을 살게 하시는 하나님

가나안에는 등뼈처럼 중앙 산악 지대가 자리 잡고 있다. 우리가 잘 알고 있는 예루살렘, 베들레헴, 헤브론이 이곳에 위치해 있다. 기브온, 벧엘, 실로도 예루살렘 북쪽 중앙 산악 지대에 자리 잡고 있다. 해발 800-900미터 정도 되는 산꼭대기에 이런 도시들이 자리 잡고 있다. 대관령 꼭대기에 이런 도시들이 형성되어 있다고 생각하면 될 것이다. 중앙 산악 지대 동쪽으로는 유대 광야가 펼쳐져 있다. 지중해 쪽에서 몰려오는 비구름이 이 높은 산을 넘지 못하고 서쪽에 비를 뿌린다. 그러다 보니 동쪽에는 거의 비가 내리지 않아 광야가 되고 만 것이다.

이스라엘에는 비가 귀하다. 그런데 비가 와도 예루살렘이나 베들레헴 같은 곳에는 물이 땅속으로 스며들지 않고 그대로 흘러내려가 버리고 만다. 물이 땅속으로 스며들지 않다 보니 샘이나 우물이 거의 없다. 예루살렘 전체에 샘이 하나밖에 없다는 것이 믿어지는가? 그러다 보니 생수를 마시지 못하고 웅덩이에 모아 놓은 빗물을 먹는다. 왜 이렇게 비가 다 흘러가 버리는 것일까? 중앙 산악 지대의 지반이 암반으로 이루어져 있기 때문이다.

이스라엘은 광야에서 홍수가 난다. 하늘에서 내리는 비로 홍수가 나는 것이 아니다. 예루살렘에 비가 오면 그것이 다 유대 광야나 네게브 광야로 흘러내려간다. 그래서 광야에는 비 한 방울 내리지 않았는데 갑자기 엄청난 물들이 밀려와 홍수가 나는 것이다.

이스라엘 광야에는 여러 개의 강이 있다. 아니, 광야에 무슨 강이 있단 말인가? 그런데 있다. 중앙 산악 지대에 내린 비가 광야로 몰려오면서 생긴 강이다. 이런 강을 '와디'(건천)라고 부른다. 광야에는 길이 있을까? 물론 없다. 그런데 길이 있다. 이 와디가 보통 때는 길로 이용된다.

광야는 정말 척박한 곳이다. 살아남기 어려운 곳이다. 그곳에 살고 있는 모든 살아 있는 것들은 살기 위해, 아니 살아남기 위해 몸부림치고 있다. 물이 절대적으로 부족하기 때문이다. 광야라고 비가 전혀 오지 않는 것은 아니다. 1년 강수량이 200밀리미터 이하가 되면 농사도 지을 수 없고 사람도 살 수 없는 광야가 되고 만다. 그러나 이런 광야에도 온갖 생물들이 살아간다.

이렇듯 목마른 광야에 겨울이면 빗물이 물밀듯이 밀려와 홍수를 나게 하니 광야로서는 이 어찌 기쁜 일이 아니겠는가? 하늘에서 내리는 비로는 턱도 없이 부족한데, 생각지도 않게 엉뚱한 데서(?) 홍수처럼 물이 밀려 내려오니 광야가 어찌 기뻐 춤을 추지 않을 수 있겠는가? 하나님은 광야에 많은 비를 내려 주시지 않는다. 그 대신 가엾은 광야를 긍휼히 여기셔서 그 광야에 다른 방법으로 물을 공급해 주신다. 중앙 산악 지대에 내린 비를 모두 이 광야로 흘러가게 하시는 것이다.

중앙 산악 지대에 내린 비가 이렇게 광야로 흘러가게 되면 베두인들은 그 물을 끌어다가 웅덩이를 가득 채운다. 이런 웅덩이를 많이 갖고 있는 목자가 좋은 목자다. 좋은 목자의 양들은 여름 내내 광야에 살면서도 물 걱정을 하지 않는다.

광야에도 나무가 자라는데, 주로 와디 주변에서 자라는 것을 볼 수 있다. 그 와디로 1년에 몇 차례씩 물이 흘러가기 때문이다. 그래서 그 시냇가에 뿌리를 박고 있는 것이다. 광야에서 자라는 나무들은 이렇게 하늘에서 내리는 비뿐 아니라 흘러내려오는 물 때문에 살 수 있는 것이다.

광야로 흘러내려온 물은 광야 깊은 곳으로 스며들어간다. 그래서 싯딤나무 같은 나무들이 비가 오지 않는 광야에서도 자랄 수 있는 것이다. '네게브 광야에는 물이 없는 것이 아니라 사람이 없는 것'이라는 말이 있다. 땅속 깊은 곳에는 상당한 양의 물이 저장되어 있다고 한다.

예루살렘이나 베들레헴 같은 산악 지대에는 샘이나 우물이 많지 않다. 그러나 아이러니하게도 비가 오지 않는 광야에는 곳곳에 샘이 있다. 오아시스가 있다. 폭포도 있다. 그 유명한 엔게디 폭포는 다윗이 숨어 살았던 곳이 아닌가? 비도 오지 않는 광야에 한여름에도 폭포가 떨어지는 것이 놀랍기만 하다.

광야 곳곳에 이런 샘이나 폭포가 숨어 있는 것은 하늘에서 내린 비가 스며들어 생긴 것이 아니라, 흘러내려온 물이 땅속으로 스며들어 생긴 것이다. 이런 샘들이 여기저기 숨어 있기 때문에 동식물들이 살아갈 수 있는 것이고, 양을 칠 수 있는 것이다. 그러고 보면 광야를 살리는 것은 하늘에서 내리는 비가 아니라 흘러내려오는 빗물인 것 같다. 하나님이 예루살렘이나 헤브론에 내려 주시는 비로 인해 엉뚱하게도(?) 광야가 살아나는 것이다.

축복은 예루살렘에 주셨는데, 그 축복을 누리는 것은 예루살렘이 아니라 광야다. 왜 이런 일이 벌어지는 것일까? 예루살렘은 지반이 암반으로 이루어져 있어 하나님이 비를 내려 주셔도 그것을 자기 것으로 만들지 못해 다 흘려보내고 만다. 땅속으로 스며들지 않는 것이다. 반면 광야에는 비가 내리지 않는다. 그 대신 다른 곳에서 물이 흘러온다. 축복이 흘러들어온다. 그 축복이 땅속으로 스며들어간다. 그래서 땅속 깊은 곳에 은혜와 축복이 강같이 흐르고 있는 것이다. 그래서 광야가 사는 것이다.

젖과 꿀이 흐르는 가나안에 살아도, 그래서 하나님이 비를 풍족히 내려 주서도 그것을 내 것으로 만들지 못하면(그것이 내 안으로 스며들어가지 않으면) 우리는 그 은혜와 축복을 누릴 수가 없다. 하나님이 주시는 은혜와 축복이 다 흘러가 버리고 만다. 그러나 광야와 같은 삶을 살아도, 내 인생의 광야에 하나님이 충분한 은혜와 축복을 부어 주시지 않는 것처럼 보여도, 하나님은 그런 우리를 긍휼히 여기서서 우리 인생의 광야에 전혀 기대하지 않았던 방식으로 은혜와 축복을 허락하신다. 은혜와 축복을 쏟아 부어 주시는 것이 아니라, 은혜와 축복이 우리에게 흘러오게 하신다. 그리고 우리 안에 스며들게 하신다. 우리 안에 은혜와 축복의 생수의 강이 흘러넘치게 하신다. 그래서 광야에 살아도 우리는 가나안을 누리며 살아가게 된다.

🌊 광야를 지나면서도 누릴 수 있는 메누하(안식)

시편 23편에 나오는 '쉴 만한 물가'(시 23:2)는 물이 잔잔하게 흐르는 시내 혹은 경치 좋은 곳을 말하는 것이 아니다. '쉴 만한'으로 번역된 히브리어는 '메누하'(menucha)다.

정착할 곳이 없으면 불안하다. 안정된 삶을 살 수 없다. 쉼을 얻을 수 없다. 정착, 안전, 안심, 안정을 포함하는 단어가 있다. 바로 메누하다. 아담과 하와는 그리고 가인은 에덴동산에서 쫓겨난 후 정처 없이 유리방황하며 불안하게 살았다. 이런 상태와 반대되는 것을 메누하라고 한다.

아담과 하와는 에덴동산에서 메누하를 누릴 수 있었다. 그러나 죄로 말미암아 메누하를 상실하게 되었다. 유리방황하며 살아갈 수밖에 없게 되었다. 가인은 아벨을 쳐 죽이고 하나님을 떠나게 되었다. 에덴의 동쪽에서 유리방황하며 살아갈 수밖에 없었다. 늘 목숨의 위협을 받으면서 불안과 두려움 가운데 살아가야 했다. 그는 자신의 안전을 지키기 위해 성을 쌓았다. 그 안에서 그는 안심했을 것이다. 성을 쌓은 다음에야 안정된 삶을 살 수 있었을 것이다. 인류가 최초로 하나님을 떠나 한 일은 성을 쌓는 것이었다. 도시 문화의 창시자가 바로 가인이었다. 메누하를 얻기 위해 성을 쌓았던 것이다.

노아 하면 떠오르는 것이 방주다. 노아의 가족은 방주에 들어갔기 때문에 살아남을 수 있었다. 안전할 수 있었다. 노아의 가족은 방주 안에서 메누하를 누렸다. 노아라는 이름은 '정착하다, 머물다, 쉬다'라는 의미를 갖고 있는데, 메누하도 여기서 나온 말이다.

베들레헴에 10년 넘게 가뭄이 지속되었다. 새로운 곳에 정착해서 안정된 삶을 살기 위해, 다시 말해 메누하를 찾아 나오미의 가정은 모압으로 이주했다. 그러나 그곳에서 하늘같이 의지하고 살던 남편과 두 아들을 잃었다. 메누하를 잃게 된 것이다. 그러자 나오미는 고향으로 돌아가기를 결심하고 두 며느리에게 메누하를 얻을 수 있는 새로운 남편을 찾아 떠나라고 권한다(룻 1:9, 한글 성경에서는 메누하를 '위로'로 번역함). 그러나 룻은 나오미를 따라 베들레헴으로 오게 된다. 나오미는 룻이 어떻게 메누하를 얻을 수 있을지를 걱정한다(룻 3:1). 룻은 보아스를 만나 결혼하면서 메누하(안전, 안정, 안심, 안식)를 찾게 된다. 룻기는 메누하를 잃어버린 사람들이 어떻게 다시 메누하를 찾게 되는가 하는 스토리를 말해 주고 있다.

"너는 기억하라 네가 애굽 땅에서 종이 되었더니 네 하나님 여호와가 강한 손과 편 팔로 거기서 너를 인도하여 내었나니 그러므로 네 하나님 여호와가 네게 명령하여 안식일을 지키라 하느니라"(신 5:15).

위의 말씀은 출애굽과 애굽에서의 종살이 그리고 안식을 연관시키고 있다. 애굽에서 히브리인들은 죽어라고 일만 했다. 일만 하다 죽었다. 쉼이란 상상도 하지 못했다. 그러한 그들을 하나님이 해방시켜 주셨다. 출애굽시켜 주셨다. 출애굽을 통해 가장 크게 달라진 것이 무엇일까? 자유민이 되면서 가장 크게 달라진 것이 무엇일까? 쉴 수 있게 된 것이다. 그들을 쉬지 못하게 감시하는 감독자들에게서 해방을 받게 된 것이다. 이를 우리는 '구원'이라고 부른다. 히브리인들이 출애굽 구원 사건을 통해 받은 첫 번째 선물은 안식이었다.

이스라엘 백성은 광야를 지날 때 40년 동안이나 끊임없이 이동해야 했다. 그들은 끊임없이 애굽으로 돌아가고 싶어 했다. 그곳에서 비록 노예처럼 살기는 했지만, 그래도 광야에서보다는 훨씬 많은 메누하를 누릴 수 있었기 때문이다. 그런 그들에게 하나님은 가나안에 들어가면 메누하를 누릴 수 있을 것이라고 하셨다.

"여호와께서 너희에게 너희 주위의 모든 대적을 이기게 하시고 너희에게 안식을 주사 너희를 평안히 거주하게 하실 때에"(신 12:10).

하나님은 애굽에서 종노릇을 하며 메누하를 누리지 못했던 이스라엘 백성이 메누하를 누리도록 하기 위해 출애굽을 시키고 가나안에 들어가게 하신 것이었다. 그러나 그들은 안식을 누릴 수 있는 가나안에 들어가지 못했다. "내 안식에 들어오지 못하리라"(시 95:11; 히 3:11 참조). 그들은 불평, 원

135

망, 불신, 불순종 때문에 가나안에 들어가 하나님의 안식을 누리지 못했다.

> "하나님이 누구에게 맹세하사 그의 안식에 들어오지 못하리라 하셨느냐 곧 순종하
> 지 아니하던 자들에게가 아니냐 이로 보건대 그들이 믿지 아니하므로 능히 들어가
> 지 못한 것이라"(히 3:18-19).

　여호수아와 함께 가나안에 들어간 사람들(출애굽 2세대)도 하나님의 안식을 누리지 못했다(히 4:8). 사사기가 잘 보여 주듯이, 그들은 가나안에 들어가서도 늘 주변 국가로부터 위협을 받으며 살아야 했다. 가나안에서의 그들의 삶은 늘 위태위태했다. 하나님에 대한 불신과 불순종 때문이었다. 이스라엘에게 가나안을 주신 이유는 메누하를 누리도록 하기 위함이었는데, 가나안에 들어가서도 그들은 메누하를 누리지 못했던 것이다.

　가나안에 들어가 좋은 집을 짓고, 창고를 늘리고, 은금이 증식되고, 소와 양이 번성한다고 해서 메누하를 누릴 수 있는 것은 아니다. 가인이 성을 쌓고 살았다고 메누하를 누렸을까? 아니다.

　우리는 늘 푸른 풀밭과 쉴 만한 물가만 찾는다. 푸른 풀밭과 쉴 만한 물가가 있는 가나안에 들어가는 것을 동경하며 살아간다. 광야는 늘 불안하다. 안정된 삶을 살 수 없다. 그러나 가나안에 들어가면 집을 짓고 안정된 삶을 살 수 있다. 광야는 불편하다. 그러나 가나안에 들어가면 편안하게 살 수 있다. 그러나 '편한 것'과 '평안한 것'은 다르다. 편안하다고 평안한 것은 아니다. 광야는 불편하다. 그러나 광야에서도 평안을 누릴 수 있다. 가나안에 들어가면 편안하게 살 수 있다. 그러나 평안하게 살 수 있다는 보장은 없다. 편안이 평안을 가져다주는 것은 아니기 때문이다.

시편 23편의 양들은 광야에 산다. 광야에 무슨 푸른 풀밭이 있으며 쉴 만한 물가가 있겠는가? 그런데 목자는 광야 어디에 물과 풀이 있는지를 잘 알고 있다. 목자는 양들을 푸른 풀밭과 쉴 만한 물가로 인도해서 배부르게 꼴을 먹이며 흡족하게 물을 마시게 한다. 양들은 부족함 없이 실컷 먹고 마셨으니 자리에 누워 쉬지 않겠는가? 그러나 그렇지 않다. 양들은 여간 해서는 눕지 않는다. 조금이라도 부족하거나 불안하면 눕지 않는다. 자신들이 원하는 모든 것이 채워져야 비로소 눕는다. 그렇기 때문에 목자는 양들이 누워 있는 모습을 볼 때 가장 행복하다.

양들이 푸른 풀밭과 쉴 만한 물가에 있다고 해서 눕는 것은 아니다. 양들은 목자가 곁에 있지 않으면 세상없는 푸른 초원에 있다 할지라도 자리에 눕지를 않는다. 목자가 옆에 있어야 비로소 안심하고 눕는다. 목자가 눈에 보여야 안심하고 쉬는 것이다.

우리가 푸른 풀밭과 쉴 만한 물가에서 살아간다 할지라도, 가나안에 살아간다 할지라도, 목자 되시는 예수님이 함께 계셔야 비로소 우리는 메누하를 누릴 수 있다. 예수님이 우리의 거처가 되신다. 우리의 방주가 되신다. 우리의 피난처가 되신다. 우리의 그늘이 되신다. 이러한 예수님 안에 거할 때 비로소 우리는 안전하다. 그리고 안정된 삶을 살 수 있다. 안심할 수 있다. 안식을 누릴 수 있다.

광야 같은 인생을 살아도 예수님 안에 거하면 가나안을 사는 것이고, 가나안에 살아도 하나님 없이 살아가면 광야를 살게 된다. 가나안에 들어가 좋은 집을 짓고 산다고 안식을 얻을 수 있는 것은 아니다. 젖과 꿀이 흐르는 곳에서 좋은 집을 짓고 산다고 해서 가나안에 사는 것도 아니다. 우리의 진짜 가나안은 예수님이시다. 그 가나안에 들어가면 생명과 은혜와 하늘의 축복을 누리며 살아갈 수 있다. 영생과 기쁨과 사랑과 평안을 누리며 살아갈 수 있다. 우리 안에 예수님이 거하시고 예수님 안에 우리가 거할 때, 예수님이 우리의 거처가 되실 때 우리는 진정한 메누하를 누릴 수 있게 된다. 진정한 쉼과 안식을 누릴 수 있게 된다.

"수고하고 무거운 짐 진 자들아 다 내게로 오라 내가 너희를 쉬게 하리라"(마 11:28).

"평안을 너희에게 끼치노니 곧 나의 평안을 너희에게 주노라 내가 너희에게 주는 것은 세상이 주는 것과 같지 아니하니라"(요 14:27).

진짜 가나안은 젖과 꿀이 흐르는 땅이 아니라, 예수님 안에 사는 것이다. 진짜 가나안 되시는 예수님 안에 거할 때 우리는 광야를 지나면서도 천상의 안식, 하나님의 안식, 메누하를 누릴 수 있다.

히브리서 기자는 그들이 가나안에 들어가서 누리지 못한 메누하를 우리가 누릴 수 있게 되었다고 이야기한다.

"그런즉 안식할 때가 하나님의 백성에게 남아 있도다"(히 4:9).

어디서 그런 안식을 누리게 되는가? 히브리서는 하늘나라(천국)에서 우리가 그런 영원한 안식을 누리게 될 거라고 말한다.

하늘 가나안에서만 하나님의 안식을 누릴 수 있다. 천상의 안식을 누릴 수 있다. 영원한 안식을 누릴 수 있다. 왜냐하면 그곳에 하나님이 계시기 때문이다.

히브리서는 믿는 자들 가운데도 하나님 나라에서의 안식(하나님의 안식)을 누리지 못하는 사람이 있을 것임을 경고하고 있다.

"우리는 두려워할지니 그의 안식에 들어갈 약속이 남아 있을지라도 너희 중에는 혹 이르지 못할 자가 있을까 함이라"(히 4:1).

이스라엘 백성이 그랬던 것처럼, 반역하고 불신하면 하나님의 안식에 들어가지 못할 것이다.

"그러므로 우리가 저 안식에 들어가기를 힘쓸지니"(히 4:11).

우리는 이 땅에 있는 가나안에 들어가기를 힘쓸 것이 아니라, 하늘 가나안에 들어가기를 힘써야 한다(히 3-4장).

모세는 가나안에 들어가지 못했다. 그러나 그는 젖과 꿀이 흐르는 가나안 땅에 들어가지 못한 것을 애석해하지 않았다. 이스라엘 백성이 가짜 가나안에 들어가고 있을 때 그는 진짜 가나안에 들어갔기 때문이다. 그런데 우리는 가짜 가나안에 들어가려고 얼마나 힘을 쓰는가? 진짜 가나안에 들어가려고 애쓰는 사람은 많지 않은 것 같다. 우리가 생각하는 (가짜) 가나안에서는 영원한 하늘의 평안, 천상의 평안, 하나님의 안식, 메누하를 누릴 수 없다. 진정한 메누하는 하늘 가나안에 들어가야 누릴 수 있다. 우리는 그 안식에 들어가기를 힘써야 한다.

5. 광야의 믿음으로
   가나안을 살라

🔹 이스라엘의 가장 큰 실패는 가나안에서

'순종이 제사보다 낫다'(삼상 15:22)는 유명한 말씀이 있다. 사울이 하나님 명령에 순종하지 않았을 때 사무엘이 한 말이다. 사울이 아말렉을 쳐부수고 돌아왔다. 이때 그가 전리품 가운데서 좋은 것들을 가져왔다. 하나님은 아말렉 족속과 그들에게 속한 모든 것을 다 진멸하라고 하셨는데 사울이 전리품 가운데서 괜찮은 것들은 진멸하지 않고 가져온 것이다. 이 사실이 발각되자 사울은 좋은 것들을 하나님 앞에 제물로 바치기 위해 가져왔노라고 했다. 이때 사무엘이 사울에게 한 말이 '순종이 제사보다 낫다'는 말이었다. 결국 이 사건으로 인해 사울은 하나님에게 버림을 받게 된다.

사울이 버림받은 이유가 무엇인가? 아말렉 족속과 그들에게 속한 살아 있는 모든 것들을 완전히 진멸하라는 명령에 순종하지 않았기 때문이다. 다른 것도 아니고 진멸하라는 명령에 순종하지 않았다고 해서 하나님이 사울을 버리셨다는 것에 대해 어떻게 생각하는가? 가나안 거민들을 진멸하는 것이 얼마나 중요한 일이기에 그렇게 하지 않았다고 해서 왕까지 버리셨던 것일까?

하나님이 이스라엘 백성에게 내리신 가나안 정복 전쟁 시 반드시 지켜야 할 첫 번째 수칙은 진멸(헤렘, herem)하는 것이었다. 하나님은 가나안 거민들과 그들에게 속한 모든 것들을 하나도 남기지 말고 싹 다 없애 버리게 하셨다. 사람뿐만 아니라 집도 다 불태우고 짐승들도 다 죽이도록 하셨다. 농작물도 다 불태워 버리게 하셨다. 그들에게서 어떤 것도 취하지 못하게 하셨다. 가나안 성읍들이 영원히 폐허가 되어 복구되지 못하도록 하기 위해 그렇게 명하셨던 것이다(신 13:15-17).

이스라엘 백성은 가나안 거민들과 어떤 언약도 맺으면 안 되었다. 그들과 혼인 관계를 맺어서도 안 되고, 그들을 종으로 삼아서도 안 되었다. 그들을 다 죽여야 했다. 왜 그렇게까지 하게 하신 것일까? 가나안 거민들의 죄악 때문이었다. 그 땅 거민들의 죄악으로 그 땅이 더럽혀지게 되었을 뿐 아니라 그 땅이 죽어 가고 있었다. 땅이 저주를 받게 되었다. 그들의 죄악이 얼마나 가증했는지, 그 땅이 그 거민들을 토해 낼 정도였다. 그들이 얼마나 음란하고 부정했는지, 간음, 근친상간, 동성 간의 성적인 행위, 심지어는 수간까지 행했다(레 18장). 이런 구역질나는 행위들로 말미암아 땅도 그들의 가증한 행위를 참지 못하고 그들을 토해 내 버렸다. 그래서 하나님이 가나안 거민들을 불쌍히 여기지 말고 진멸시키라고(쫓아내라고 하지 않으셨다. 종으로 삼으라고 하지 않으셨다. 진멸시키라고 하셨다) 하셨던 것이다.

이렇게 가증한 죄로 인해 저주받은 땅이 된 가나안을 다시 깨끗하고 거룩하게 하기 위해 그리고 그 땅에 하나님 나라를 이루기 위해 먼저 해야 할 일은 가나안을 완전히 진멸시키는 것이었다. 하나님은 가나안이 거룩한 땅이라서 그곳을 택해 이스라엘에게 주신 것이 아니었다. 그 땅의 죄악이 하늘에까지 사무쳐서 하나님이 그들의 죄를 심판하기 위해 이스라엘 백성을 그 땅에 보내어 진멸시키라고 하셨던 것이다.

> "이 민족들이 악함으로 말미암아 여호와께서 그들을 네 앞에서 쫓아내심이니라 네가 가서 그 땅을 차지함은 네 공의로 말미암음도 아니며 네 마음이 정직함으로 말미암음도 아니요 이 민족들이 악함으로 말미암아 네 하나님 여호와께서 그들을 네 앞에서 쫓아내심이라"(신 9:4-5).

하나님이 이스라엘 백성에게 가나안 거민들을 진멸하게 하신 또 다른 중요한 이유는, 그렇게 하지 않으면 그들과 관계를 맺고 그들과 더불어 살아가는 가운데 그들의 풍속을 따르고 그들이 섬기는 신을 섬기며 그들과 같은 죄악을 범하게 될 것이 불 보듯 뻔했기 때문이다. 그러나 이스라엘은 가나안 거민들을 진멸하지 않았다. 그들을 내어 쫓지도 않았다. 오히려 종으로 삼거나 혼인 관계를 맺는 등 그들과 함께 살았다. 그들에게서 농사짓는 법도 배웠다. 이렇게 그들의 문화에 동화되어 가는 가운데 그들의 가증한 풍속도 따르고 그들이 섬기는 바알 신도 섬기게 되었다. 그러면서 그들도 가나안 땅 거민과 같이 죄를 범하게 되었고, 그 죄로 인해 그 땅이 다시또 더럽혀지게 되었다.

> "내가 너희를 기름진 땅에 인도하여 그것의 열매와 그것의 아름다운 것을 먹게 하였거늘 너희가 이리로 들어와서는 내 땅을 더럽히고 내 기업을 역겨운 것으로 만들

었으며 제사장들은 여호와께서 어디 계시냐 말하지 아니하였으며 율법을 다루는 자들은 나를 알지 못하며 관리들도 나에게 반역하며 선지자들은 바알의 이름으로 예언하고 무익한 것들을 따랐느니라"(렘 2:7-8).

이렇게 되면 어떻게 될 거라고 하셨는가?

"여호와께서 너희 앞에서 멸망시키신 민족들같이 너희도 멸망하리니"(신 8:20).

"내가 그 땅이 황무지와 공포의 대상이 되게 하고 그 권능의 교만을 그치게 하리니 이스라엘의 산들이 황폐하여 지나갈 사람이 없으리라 내가 그들이 행한 모든 가증한 일로 말미암아 그 땅을 황무지와 공포의 대상이 되게 하면 그때에 내가 여호와인 줄을 그들이 알리라"(겔 33:28-29).

그들이 가나안 거민들의 죄악을 심판했듯이, 이번에는 그들이 앗수르와 바벨론에 의해 자신들의 죄악을 심판받게 되었다. 가나안 거민들이 그들의 땅을 빼앗기고 쫓겨났듯이, 이스라엘 백성도 가나안 땅을 빼앗기고 그 땅에서 쫓겨나게 되었다. 가나안 거민들이 당한 일을 그들도 그대로 당했다.

"여호와께서 너희를 망하게 하시며 멸하시기를 기뻐하시리니 너희가 들어가 차지할 땅에서 뽑힐 것이요 여호와께서 너를 땅 이 끝에서 저 끝까지 만민 중에 흩으시리니"(신 28:63-64).

가나안 땅에 들어가 그들을 진멸하라는 이야기가 신명기고, 명령대로 진멸하지 않는 이야기가 여호수아다. 그들을 진멸하지 않음으로 인해 고생당하는 이야기가 사사기고, 그들과 관계를 맺고 동화되어 가면서 저지른 죄악상의 기록이 역사서다. 예언자들이 그들에게 죄악 된 길에서 회개하고 바알 신에게서 하나님에게로 돌아오라고 선포하지만(소 예언서) 그들은 끝내 돌아오지 않았다. 바알에게서 떠나지 않았다. 결국 그들은 가나안에서 쫓겨나는데, 이런 이야기가 이사야, 예레미야, 에스겔서에 기록되어 있다.

가나안에 들어간 이스라엘이 왜 멸망당하게 되었는가? 가나안 거민들을 진멸하지 않고 그들과 동화되어 살아가면서 하나님 보시기에 가증한 죄악을 범하고 바알을 섬겼기 때문이다. 그 땅에서 죄악을 걷어 내고 바알 종교를 뿌리 뽑고 하나님 뜻대로 살아가는 가운데 하나님 나라를 세우도록 하기 위해 가나안에 들어가게 하셨지만, 그들은 실패하고 말았다. 가나안 거민들과 똑같이 되고 말았다. 그들과 똑같이 심판을 받고 말았다. 이 모든 실패의 시작은 진멸하라는 명령을 따르지 않았기 때문이다.

가나안에서의 이스라엘의 역사는 실패의 역사였다. 광야를 지날 때도 이스라엘 백성은 실패에 실패를 거듭했지만, 가나안에서는 크게 실패했다. 우리는 이스라엘 백성이 광야에서 불평불만, 불순종함으로 2년이면 갈 수 있었던 가나안을 40년이 걸려서 들어간 이야기는 주야장천 하지만, 가나안에서 실패한 이야기는 거의 하지 않는다. 이스라엘이 가나안에 들어간 것까지에 대해서만 이야기한다. 우리의 관심이 어떻게 광야를 벗어나 가나안에 들어갈 수 있는가에 집중되어 있기 때문이다. 그렇기 때문에 가나안에 들어간 후의 이스라엘에 대해서는 잘 이야기하지 않는 것이다.

사실 오경과 역사서가 기록된 이유는 가나안에 어떻게 들어가게 되었는가를 알려 주기 위해서가 아니라, 왜 가나안에서 쫓겨나게 되었는가를 깨닫도록 하기 위해서다. 바벨론에 포로로 끌려간 이스라엘 백성이, 자신들이 왜 가나안에서 쫓겨나 바벨론 포로로 끌려왔는지를 상기시키며 다시 가나안에 돌아가서는 같은 실수를 범하지 않도록 하기 위해 오경과 역사서가 기록된 것이다. 그런데 우리는 성경을 거꾸로 읽는다. 왜 가나안에서 쫓겨나게 되었는가가 아니라, 어떻게 가나안에 들어갈 수 있는가 하는 관점에서 오경과 역사서를 읽는다.

우리는 이미 가나안에 들어와 있다. 그런데 우리가 아직도 광야를 벗어나지 못한 채 가나안에 들어가지 못하고 있다고 생각하는 것은 가나안을 잘못 알고 있기 때문이다. 우리가 생각하는 가나안은 진짜 가나안이 아니라, 우리가 만들어 낸 상상 속의 가나안이다. 그런 가나안은 없다. 우리는 이미 가나안에 들어와 살고 있다. 따라서 우리는 하나님이 왜 우리를 이 가나안에 들어오게 하셨는지, 이 가나안에서 어떻게 살아가야 하는지 그리고 어떻게 하면 이 가나안에서 쫓겨나지 않을 수 있는지를 생각해야 한다. 성경도 그런 관점에서 읽어야 한다. 그럴 때 우리는 이 가나안에서 이스라엘과 같은 실수를 반복하지 않을 수 있다.

🍂 가나안에서도 탐욕은 금물

이스라엘 백성이 광야를 지날 때 하나님은 매일 무엇을 내려 주셨는가? 만나와 메추라기를 내려 주셨다. 만나와 메추라기를 얼마나 오래 내려 주셨는가? 40년 동안? 아니다. 만나는 40년 동안 내려 주셨으나, 메추라기는 한 달만 보내 주셨다. 만나는 하나님의 은혜로 내려 주신 것이었다. 그러나 메추라기는 '어떻게 만나만 먹고 사느냐'고 원망하고 불평하는 이스라엘 백성에게 하나님이 '그래, 어디 한번 실컷 먹어 봐라' 해서 보내 주신 것이었다. 그런데 그 메추라기를 먹은 사람 중에 수많은 이들이 그 자리에서 죽고 말았다. 원망하고 욕심 부리다 죽은 것이다. 그들이 묻힌 곳의 이름을 '기브롯 핫다아와'라고 붙였는데, '탐욕의 무덤'이라는 뜻이다. 그들이 가나안에 들어가지 못한 것은 더위나 물 또는 양식이 부족해서가 아니라, 탐욕 때문이었다. 광야에서는 만나만으로도 감사해야 하는데, 탐욕을 부리다가 광야의 모래 구덩이 속에 묻힌 것이다.

많은 그리스도인이 천국에 들어가는 것보다 이 땅에서 잘 먹고 잘 살기를 더 원한다. 천국은 꼴찌로 들어가도 신경 쓰지 않지만, 이 세상에서는 남부럽지 않게 살고 싶어 한다. 진짜 가나안에는 별로 관심이 없고 가짜 가나안에서 잘 살고 싶어 한다. 출애굽 이전의 이스라엘 백성의 모습을 보라. 하나님의 백성이 애굽에서 가짜 가나안에 취해 살다가 하나님을 떠나고, 그러다가 요셉을 알지 못하는 바로가 나타나 그들을 학대하고 노예로 삼고 나서야 비로소 정신을 차리고 '하나님, 살려 주세요' 하지 않았는가?

광야를 지날 때 하나님은 안식일을 제외하고 매일 만나를 내려 주셨다. 물론 일주일 치 만나를 모아 놓을 수도 있었다. 하지만 그렇게 하면 썩었다. 하나님은 만나를 내려 주시되 하루치만 거두게 하셨다. 아니, '먹을 만큼만' 거두라고 하셨다(출 16:16, 18, 21). 우리는 매일 일용할 양식을 내려 주신 것만을 생각한다. 그러나 우리가 주목해야 할 것은 '먹을 만큼만' 거두게 하셨다는 사실이다. 만나가 모자라서 하루치만 거두게 하신 것이 아니었다. 쌓아 놓지 않고 사는 법을 배우게 하려고, 욕심 부리지 않고 사는 법을 배우게 하려고 그렇게 하셨던 것이다.

왜 우리로 하여금 광야를 통과하게 하시는가? 내려놓고, 비우고, 겸손하게 무릎 꿇고 주님만 바라보며 살게 하려고, 감사하는 마음으로 가난을 배우며 살아가게 하려고 광야를 지나게 하시는 것이다.

"너를 낮추시며 너를 주리게 하시며"(신 8:3). 어디에서 그렇게 하셨는가? 광야다. 없고, 없고, 없고, 없고, 없으며…. 이런 곳이 광야다. 우리는 이런 광야에서 없이 살아가는 법을 배운다. 부족하게 살아가는 법을 배운다. 그러면 가나안에 들어가 큰 집을 짓지 못해도, 은금이 증식되지 않아도, 창고가 채워지지 않아도 만족하며 살 수 있다.

광야는 사람이 살 수 없는 곳이 아니라 살고 싶어 하지 않는 곳이다. 광야에서는 자기의 뜻대로, 자신이 원하는 대로 살 수 없기 때문이다. 그래서 광야를 싫어하는 것이다. 대부분의 사람들은 가나안에 들어가 자기가 원하는 대로 살고 싶어 한다. 그래서 광야를 벗어나고 싶어 하는 것이다.

이스라엘 백성이 가나안에 들어가 아름다운 집과 큰 창고를 짓고 은금이 증식되고 소와 양이 번성해 잘 살게 되자 어떻게 되었는가? 더 큰 부와 풍요를 얻고 싶은 욕심에 바알을 따라갔다가 결국은 가나안에서 쫓겨나고 말았다. 광야에서는 탐욕 때문에 가나안에 들어가지 못했는데, 가나안에서는 탐욕 때문에 광야로 다시 쫓겨나게 되었다. 광야를 지날 때만 탐욕을 경계해야 하는 것이 아니다. 가나안에 살 때는 더욱더 탐욕을 경계해야 한다.

탐욕만 내려놓으면 광야에서도 감사하며 만족하게 살아갈 수 있다. 그러나 탐욕을 내려놓지 못하면 가나안에서도 행복하게 살아갈 수 없다. 광야에 산다고 다 불행한 것이 아니며, 가나안에 산다고 다 행복한 것은 아니다. 광야든 가나안이든 탐욕에 사로잡히면 불행하게 살게 되고, 탐욕을 내려놓으면 행복하게 살 수 있다.

먹을 만큼만 거두며 살던 이스라엘 백성이 가나안에 들어가 가장 부러웠던 것은 무엇이었을까? 창고를 지어 그 안에 가득 쌓아 놓고 사는 것이었을 것이다. 가나안에 살면서 제일 좋았던 것은 무엇이었을까? 모르긴 몰라도 매일 아침 만나를 거두러 나가는 수고를 하지 않아도 되는 것이 아니었을까? 바알은 이렇게 유혹한다. "쌓아 놓고 살게 해 주겠다." 하나님은 말씀하신다. "먹을 만큼만 거두라." 하나님은 "많이 거둔 자도 남음이 없고 적게 거둔 자도 부족함이 없이"(출 16:18) 살 수 있게 하시는 분이다. 광야에서 오늘 먹을 것밖에 없어도 하나님의 다스림을 받으며 살아가면 내일 걱정을 하지 않아도 된다. 그러나 가나안에서 쌓아 놓고 살아도 바알을 섬기며 살아가면 광야 인생을 살게 될 것이다.

축복이 아닌 은혜를 구하라

광야에 관한 설교를 시리즈로 한 적이 있다. 그때 아내가 해 준 충고가 있다. 교인들은 광야에 대한 이야기보다 가나안에 대한 이야기를 더 듣고 싶어 한다는 것이다. 세상에서도 힘든데 교회에 와서 또 광야 이야기를 들어야겠느냐는 것이었다. 그러면서 교인들에게 필요한 것은 위로와 소망을 주는 메시지이니 가나안에 관한 설교를 해 달라고 했다.

우리는 세상을 살아가면서 직면하는 문제들을 해결하는 데 도움이 되는 설교를 듣고 싶어 한다. 성공하는 법, 정상에 오르는 방법, 형통의 축복을 받는 방법을 듣고 싶어 한다. 어떻게 하면 어렵고 힘든 광야를 벗어나 가나안에 들어가 축복을 누리며 살 수 있는지를 알고 싶어 한다. 광야를 지날 때 체험하는 하나님의 은혜가 크다는 것은 다 안다. 그래도 그것보다는 가나안에 들어가 축복을 더 누리고 싶어 한다. 은혜보다 축복을 더 원하는 것이다.

이스라엘 백성이 광야를 지나 가나안에 들어가 풍요롭게 살게 되었다. 그런데 더 잘 살고 싶었다. 더 많이 쌓아 놓고 싶었다. 그래서 더 많은 축복을 받겠다며 바알을 따라갔다. 풍요의 신인 바알을 섬겼다.

사탄이 예수님을 유혹한다. "네가 누릴 수 있는 걸 왜 안 누리려고 하는 거야? 네가 얻을 수 있는 걸 왜 얻지 않으려고 하는 거야? 명예를 줄게. 권세를 줄게. 영광을 줄게. 인기를 누리게 해 줄게." 우리가 원하는 게 바로 이런 것들 아닌가? 바알 신이 약속하는 것이 바로 이런 것들 아닌가? 그러면서 찬송은 이렇게 한다. "주 예수보다 더 귀한 것은 없네. 이 세상 부귀와 (명예와/행복과) 바꿀 수 없네 … 주 예수보다 더 귀한 것은 없네. 예수밖에는 없네"(새찬송가 94장, 〈주 예수보다 더 귀한 것은 없네〉).

은혜와 축복은 다르다. 은혜는 하나님이 주시는 것이다. 하나님이 주시지 않으면 누릴 수 없다. 그러나 축복은 얼마든지 노력해서도 얻을 수 있다. 은혜는 위로부터 내려온다. 그러나 축복은 아래에서 나온다. 위로부터 내린 만나는 은혜다. 그러나 아래에서 나온 오곡백과는 축복이다. 축복 받으면 성공하고 출세하고 부귀를 누리고 형통한다. 그러나 은혜 받으면 사랑과 행복과 기쁨이 넘친다. 감사와 평안이 넘친다.

광야에서는 은혜로 산다. 하나님의 은혜가 없이는 광야에서 살아남을 수 없다. 광야를 지날 때 하나님의 은혜로 홍해를 건널 수 있었고, 매일 만나를 먹을 수 있었고, 구름 기둥과 불기둥의 보호와 인도를 받을 수 있었다. 하나님의 은혜로 바위에서 생수가 터져 나와 마실 수 있었다. 하나님의 은혜로 신발이 닳지 않았고, 의복이 해지지 않았다. 이스라엘 백성이 광야를 무사히 통과해서 가나안에 들어갈 수 있었던 것은 100퍼센트 하나님의 은혜로 말미암은 것이었다. 반면 가나안에서는 집을 짓고 살 수 있다. 오곡백과를 먹고 살 수 있다. 창고를 채우고 살 수 있다. 이런 것들은 축복이다.

광야를 지날 때는 다 은혜를 구한다. 그러나 가나안에서는 누구나 축복을 누리며 살고 싶어 한다. 은혜는 생존과 관련된 문제다. 하나님의 은혜 없이는 살아갈 수가 없다. 반면 축복은 불편함과 관련된 문제다. 축복을 받지 못해도 살 수는 있다. 다만 좀 불편하게 살아야 할 뿐이다. 광야는 살 수 없는 곳이 아니다. 광야에서도 얼마든지 살아갈 수 있다. 다만 불편하다. 그래서 광야에서 살고 싶어 하지 않는 것이다. 가나안에서는 편안하게 살 수 있다. 그러나 편안하다고 평안한 것은 아니다. 편안하게 살아가는 것은 축복이다. 그러나 평안을 누리며 살아가는 것은 은혜다.

은혜는 하나님에게 더 가까이 다가가게 만들지만, 축복은 하나님에게서 더 멀어지게 만들 수도 있다. "네 은금이 증식되며 네 소유가 다 풍부하게 될 때에 네 마음이 교만하여 네 하나님 여호와를 잊어버릴까 염려하노라"(신 8:13-14). 이스라엘 백성을 보라. 가나안에 들어간 후 이런 축복들이 주어지자 하나님에게서 멀어지고 하나님을 떠나 결국엔 하나님과 관계없이 살아가게 되지 않았는가? 은혜는 받으면 받을수록 믿음이 더 자라지만, 축복은 누리면 누릴수록 믿음에서 멀어지기 쉽다.

우리를 살리는 것은 축복이 아니라 은혜다. 우리를 변화시키는 것, 우리 영혼에 참 기쁨과 평안과 만족을 가져다주는 것은 축복이 아니라 은혜다.

우리에게 정말 필요한 것은 은혜지, 축복이 아니다. 그런데 우리는 축복을 받는 일에만 관심이 있다. 잘되고 건강해지는 것, 형통하고 성공하고 부를 누리는 것, 꿈을 이루고 좋은 집에 사는 것, 은금이 증식되는 것, 소와 양이 번성하고 곳간을 새로 짓는 것에만 관심이 있다. 이렇게 축복에 관심이 있다 보니 바알에게 유혹을 당해 그를 따라가게 되는 것이다.

광야에서 살 때처럼 가나안에서도 하나님의 은혜는 절대적으로 필요하다. 가나안에 살더라도 은혜를 구해야 한다. 광야든 가나안이든 하나님의 은혜 없이는 살아갈 수 없기 때문이다. 은혜 받으면 광야에서도 가나안을 살 수 있지만, 그렇지 않으면 가나안에서도 광야를 살게 된다.

🔖 성공이 아닌 승리를 추구하라

광야에서 성공을 꿈꾸는 사람은 없다. 그러나 가나안에 들어가면 누구나 성공을 추구한다. 가나안은 광야와는 달리 얼마든지 성공할 수 있는 곳이기 때문이다. 사람들이 도시로 모여드는 이유가 무엇일까? 성공하기 위해서다. 가나안에 들어가고 싶은 이유가 무엇일까? 성공하기 위해서다.

성경에는 '성공'이라는 단어가 두 번 나온다(욥 5:12; 전 10:10). 성경을 가지고 성공에 대해 그렇게도 많이 말하는데, 정작 성경에는 성공이라는 단어가 거의 나오지 않는다. 성경은 성공에 대해 말하지 않는다. 성공이 아니라 승리에 대해 말한다.

성공과 승리는 어떻게 다른가? 출애굽 당시 바로와의 대결에서 모세가 이겼다. 성공한 것인가, 승리한 것인가? 아말렉과의 전투에서 이스라엘 군대가 이겼다. 성공한 것인가, 승리한 것인가? 광야를 무사히 통과해서 가나안에 들어가게 되었다. 성공한 것인가, 승리한 것인가? 광야의 시험에서 예수님이 사탄을 이기셨다. 성공하신 것인가, 승리하신 것인가? 예수님의 부활은 성공인가, 승리인가?

성경에 나오는 인물들은 성공한 사람이 아니라 승리한 사람들이다. 기드온, 삼손, 입다, 다윗, 사무엘…. 이런 사람들은 믿음으로 나라들을 이기고, 사자들의 입을 막기도 하고, 불의 세력과 칼날을 피하기도 하고, 더 좋은 부활을 얻고자 심한 고문을 받되 구차히 풀려나기를 원하지 않았으며, 조롱, 채찍질, 결박 및 옥에 갇히는 시련을 당했다. 돌에 맞아 죽기도 했고, 톱으로 켜 죽임을 당하기도 했다. 칼로 죽임을 당하고, 양과 염소의 가죽을 입고 유리하여 궁핍과 환난과 학대를 받았으며, 광야와 산과 동굴과 토굴에서 살았다. 이들은 패배한 사람들인가? 아니다. 승리한 사람들이다. 믿음으로 승리한 사람들이다.

성경에서 성공한 사람이라 하면 요셉을 떠올릴 것이다. 그런데 요셉은 정말 성공한 사람일까? 요셉은 성공하기 위해 꿈을 꾼 사람일까? 아니다. 그는 성공한 사람이라기보다는 승리한 사람이다. 광야를 지나면서 승리한 사람이다.

성경에 성공한 두 사람이 나온다. 사울 왕과 솔로몬 왕이다. 그러나 그들은 하나님 앞에 실패한 사람들이다. 승리한 사람들은 아니다.

신문은 고난과 역경을 이기고 성공한 사람들에 대해 이야기한다. 하지만 교회에서는 믿음으로 역경과 시련을 이겨 내고 승리한 사람들에 대해 이야기한다. 성경은 성공한 사람들의 이야기가 아니라 승리한 사람들의 이야기다.

많은 간증들이 하나님의 말씀대로 살았더니 축복받고 성공했다는 이야기다. 그러나 진짜 간증은 하나님의 말씀대로 살아서 승리했다는 이야기여야 한다. 축복받고 성공한 이야기는 자기 계발서에 나오는 내용들이다. 성경에는 승리한 사람들의 이야기가 나온다.

사탄은 예수님에게 자기에게 절 한 번만 하면 이 세상을 다 주겠다고 했다. 성전 꼭대기에서 뛰어내려 슈퍼스타가 되라고 했다. 40일 금식하신 예수님에게 돌로 빵을 만들어 먹으라고 했다. 사탄은 이렇게 명예, 권세, 성공 같은 것으로 예수님을 유혹했다.

바알은 우리를 탐욕, 욕망, 욕정, 욕심, 세속주의, 물질주의, 맘몬으로 유혹한다. 그런 것을 통해 세상 즐거움을 다 누리라고 유혹한다. 사람들은 그런 것들을 누려 보겠다고 바알을 따라간다. 부귀, 권세, 명예, 성공, 형통, 건강, 축복을 얻기 위해 바알을 따라간다.

광야에서는 바알이 유혹하지 않는다. 광야를 지나면서 성공을 꿈꾸는 사람은 없기 때문이다. 풍요의 신인 바알은 우리가 가나안에 살 때 나타난다. 우리에게 가난이라는 광야를 벗어나 풍요로운 가나안으로 들어가게 해 주겠다고 유혹한다. 가나안에 들어갔을 때 우리는 이 바알을 조심해야 한다. 성공을 약속하는 바알에게 넘어가서는 안 된다.

예수님은 성공하신 분이 아니라 승리하신 분이다. 악과 사탄과 죄와 죽음과 영적인 어둠의 세력과 싸워 승리하신 분이지, 명예와 권세와 부를 통해서 성공하신 분이 아니다.

바울은 성공할 수 있는 사람이었다. 그는 가말리엘의 문하생으로서 미래가 보장되는 사람이었다. 최고의 랍비가 될 수 있는 사람이었다. 그러나 그는 그 모든 것을 배설물처럼 여겼다. 그는 성공하기 위해 살지 않았다. 그는 결코 성공한 사람은 아니었다. 성공과는 거리가 먼 사람이었다. 바울의 삶은 고난과 실패의 연속이었다. 그러나 그는 승리한 사람이었다.

"나는 선한 싸움을 싸우고 나의 달려갈 길을 마치고 믿음을 지켰으니 이제 후로는 나를 위하여 의의 면류관이 예비되었으므로"(딤후 4:7-8).

그리스도인의 삶은 '성공이냐 실패냐'가 아니라, '승리냐 패배냐'로 구분된다. 하나님은 성공한 사람들이 아니라, 믿음으로 승리한 사람들에게 면류관을 씌워 주신다.

"이기는 그에게는 내가 하나님의 낙원에 있는 생명나무의 열매를 주어 먹게 하리라"(계 2:7).

"이기는 자는 둘째 사망의 해를 받지 아니하리라"(계 2:11).

"이기는 그에게는 내가 감추었던 만나를 주고 또 흰 돌을 줄 터인데"(계 2:17).

"내가 또 그에게 새벽 별을 주리라"(계 2:28).

"이기는 자는 … 흰옷을 입을 것이요 내가 그 이름을 생명책에서 결코 지우지 아니하고 그 이름을 내 아버지 앞과 그의 천사들 앞에서 시인하리라"(계 3:5).

"이기는 자는 내 하나님 성전에 기둥이 되게 하리니"(계 3:12).

여기서 '이긴 사람들'은 영어로 'overcomer'다. '잘 이겨 낸 사람들'이라는 뜻이다. 이들은 성공한 사람들이 아니라 승리한 사람들이다.

> "누가 우리를 그리스도의 사랑에서 끊으리요 환난이나 곤고나 박해나 기근이나 적신이나 위험이나 칼이랴 … 그러나 이 모든 일에 우리를 사랑하시는 이로 말미암아 우리가 넉넉히 이기느니라"(롬 8:35, 37).

가나안에 들어간다고 고생 끝, 행복 시작은 아니다. 가나안에 들어가 그 땅을 차지해야 한다. 그러나 차지하는 것으로 끝이 아니다. 지켜 내는 것은 더 어렵다. 이스라엘 백성은 가나안에 들어가 그 땅을 차지했지만, 지켜 내지는 못했다. 쫓겨났다. 왜 그랬는가? 바알에게 넘어갔기 때문이다.

가나안에 들어가서 중요한 것은 집과 창고를 크게 짓는 것이 아니다. 바알에게 넘어가지 않는 것이다. 바알과 싸워 이겨 그것을 축출시키는 것이다. 그러기 위해서는 치열한 영적 전쟁을 해야 한다. 이 영적 전쟁에서 승리해야 한다. 그래야 가나안을 누릴 수 있다. 가나안에서는 성공하는 것보다 승리하는 것이 더 중요하다. 가나안에서 성공을 좇다 바알에게 넘어가서는 안 된다.

🔹 '내가 내 힘으로'를 조심하라

모세 이야기에는 하나님이 가시떨기나무 불꽃 가운데 나타나시기 전까지는 '하나님'이라는 단어가 한 번도 나오지 않는다. 탄생 이야기에도, 나일 강에 버려진 이야기에도, 바로의 공주에 의해 물에서 건져져 왕자가 된 이야기에도, 사람을 쳐 죽이고 광야로 도망간 이야기에도 그리고 40년간 미디안 광야에 숨어 살았던 이야기에도 하나님은 등장하지 않는다. 그러나 우리는 모세가 하나님의 은혜로 건강하게 태어나 석 달 동안 숨겨져서 자랄 수 있었다는 것과 하나님의 은혜로 나일 강에서 건짐을 받았다는 것 그리고 하나님의 은혜로 바로의 왕자가 되었다는 것을 알고 있다. 또한 하나님의 섭리 가운데 바로의 궁을 떠나 광야로 숨어 들어가 40년을 살았던 것도 알고 있다.

성경은 모세의 나이 80세에 하나님이 처음 그에게 나타나신 것으로 되어 있다. 그 이전에는 하나님의 이름이 어디에도 나오지 않는다. 모세가 태어나면서부터 80세가 되어 출애굽의 리더가 되기까지 그에게 일어난 모든 일들이 전부 하나님의 섭리와 하나님의 개입 그리고 하나님의 은혜로 이루어진 기적 같은 것임에도 불구하고 성경은 하나님에 대해서는 한마디도 하지 않는다. 모세의 생애는 하나님이 아니고는 설명이 안 되는데도 성경은 일체 모세의 삶 속에 하나님이 개입하셨다는 사실을 이야기하지 않고 있다. 모세가 간증한다면 이렇게 말할 것이다.

"저는 제가 목사가 되리라고는 꿈에도 생각하지 못했습니다. 저는 목사가 될 사람이 전혀 아니었습니다. 목사가 되고 싶다는 생각을 해 본 적도 없습니다. 그런데 목사가 되었네요. 저도 어쩌다 목사가 되었는지 모르겠습니다. 지금 생각해 보면 이 모든 일은 하나님이 하신 것 같습니다."

간증하는 사람들은 대개 자신이 경험한 것들을 이야기하면서 '이 모든 것은 다 하나님이 하셨다'라고 이야기한다. 때로는 지나치게 모든 것을 다 하나님이 하신 것으로 이야기하기도 한다. 그러나 성경에 나오는 모세에 관한 이야기는 분명히 하나님이 하신 일임에도 불구하고 하나님이 하셨다는 이야기를 하지 않는다.

광야를 지나는 사람은 모든 것을 하나님이 하셨다고 고백한다. 만나를 내려 주신 분도, 불기둥과 구름 기둥으로 인도해 주신 분도, 바위를 쳐서 물이 나오게 해 주신 분도 하나님이시라고 고백한다. 광야에서는 내가 할 수 있는 것이 하나도 없다. 하나님이 다 하신다. 광야에서는 하나님이 아니면 살아남을 수 없다. 그렇기 때문에 광야를 지나온 사람들은 다 하나님이 하셨다고 고백한다.

그러나 가나안에 들어가면 이야기가 달라진다. 광야와는 달리 가나안에서는 하나님 없이도 살아갈 수 있다. 하나님 없이도 부족함 없이 살 수 있다. 광야에서는 힘과 능력이 있어도 할 수 있는 것이 하나도 없다. 그러나 가나안에서는 내 힘과 능력으로 열심히 노력해서 잘 먹고 잘 살 수 있다. 광야에서는 모든 것이 하나님에게로부터 왔다. 위로부터 내려왔다. 그러나 가나안에서는 더 이상 위로부터 내려오지 않는다. 모든 것이 땅에서 나온다. 내가 씨를 뿌리고 내가 땀 흘려 가꾸어 오곡백과를 거둬들인다.

이처럼 가나안은 내가 노력하고 내가 땀 흘려야 살아갈 수 있는 곳이다. 이런 가나안에서 모든 것을 내가 아닌 하나님이 하셨다고 고백하는 것은 쉬운 일이 아니다. 체면 때문에 사람들 앞에서 하나님이 이런 축복을 주셨노라고 말은 할 수 있을지 몰라도, 하나님이 다 하셨다고 하나님 앞에 고백하는 것은 결코 쉬운 일이 아니다.

독수리가 날개를 쫙 펼치면 2미터 정도가 된다고 한다. 그런 몸집을 가지고 하늘 높이 날아오른다. 어떻게 그럴 수 있을까? 사실 독수리는 힘차게 날갯짓을 해서 날아오르는 것이 아니다. 독수리는 날아오르기 위해 상승 기류를 찾는다. 상승 기류에서 날개를 쫙 펼치고 가만히 있으면 독수리는 그 기류를 타고 저절로 올라간다. 독수리가 날개 치며 올라가는 것이 아니다. 바람이 독수리를 위로 밀어 올리는 것이다.

알래스카에서도 최북단에 사는 이누피아트족이 있다. 이들은 바닷가 마을에서 100여 명이 모여 살고 있는데, 이곳은 1년 중 아홉 달은 겨울이고 세 달만 여름이다. 이들은 여름에 바다의 얼음이 녹으면 고래를 잡으러 나간다. 이 사람들은 고래를 잡은 것을 가문의 영광으로 생각한다. 고래를 잡은 사람의 집에는 깃발이 올라간다. 그리고 그 고래를 온 동네 사람들이 나눠 먹는다. 이들은 자신들이 고래를 잡았다고 생각하지 않는다. 고래가 자기 몸을 희생해서 내어 준 것이라고 생각한다. 만일 고래가 잡혀 주지 않았다면 그들은 그 고래를 잡을 수 없었을 것이고, 그렇게 되면 자신들은 굶어 죽게 될 텐데 고래가 스스로를 그들에게 내어 주어 잡혀 준 것이라고 생각한다. 그래서 그들은 자신들이 잡은 고래에 대해 진심으로 경외심을 표현한다.

미디안 군대와 싸울 때 이스라엘 백성 중에서 3만 명이 모여들었다. 그런데 하나님은 그들을 다 돌려보내고 300명만 남게 하셨다. 우리는 이들을 흔히 '기드온의 300 용사'라고 부른다. 정예 부대라고 생각한다. 그런데 그렇지 않다. 3만 명 중에서 전투를 제일 잘하는 실력 있는 사람을 뽑은 것이 아니라 무작위로 뽑은 것이다. 하나님은 그런 그들로 하여금 미디안 군대와 싸우게 하셨다. 그런데 누가 승리했는가? 이스라엘이다. 어떻게 승리했는가? 그들은 싸움 한번 해보지 못했다. 칼 한번 휘두르지 못했다. 하나님이 미디안 군대로 하여금 자기들끼리 칼을 휘두르면서 싸우게 하셨다. 왜 그렇게 하셨을까? 이스라엘이 맞붙어 싸우면 질까 봐 그들끼리 싸우게 하신 것일까? 아니다. 그 반대다.

"이는 이스라엘이 나를 거슬러 스스로 자랑하기를 내 손이 나를 구원하였다 할까 함이니라"(삿 7:2).

이스라엘 백성이 '우리가 미디안 군대를 무찔렀다'라고 말하지 못하도록 그렇게 하셨다는 것이다.

이스라엘이 출애굽을 한 후에 광야에서 아말렉 군대와 싸운 적이 있다. 이때 모세가 기도하면 이스라엘이 이기고, 피곤해서 기도의 팔을 내리면 이스라엘이 졌다. 그런데 사실 이 전쟁은 싸우고 말고 할 것도 없었다. 아말렉 군대는 베두인들이다. 광야에 모여 사는 베두인이 많아 봤자 얼마나 되겠는가? 크게 잡아 만 명이라고 하자. 이스라엘은 몇 명인가? 보통 200만 명이라고 하지 않는가? 전쟁이라고 할 것도 없다. 그냥 지나가기만 해도 아말렉은 쑥대밭이 되고 말 것이다. 그런데 기도를 안 하면 지는 것이었다. 결코 질 수 없는 전쟁인데 기도를 안 하면 지니 참으로 희한한 일이었다.

이 전쟁도 마찬가지였다. 자신들의 힘으로 전쟁에서 이겼다는 말을 하지 못하도록 하나님은 기도하면 이기게 하시고, 기도하지 않으면 지게 하셨던 것이다. 전쟁은 사람이나 말의 수에 있는 것이 아니라 하나님에게 달려 있다는 사실을 보여 주기 위해 이런 희한한 일이 생기게 하셨던 것이다. 하나님은 우리가 스스로의 힘으로 무언가를 하는 것을 기뻐하지 않으신다. 우리가 싸워서 이겼다는 말을 싫어하신다.

여리고 성도 마찬가지다. 여리고는 그렇게 엄청난 성이 아니다. 여리고 성의 크기는 10에이커(약 12,200평)가 안 되는데 그 안에서 2천 명 정도가 살았다. 성도 철옹성이 아니라 벽돌로 쌓은 토성이다. 성 밖에 진을 치고 있는 200만의 이스라엘 백성이 "와" 하고 함성만 질러도 무너질 수 있는 성이었다. 그래서 그들은 이스라엘이 요단 강을 건너온다는 이야기를 듣고는 간담이 서늘해졌다. 성문을 굳게 잠그고 숨도 크게 쉬지 못했다. 그런데 하나님은 성안으로 쳐들어가는 대신 일주일 동안 성 주위를 돌게만 하셨다. 여리고 성을 무너뜨릴 수 없어서 하나님이 기적적인 방법으로 그 성을 무너뜨려 주기 위해 성 주위를 돌게 하신 것이 아니다. 오히려 그 반대였다. 이스라엘 백성이 '우리가 우리 힘으로 여리고 성을 무너뜨렸다. 여리고 성을 정복했다. 전쟁에서 이겼다'는 말을 하지 못하도록 싸움 한번 못 하게 하시고 하나님이 직접 그 성을 무너뜨리셨던 것이다.

하나님은 우리가 우리 힘으로 무엇인가를 이루어 놓고 '내가 내 힘으로 해냈다'고 말하는 것을 제일 싫어하신다. 우리 힘으로 무엇인가를 성취하고 우쭐대는 것을 싫어하신다.

"그러나 내가 나 된 것은 하나님의 은혜로 된 것이니 … 내가 한 것이 아니요 오직 나와 함께하신 하나님의 은혜로라"(고전 15:10).

우리는 가나안에 들어가서도 이런 고백을 하며 살아야 한다.

🐟 광야의 만나 vs. 가나안의 빵

"너를 낮추시며 너를 주리게 하시며 또 너도 알지 못하며 네 조상들도 알지 못하던 만나를 네게 먹이신 것은 사람이 떡으로만 사는 것이 아니요 여호와의 입에서 나오는 모든 말씀으로 사는 줄을 네가 알게 하려 하심이니라"(신 8:3).

이스라엘 백성이 광야에서 먹을 것이 없을 때 하나님은 그들에게 만나를 내려 주셨다. 그런데 만나를 내려 주신 이유가 사람이 빵(떡)으로만 사는 것이 아님을 깨우쳐 주기 위해서였다고 하니, 잘 이해가 되지 않는다.

만나를 먹으면서 이스라엘 백성은 무슨 생각을 했을까? '그래, 만나만 먹고 살 수는 없지. 우리에게 필요한 것은 만나보다 하나님의 말씀이야.' 이런 생각을 했을까? 아니면 '이 만나는 언제까지 먹어야 하는 거야? 이제 지긋지긋하네. 보기도 싫어. 도대체 빵을 먹어 본 게 언제야? 언제쯤 다시 빵을 먹게 될 수 있을까?' 이런 생각을 했을까?

위의 말씀은 만나와 빵을 대조시키고 있다. 하나님은 이스라엘 백성에게 빵을 주지 않고 만나를 주셨다. 이는 그들을 낮추고 시험하고 훈련시켜서 가나안에 들어가게 하시기 위함이었다. 그리고 사람이 '빵'만 먹고 사는 것이 아님을 보여 주시기 위해서였다. 그러나 가나안에 들어가서는 빵을 배불리 먹게 될 것이다(신 8:9-10, 12). 왜냐하면 그곳은 밀과 보리의 산지이며(신 8:8) 옥토이기 때문이다(신 8:10).

만나는 하늘에서 내려왔다. 씨를 뿌려 거둔 것이 아니었다. 순전히 하나님이 내려 주신 것이었다. 그러나 가나안에 들어가게 되면 더 이상 만나는 내리지 않는다. 실제로 가나안에 들어가자마자 만나가 그쳤다. 가나안에 들어가서는 씨를 뿌리고 가꾸어 밀과 보리를 거두어들인다. 그것으로 광야에서 먹던 만나와는 비교도 안 되는 맛있는 빵을 만들어 먹는다.

예수님은 광야에서 마귀에게 시험받으실 때 앞의 말씀을 인용하셨다. "사람이 떡으로만 살 것이 아니요 하나님의 입으로부터 나오는 모든 말씀으로 살 것이라"(마 4:4). 그렇다. 우리는 빵만으로는 살아갈 수 없다. 영적인 존재이기 때문이다. 육신을 위해 빵이 절대적으로 필요하듯이, 영혼을 위해서는 하나님의 말씀이 절대적으로 필요하다.

우리가 이 구절을 육의 양식과 영의 양식에 관한 것으로 이해하는 것은 '말씀'이라는 단어 때문이다. 그런데 히브리어 성경에는 '말씀'이라는 단어가 나오지 않는다. 히브리어 '콜'(kol)은 '모든 것'(all)이라는 의미인데, 많은 성경이 이 단어를 '말씀'으로 번역했다. 히브리어 본문을 직역하면 이렇다. '사람이 빵으로만 살 것이 아니요 하나님의 입에서 나오는 모든 것으로 살 것이니라.'

'하나님의 입에서 나오는 모든 것'이란 무엇일까? 물론 여기에는 하나님의 말씀도 포함된다. 그러나 하나님이 입으로 말씀만 하시는 것은 아니다. 하나님은 당신의 입으로 천지를 창조하지 않으셨는가? 하나님이 입으로 말씀하시면 모든 것이 그대로 이루어진다. 하나님은 모든 일을 다 입을 통해 하신다. 그러므로 '하나님의 입에서 나오는 모든 것'이라는 말은 '하나님이 행하시는 모든 일'을 뜻한다. 이것을 말씀으로만 국한시켜서는 안 된다. '말씀'에 국한시키니까 영혼의 양식으로 하나님의 말씀이 필요하다는 식으로만 생각하는 것이다.

이 구절이 나오는 신명기 8장에는 하나님이 광야를 지나면서 행하신 일들이 기록되어 있다. 만나를 주시고, 의복이 해지지 않게 하시고, 신발이 닳지 않게 하시고, 반석에서 물이 터져 나오게 하시고, 전갈로부터 지켜 주시는 등 이 모든 것은 하나님이 하신 일이었다. 하나님이 필요한 것을 채워 주시고 갈 길을 인도해 주시고 위험으로부터 지켜 주셔서 이스라엘 백성이 광야를 통과해 가나안에 들어갈 수 있게 된 것이었다.

광야는 우리의 힘으로 살아남을 수 있는 곳이 아니다. 오직 하나님의 은혜로만 살아남을 수 있는 곳이다. 이스라엘 백성은 비록 광야에서 빵이 아닌 만나를 먹었지만, 그들은 순전히 '하나님의 입에서 나오는 모든 것으로', 다시 말해 하나님이 하신 일들을 통해서 광야에서 살아남을 수 있었다고 신명기 8장은 말씀하고 있다.

이스라엘 백성은 애굽에서 땀 흘려 노력한 대가로 먹고 살 수 있었다. 그런 그들이 광야를 지나면서, 만나를 먹으면서 깨달은 것이 있었다. '우리는 우리의 힘으로만 살아갈 수 있는 것이 아니구나. 우리는 지금 하나님의 은혜로 이렇게 살아가고 있구나.' 그들이 광야에서 살아남을 수 있었던 것은 그들의 노력이나 수고 때문이 아니었다. 순전히 하나님의 은혜 때문이었다. 하나님이 그들에게 필요한 만나를 공급해 주시고, 그들을 인도하고 돌보아 주셔서 살 수 있었던 것이다. 하나님의 입에서 나오는 모든 것으로, 다시 말해 하나님이 그들을 위해 행하신 일들을 통해 그들은 광야에서 살아남을 수 있었던 것이다. 신명기 8장 3절의 말씀처럼, 바로 이러한 사실을 깨닫게 하기 위해 만나를 주셨던 것이다.

가나안에 들어가 우리의 노력만으로 충분히 살아갈 수 있게 될 때에도 잊지 말고 기억해야 할 것이 있다. 가나안이라 하더라도 내 힘, 내 노력만으로는 살 수 없다는 사실이다. 내 힘으로는 빵 문제 정도만 해결할 수 있다. 그러나 빵만 있다고 되는 것은 아니다. 하나님의 돌보심과 인도하심이 필요하다. 우리는 '하나님의 입으로부터 나오는 모든 것들'(하나님이 행하시는 모든 일들)을 통해서 살아가는 것이지, 우리가 노력해서 얻은 빵으로 살아가는 것이 아니다.

광야에 살든 가나안에 살든, 우리에게는 하나님의 은혜와 축복이 절대적으로 필요하다. 그렇기에 우리는 어디에 있든 하나님을 잊지 않고 경외하며, 그분의 인도를 따라 그분의 말씀들을 준행하며 살아야 한다.

6. 바알은 소명이 아닌
소원을 묻는다

🐚 바알이 지배하는 세상에서 하나님을 바라보다

바알 하면 가장 먼저 떠오르는 사건이 있다. 엘리야가 갈멜 산에서 바알의 선지자들과 대결한 사건이다. 하나님의 선지자 한 사람과 바알의 선지자 450명이 하나님과 바알 중 누가 진짜 신인지를 증명하기 위한 대결을 벌였다. 누구에게 증명하기 위한 대결이었는가? 하나님을 믿지 않는 사람들이었는가? 아니다. 하나님을 믿는 이스라엘 백성에게 바알이 아니라 하나님이 진짜 신이라는 것을 증명해 보이기 위해 대결을 벌였던 것이다. 이게 말이 되는가?

바알의 선지자는 450명이었다. 또 그날 나타나지 않은 아세라의 선지자는 400명이었다. 그런데 하나님의 선지자는 엘리야 한 사람밖에 없었다. 하나님의 선지자가 850명이고 바알의 선지자가 한 사람이어야 맞는 것 아닌가? 그런데 그 반대였다.

바알의 선지자들을 누가 후원했는가? 페니키아 왕실에서 후원했는가?
아니다. 북 이스라엘의 왕실에서 바알의 선지자들을 후원했다. 바알의 선
지자들을 페니키아 왕실에서 후원하고 엘리야를 이스라엘 왕실에서 후원
했다면 이해가 된다. 그런데 바알의 공식적인 후원자는 이스라엘 왕실이
었다. 이게 말이 되는가?

바알과 관련해서 잘 알려진 또 다른 사건이 있다. 기드온이 밤에 몰래
바알 산당을 허물어 버렸다. 나쁜 짓을 하는 것도 아닌데 왜 밤에 몰래 헐
었던 것일까? 그곳에 사는 이스라엘 사람 대부분이 바알을 숭배했기 때문
이다. 다음 날, 바알 산당이 허물어진 것을 보고 동네가 발칵 뒤집혔다. 온
동네 사람들이 범인을 찾느라 야단이었다. 결국 기드온이 범인인 것이 드
러났다. 그러자 그들은 기드온을 죽이려고 했다. 이게 말이 되는가? 당연
히 해야 할 일을 한 것이 아닌가? 기드온에게 박수를 보내야 하는 것이 아
닌가? 그런데 산당을 허물어 바알을 진노케 했다고 기드온을 죽이려 하다
니, 이건 정말 말이 안 되지 않는가? 그러나 이것이 가나안에 들어간 이스
라엘 백성의 현실이었다.

기드온 이야기는 가나안 정착 초기(주전 13세기)에 있었던 일이고, 엘리야
이야기는 분열 왕국 시대 중반(주전 9세기)에 있었던 일이다. 바알 종교는 이
스라엘이 가나안에 들어가자마자 시작해서 이스라엘이 멸망할 때까지 활
개를 쳤다. 북 이스라엘의 왕들은 공식적으로 바알 신앙을 장려했다. 이스
라엘 왕국이 남북으로 분열되면서 성전이 있는 예루살렘이 남 유다에 속
하게 되었다. 따라서 북 이스라엘 사람들은 예배를 드리거나 절기 때마다
성전이 있는 남 유다로 내려가야 했다. 북 이스라엘에게 있어서는 성전이
남 유다에 있는 것이 치명적인 약점이었다. 어떻게 하면 북 이스라엘 백성

이 예루살렘으로 내려가지 않게 할 수 있을까 해서 세운 대책이 북 이스라엘의 최남단과 최북단에 산당을 짓고 그곳에 가서 제사를 드리게 하는 것이었다. 북 이스라엘은 바알 산당을 만들어 놓고 바알이 하나님이라며 바알을 하나님처럼 섬기게 했다. 민심을 성전이 있는 남 유다에 빼앗기지 않기 위해 정치적인 목적으로 바알 신앙을 국가적인 차원에서 장려했던 것이다. 바알 종교는 남 유다보다 북 이스라엘에서 더 활개를 쳤는데, 바로 이런 이유에서였다.

이런 말도 안 되는 정책이 먹혀들어갔던 것은, 이스라엘 백성 가운데 이미 바알 신앙이 깊이 뿌리박혀 있었기 때문일 것이다. 북 이스라엘 왕들이 강압적으로 하나님 대신에 바알을 섬기게 했던 것이 아니라, 그들이 자신들의 정치적인 목적을 이루기 위해 백성 사이에 퍼져 있는 바알 신앙을 이용했던 것이다. 이렇게 해서 북 이스라엘에서는 바알 종교가 공식적인 종교가 되었으며, 백성도 바알을 섬기는 것에 대해 죄책감을 갖지 않아도 되었다. 북 이스라엘의 왕들은 다 바알을 따라갔으며, 바알 종교를 적극 후원했다. 북 이스라엘 왕들이 하나님 앞에 받은 점수를 보면 다 빵점이다. 모두 악한 왕들로 평가를 받았다. 그들의 성적표에는 전부 이렇게 기록되어 있다. '여로보암의 길로 행하였더라.' 딱 이 말 한마디다. 이런 성적표를 받은 왕들은 아래와 같다.

바아사(왕상 15:34, 16:2), 시므리(왕상 16:19), 오므리(왕상 16:26), 아합(왕상 16:31), 아하시아(왕상 22:52), 여호람(왕하 3:3), 예후(왕하 10:29, 31), 여호아하스(왕하 13:6), 요아스(왕하 13:11), 요아스의 아들 여로보암(왕하 14:24), 스가랴(왕하 15:9), 므나헴(왕하 15:18), 브가히야(왕하 15:24), 베가(왕하 15:28).

이들은 모두 여로보암의 길로 행했기 때문에 악한 왕으로 낙인이 찍혔다. 여로보암은 솔로몬의 신하로서 북 왕국의 초대 왕이었다. 그는 정치적인 목적으로 바알 숭배를 장려했다. 산당들을 만들어 놓고 바알 신을 섬기게 했다. 이것이 백성에게 먹혀들어갔다. 그래서 북 이스라엘의 모든 왕들이 여로보암처럼 행했다. 이것이 하나님 보시기에 가장 큰 죄악이었다. 성경은 북 왕국이(그리고 남 유다도) 이러한 바알 숭배 때문에 멸망하게 되었다고 말씀한다.

바알 종교는 가나안 정착 초기부터 이스라엘 사람들 사이에 파고 들어왔다. 그리고 이스라엘이 멸망할 때까지 퇴치시키지 못했다.

갈멜 산에서 엘리야가 바알의 선지자들과 벌인 대결에서 승리했지만 백성은 하나님에게 돌아오지 않았다. 엘리야가 450명의 바알 선지자들을 처단했지만 그렇다고 해서 바알 선지자들이 사라진 것은 아니었다. 후에도 바알 종교는 이스라엘 백성 가운데서 계속 힘을 떨쳤다.

우리에게는 잡신, 우상에 불과하지만, 바알은 고대 근동(지금의 이슬람권)을 제패한 신이었다. 바알은 주전 15세기경부터 가나안 일대에서 섬기기 시작했는데, 후에는 그 지위가 계속 올라가 바알을 넘보는 어떤 신도 없게 되었다. 한마디로 바알은 신들의 신이었다. 가나안에서는 바알을 섬기지 않고 사는 사람이 없었다. 반면 여호와 하나님이 누구인지는 아무도 몰랐다. 히브리인들만 믿는 새로운 신이었다.

그렇다면 이스라엘 백성은 어떻게 그리 쉽게 바알에게 넘어갈 수 있었던 것일까? 바알의 매력은 무엇일까? 바알의 정체는 무엇일까?

단군 신화에 나오는 단군은 널리 인간을 이롭게 하기 위해(홍익인간) 비와 바람 그리고 구름을 거느리고 한반도에 왔다고 한다. 우리나라는 농경 사회다. 농사짓는 사람들에게는 비가 가장 중요하다. 비가 충분히 와야 풍년이 들기 때문이다. 그렇기 때문에 단군이 비와 바람과 구름을 거느리고 왔다고 하는 것이다. 바알도 마찬가지였다.

사람들은 바알을 비와 바람과 천둥과 번개의 신으로 섬기고 있었다. 가나안은 젖과 꿀이 흐르는 땅이라고 하지만 하늘에서 비가 내리지 않으면 농사를 지을 수 없다. 그렇기 때문에 가나안 사람들은 풍년이 들고 잘 살기 위해서는 비를 내려 주는 신을 잘 섬겨야 한다고 믿었다.

이스라엘 백성은 40년 동안 광

▶ 바알 신상

야를 지났다. 광야에서는 비를 내리고 농사가 잘되게 해 주는 신이 필요 없었다. 때문에 바알 종교는 광야에서 힘을 쓸 수가 없었다. 이스라엘 백성은 광야에서 하나님만 바라보며 살았다. 비록 하나님의 말씀에 순종하지는 못했지만, 적어도 다른 신을 섬기지는 않았다. 다른 신을 알지도 못했다. 그런데 가나안에 들어가서 보니 모든 사람이 바알 신을 섬기고 있었다. 가나안에서 잘 살려면 농사가 잘되어야 하고, 농사가 잘되려면 하늘에서 비가 충분히 와야 하는데, 하늘에서 비를 내려 주는 신이 바알이라고 하는 것이었다.

광야에서는 농사를 잘되게 해 주는 신이 필요하지 않았다. 광야를 잘 통과하게 해 주는 신이 필요했다. 광야에서 지키고 보호하고 인도해 주는 신이 필요했다. 하나님이 바로 그런 신이었다. 그런데 가나안에 들어와서는 상황이 달라졌다. 40년 광야 생활을 마친 후 가나안에 들어간 이스라엘 백성의 눈에는 그들의 잘 사는 모습이 너무 부러워 보였다. 집을 짓고 농사를 지으며 풍요롭게 살아가는 것은 광야에서 꿈도 꾸지 못한 일이 아닌가? 그런데 가나안 사람들은 그 모든 것이 바알 신 덕분이라며 그를 섬기는 것이었다.

가나안에서는 만나만 내려 주는 신보다는 오곡백과를 풍성하게 내려 주는 신이 더 매력적이다. 가나안에서는 반석을 쳐서 물이 나오게 하는 신보다는 샘에서 물이 솟아나게 해 주는 신이 더 매력적이다. 가나안에서는 이슬을 내려 주는 신보다는 장대비를 내려 주는 신에게 더 끌리게 되어 있다. 광야에서처럼 전쟁으로부터 지켜 주고 길을 인도해 주는 하나님보다 좋은 집을 짓고 살면서 은금이 증식되고 소와 양이 번성하게 해 주는 바알이 훨씬 더 매력적이지 않은가? 바알 종교에는 죄, 회개, 구원, 순종, 하나님 나라, 사명, 소명 같은 것이 없다. 아무렇게나 살아도 아무 문제없다. 바알은 우리가 어떻게 살아가는지에 대해서는 절대 관여하지 않는다. 그러다 보니 하나님을 섬기는 것보다 얼마나 쉬운지 모른다. 그래서 가나안에 들어간 이스라엘 백성이 그렇게 바알에게 넘어갔던 것이다.

이스라엘 백성도 처음에는 여호와 신앙을 지키기 위해 노력했을 것이다. 하지만 시간이 흐를수록 가나안 문화와 관습에 동화되어 갔다. 그리고 바알도 자연스럽게 받아들였다. 그렇다고 여호와 신앙을 떠난 것은 아니었다. 하나님과 바알을 동시에 섬겼다. 그러면서도 두 신앙 사이에서 갈등을 느끼지는 않았다. 물론 예언자들은 여호와 신앙만을 지키기 위해 안간

힘을 썼지만, 백성은 시간이 지날수록 바알에 더 깊이 빠져들었다.

🌀 바알은 어떤 신인가

바알은 자연을 다스리는 신이다. 비와 바람과 구름을 거느리는 신이다. 바알을 잘 섬기지 않으면 비가 내리지 않기 때문에, 농사가 잘되기 위해서는 바알을 섬겨야 한다. 그러나 바알을 섬기는 것은 어렵지 않다. 바알에게 제사만 잘 드리면 된다. 바알의 배만 부르게 해 주면 된다. 그러면 바알이 기분 좋아서 비를 내려 준다. 하지만 바알에게 잘못 보이면 바알이 비를 내려 주지 않는다. 그러면 기근이 들게 된다. 기근이야말로 가나안에서 가장 끔찍한 재앙이다. 그렇기 때문에 그들은 바알을 부지런히 섬겼다.

반면 여호와 하나님은 우주와 역사를 주관하는 신이다. 단지 가뭄 같은 자연적인 재앙만을 내리는 신이 아니다. 하나님은 역사를 통해 심판하신다. 바알을 따라간 이스라엘은 결국 하나님의 진노를 사서 심판을 받게 되었다. 어떤 심판이 내려졌는가? 바알 같았으면 비를 내려 주지 않았을 것이다. 그러나 하나님은 자연만을 통제하는 신이 아니다. 모든 세계를 주관하는 분이시다. 그래서 앗수르와 바벨론을 통해 이스라엘을 심판하셨다. 북 이스라엘과 남 유다를 멸망시키셨다.

이스라엘 왕국이 이방 민족에 의해 무너졌을 때 이스라엘이 받은 충격은 이루 말할 수 없었을 것이다. 나라가 망해서 그런 것도 있지만, 여호와 하나님이 어떻게 이방 신에게 질 수 있는가 하는 생각에 망연자실했을 것이다.

고대 시대의 신들은 한 민족 혹은 한 지역을 관장했다. 나라와 나라의 전쟁도 그래서 성전(聖戰)으로 생각했다. 신들의 전쟁으로 생각했던 것이다. 어느 나라가 이기느냐 하는 것은 어느 신이 더 강하냐에 따라 결정되는 것으로 보았다. 이스라엘 백성도 하나님이 자기들만의 신이라고 믿고 있었다. 그 신이 자신들의 나라를 지켜 주리라 믿었다. 그런데 나라가 망했다. 하나님이 앗수르나 바벨론이 섬기는 신들에게 패배를 한 것이었다.

하지만 예언자들은 하나님이 이스라엘의 하나님이실 뿐만 아니라 모든 나라, 모든 백성의 하나님이시라고 선포했다. 이스라엘이 다른 나라에 의해서 무너진 것은 하나님의 힘이 약해서가 아니라, 이스라엘이 사악하므로 하나님이 당신의 또 다른 백성인 이방인들을 통해 심판하신 것이라고 선포했다.

나라가 망하기 전까지는 하나님을 바알처럼 이스라엘 민족의 신으로만 생각했었다. 그러나 나라가 망하면서 하나님에 대한 관점이 바뀌었다. 민족 신에서 보편적인, 우주 만물을 창조하고 주관하시는, 인류 역사를 주관하시는 하나님이라는 사실을 깨닫게 되었다. 바알은 자연신인 반면 하나님은 역사 속에 역사하시는 신이다. 바알처럼 자연만을 다스리는 것이 아니라, 인류의 역사를 다스리신다. 심판할 때에도 자연 재앙만 내리시는 것이 아니라 나라가 망하게도 하고, 망한 나라를 다시 세우기도 하신다. 바알의 무대는 가나안이다. 그는 가나안에서만 주인 노릇을 한다. 그러나 하나님의 무대는 가나안이 아니다. 하나님은 전 세계를 무대로 일하신다.

바알은 섬기기가 쉬웠다. 제사만 잘 드리면 만사 OK였다. 그러나 하나님은 그렇지 않다. 하나님은 까다로운 분이셨다. 하나님에게는 제물만 바쳐서는 되지 않았다. 하나님은 바알과는 달리 제물에는 관심이 없으셨다.

하나님의 관심은 당신을 섬기는 자들이 어떻게 살아가느냐 하는 데 있으셨다. 아무리 제물을 많이 바쳐도 하나님이 바라는 대로 살아가지 않으면 하나님은 기뻐하지 않으신다. 이스라엘 백성은 죄를 밥 먹듯이 지으면서 제사도 열심히 드렸다. 하나님은 그런 제물은 역겹다면서 제발 안 바쳤으면 좋겠다고까지 말씀하셨다. 하나님은 하나님의 뜻대로 살지 않아 심판하셨지, 제물을 잘 바치지 않는다고 심판하신 적은 없다. 바알과는 달라도 아주 다른 분이시다.

바알은 자기 백성이 어떻게 살아가든 관심이 없다. 바알은 자신을 섬기는 자들의 삶 속에 개입하지 않는다. 그들 마음대로 살도록 내버려 둔다. 가나안 거민들이 얼마나 역겨운 죄를 많이 저질렀는가? 하나님은 그래서 이스라엘 백성에게 가나안 거민들을 진멸하도록 하셨던 것이다. 하나님이 잔인해서가 아니다. 전쟁은 원래 잔인하게 해야 해서가 아니라, 그 땅 거민의 죄악을 끊어 버리기 위해 그들을 진멸하라고 하셨던 것이다. 암은 완전히 도려내야 한다. 그대로 두면 암세포가 온몸에 퍼져서 죽게 된다. 가나안 거민들의 죄악이 바로 그랬다. 하나님은 그들의 죄악을 끊어 버리도록 하기 위해, 이스라엘이 그들의 죄악을 답습하지 않도록 하기 위해 죄라는 암을 도려내라고 하셨던 것이다. 그러나 결국 그렇게 하지 않아서 이스라엘도 심판을 받게 되지 않았는가?

왜 바알을 그렇게도 잘 섬기는 가나안 거민들이 차마 입에 담기도 어려운 역겨운 죄악들을 그렇게 많이 범했던 것일까? 이유는 하나다. 바알은 죄에 대해서는 일체 관여하지 않기 때문이다. 죄 가운데서 뒹굴며 살아도 바알에게 제사만 잘 드리면 잘 먹고 잘 살 수 있기 때문에 그들은 죄짓는 것에 대해 아무런 가책을 느끼지 못했다. 그러나 하나님은 아무리 예배를 잘 드리고 열심히 기도한다 해도 하나님 앞에서 바르게 살지 못하면 어떤 예배나 기도도 받지 않으신다. 이것이 바알 종교와 여호와 종교의 가장 큰 차이점이다.

하나님은 이스라엘을 당신의 백성으로 삼으실 때 십계명을 비롯한 613개의 계명을 하나님의 백성이 된 이스라엘이 지켜야 할 의무로 주셨다. 이것은 마치 미국 시민이 된 사람은 미국 법을 지켜야 하는 것과 같다. 하나님 나라의 백성이 되었다는 것은 왕 되신 하나님의 뜻대로 살아야 한다는 것을 의미한다. 계명은 하나님의 뜻이 무엇인지, 하나님의 백성은 어떻게 살아가야 하는지를 보여 준다. 이것이 이스라엘 백성에게는 부담스러웠을 것이다. 그러나 바알 종교를 비롯한 다른 자연신을 섬기는 종교에는 율법이 없다. 그러다 보니 그들은 죄를 문제 삼지 않는다. 윤리 개념도 없고, 죄에 대한 의식도 없다. 그러나 하나님은 죄를 가장 크게 문제 삼으신다.

이스라엘이 바벨론에 포로로 끌려가면서 많은 변화들이 생겼다. 그중에 하나가 예루살렘 성전이 무너져 더 이상 제사를 드릴 수 없게 된 것이었다. 그러자 회당이 생겨났다. 포로로 끌려간 유대인들은 안식일마다 회당에 모였다. 그렇다고 회당이 성전을 대신한 것은 아니었다. 회당에서는 성전에서 드리던 제사를 대신 드릴 수 없었다. 제사는 예루살렘 성전에서만 드리게 되어 있었기 때문이다. 바벨론에 포로로 끌려간 이스라엘 백성은 회당에 모여 예배를 드렸다. 예배의 중심은 하나님의 말씀이었다. 그들은 하나님의 말씀을 가르치고 배우는 일에 전념했다.

이스라엘이 멸망하기 전까지는 제의(祭儀) 중심의 신앙생활이었다. 그러나 바벨론으로 끌려가면서 제의 중심에서 말씀 중심으로 바뀌었다. 예배도 기도도 일반 사람들이 드렸다. 예루살렘에 있을 때는 안식일을 지키지 않았다. 안식일은 휴일 정도의 개념이었다. 제사는 예루살렘 성전에서 제사장만 드렸기 때문이다. 그러나 바벨론 포로로 끌려간 후로는 안식일마다 회당에 가서 성경을 배우고 예배를 드렸다. 흥미로운 사실은, 바벨론 포로 이후에는 바알 이야기가 쏙 들어갔다는 것이다. 바벨론 포로에서 돌아온 후로는 바알 숭배가 거의 사라졌다. 유대인들이 제의 중심에서 말씀 중심으로 바뀌면서 이스라엘 백성에 대한 바알 종교의 영향이 힘을 잃게 된 것이다.

🌀 바알에게 굴복하지 않은 사람을 찾으라

이스라엘 백성이 바알을 섬긴 것은 단순한 우상 숭배의 차원이 아니었다. 하나님은 이스라엘을 통해 하나님 나라를 세우고자 하셨다. 그래서 그들로 하여금 가나안 땅에 들어가게 하신 것이었다. 가나안 땅에 하나님 나라를 세우기 위해 가장 먼저 해야 할 일은 바알을 척결하는 것이었다. 바알 신앙은 이스라엘이 가나안에 들어가기 오래전부터 가나안뿐 아니라 중동 지역 전체에 걸쳐 퍼져 있었다. 가나안 종교는 곧 바알 종교였다. 바알은 '주인'이라는 뜻이다. 이름 그대로 바알은 가나안 땅에서 주인 노릇을 하고 있었다. 가나안은 곧 바알이 다스리는 땅이었다. 그랬기에 하나님은 가나안 땅에 들어가 모든 우상과 산당을 허물라고 명령하셨던 것이다.

가나안을 차지하기 위한 1차 전쟁은 7년 정도 걸렸다. 그 후에 땅을 열두 지파에게 배분해 주었다. 이렇게 이스라엘은 가나안에 정착하게 되었다. 큰 어려움 없이 그 땅의 주인이 가나안 거민에서 이스라엘로 바뀌었다. 그러나 이스라엘은 가나안 거민들을 진멸하지 않았다. 그들을 쫓아내지 않았다. 그렇다고 종으로 삼은 것도 아니었다. 그들과 적당히 섞여 살았다. 결국엔 이것이 화근이 되었으며, 그들의 옆구리를 찌르는 가시가 되었다. 사사기에서 볼 수 있듯이, 그들은 이스라엘을 끊임없이 괴롭혔다.

이스라엘은 가나안 거민들과 같이 살면서 그들에게 동화되어 갔다. 그들의 문화와 풍습을 따라가게 되었다. 그들이 섬기는 바알도 섬기게 되었다. 다른 어떤 죄보다 하나님 앞에 이스라엘이 범한 가장 큰 죄는 바로 바알을 따라간 것이었다.

이스라엘은 가나안을 차지하는 데는 성공했다. 그러나 가나안에 들어가게 하신 하나님의 목적을 이루는 데는 실패했다. 그들은 가나안 땅에서 주인 노릇 하고 있는 바알을 몰아내지 못했다. 바알은 오히려 좋아했을 것이다. 가나안 거민들뿐 아니라 이스라엘 백성도 다스릴 수 있게 되었기 때문이다. 이스라엘은 정복 전쟁에 있어서는 성공했지만, 영적 전쟁에 있어서는 실패하고 말았다.

우리도 바알이 지배하는 세상에서 살아가고 있다. 바알의 유혹을 받으며 살아가고 있다. 그런 세상에서 바알을 섬기지 않고 살아가는 것은 결코 쉬운 일이 아니다. 광야를 지날 때는 바알의 유혹이 없었다. 하나님만 섬겼다. 그러나 가나안 땅에 들어가서는 그 땅 거민보다 더 강력한 바알을 만났다. 그 땅 거민은 해치울 수 있었지만 바알은 그렇게 하지 못했다. 그 땅 거민은 항복시킬 수 있었지만 바알에게는 이스라엘 백성이 항복했다.

이스라엘 백성에게 있어 하나님을 믿는 것은 양날의 검과 같았다. 잘하면 복을 받을 수도 있지만, 잘못하면 벌을 받았다. 그러나 바알은 그런 것이 없었다. 바알 자신의 배만 부르게 해 주면 되었다. 그러니 얼마나 매력적인가? 이런 신에게 넘어가지 않기란 쉬운 일이 아니다.

바알 종교에는 윤리라는 것이 없다. 오히려 비윤리적인 요소가 많다. 바알은 비를 내려 주는 신이다. 가나안 사람들은 바알이 아내 아세라와 성관계를 가질 때 나오는 정액이 비가 되는 것이라고 믿었다. 그래서 흉년이 들면 가나안 사람들은 바알 산당에서 집단으로 난잡하게 성관계를 가졌다. 바알 신이 그것을 보고 흥분해서 아세라와 성관계를 가지면 비가 올 거라고 믿었던 것이다. 가나안 사람들 사이에서 다른 어떤 것보다 성적인 타락이 심했던 이유는 바로 바알 종교 때문이었다. 이들은 또한 바알에게 인신 제물을 바치기도 했다. 이때 제물로 바쳐진 대상은 바알 산당에서 가진 난잡한 성관계를 통해 나온 아이들이었다. 부모(정확하게는 아버지)를 알 수 없어 다른 아이를 바치는 것보다 수월했기 때문에 그렇게 했던 것이다. 이 같은 용납할 수 없는 죄악들을 쓸어버리기 위해서는 무엇보다도 바알 종교를 뿌리 뽑아야 했다. 그러나 이스라엘은 바알을 따라갔고, 그들의 가증한 풍속을 따라 그들과 같은 죄악을 범했다. 그리고 그들과 똑같은 심판을 받게 되었다. 땅을 차지하기 위한 전쟁에서는 성공했지만, 바알을 몰아내는 영적 전쟁에서는 패배하고 말았던 것이다.

우리가 살고 있는 세상도 가나안과 다를 바가 없다. 풍요의 신 바알이 지배하고 있는 세상이 아닌가? 우리 또한 수많은 죄의 유혹 가운데 살아가고 있지 않은가? 노아 홍수 직전처럼 죄가 하늘에까지 사무치고 있지 않은가? 우리는 이런 세상으로 보냄을 받았다. 이곳에서 하나님 나라를 세우라고 부름을 받았다. 가나안에 들어온 우리가 해야 할 일은 잘 먹고 잘 살기 위해 바알을 따라가는 것이 아니라, 바알 종교를 척결하는 것이다. 우리가 광야를 얼마나 힘들게 벗어났는가? 어떻게 들어온 가나안인가? 이 가나안을 우리가 지켜 내야 하지 않겠는가? 그러기 위해서는 바알을 쫓아 내야 한다. 바알 신상을 깨뜨려야 한다. 바알 산당을 허물어야 한다. 주인이라는 뜻을 가진 바알의 노예가 되어서는 안 된다.

예수님이 공생애를 시작할 때 가장 먼저 하신 일이 무엇인가? 이 세상 임금 노릇을 하고 있던 사탄에게서 왕관을 벗기시는 일이었다. 그 일을 위해 광야로 들어가셨다. 그리고 40일 동안 사탄과 대결을 벌이셨다. 이 대결에서 사탄은 보기 좋게 패배하고 말았다. 그렇게 해서 드디어 하나님 나라가 이 땅에 세워지기 시작했다.

엘리야 기념 교회에 가면 갈멜 산에서 엘리야가 바알의 선지자들과의 대결에서 승리한 것을 기념하기 위해 세운 동상이 있다. 오른손으로 칼을 높이 쳐들고 있는 엘리야가 땅에 엎드린 바알 선지자의 목을 발로 밟고 있는 모습의 동상이다. 엘리야는 그날 450명의 바알 선지자들을 그렇게 처단했다. 그리고 그들의 피가 기손 강을 붉게 물들였다.

고대 근동에서 전쟁에서 패한 왕은 승리한 왕 앞으로 끌려왔다. 그러면 승리한 왕이 패전한 왕의 목을 발로 밟았다. 앗수르 왕이 패전국 왕들의 목을 발로 밟고 있는 부조들이 오늘날까지도 남아 있다. 여호수아도 기브온에서 연합국 왕들을 끌고 와 발로 그들의 목을 밟지 않았는가? 엘리야의 동상은 이런 배경에서 만들어진 것이다. 성경은 이 사실을 다음과 같이 은유적으로 표현하고 있다.

"여호와께서 내 주에게 말씀하시기를 내가 네 원수들로 네 발판이 되게 하기까지 너는 내 오른쪽에 앉아 있으라 하셨도다"(시 110:1).

나사렛에 가면 수태 고지 기념 교회가 있는데, 그곳에는 예수님을 잉태한 마리아상이 세워져 있다. 한없이 자애로운 모습이다. 그런데 발아래를 보는 순간 깜짝 놀라게 된다. 마리아가 징그러운 뱀을 발로 밟고 서 있기 때문이다. 사탄을 발아래 굴복시키고 그 머리를 짓밟을 예수님을 잉태하고 있는 모습을 그렇게 표현한 것이다.

▶ 뱀을 밟고 있는 마리아상

가나안에 들어갔어도 가나안을 다 누릴 수 있는 것은 아니다. 바알 문제를 해결하지 못하면 가나안을 누릴 수 없다. 가나안이 어떤 곳인가? 바알이 다스리는 곳이다. 바알을 섬기지 않고는 살아가기 어려운 곳이다. 곳곳에서 바알이 유혹하는 곳이다. 바알을 부인하며 살아가기 힘든 곳이다. 이런 세상에서 하나님의 백성으로 살기 위해서는 바알과 치열한 영적 전쟁을 치러야 한다. 이 전쟁에서 이겨야 가나안에서 하나님의 백성으로 살아갈 수 있으며, 그 땅에 하나님 나라를 이룰 수 있다. 그리고 그 땅을 누릴 수 있다. 그렇지 않고 세상 사람들이 섬기는 바알을 섬기며 그들과 똑같이 살아가면, 가나안에서 쫓겨나게 되고 말 것이다. 가나안에서 실패하지 않기 위해서 우리는 바알과의 영적인 전쟁에서 승리해야 한다!

우리도 다 바알을 섬기고 있다

바알은 우리에게 성공을 주겠다고 약속한다. 풍요롭게 살게 해 주겠다고 약속한다. 우리가 원하는 것을 주겠다고 약속한다. 잘 먹고 잘 살게 해 주겠다고 약속한다. 창고를 채워 주겠다고, 형통하게 해 주겠다고, 부와 권세와 영광을 주겠다고 약속한다.

물질 만능주의, 돈, 성공, 형통, 이런 것들이 바로 오늘날의 바알이다. 세상은 이런 바알을 숭배하고 있다. 바알이 주겠다는 것을 얻기 위해 바알을 따라가고 있다. 바알은 끊임없이 우리를 유혹한다. '나에게 절 한 번만 하렴. 그러면 너에게 세상을 다 주겠다.'

이 세상은 성공하기 위해, 잘 살기 위해, 더 많이 누리기 위해, 더 많이 소유하기 위해, 더 높아지기 위해 바알을 섬긴다. 바알을 따라간다. 바알이, 세상 문화가, 쾌락이, 물질문명이, 자본주의가 세상을 지배하고 있다.

우리 안에도 바알이 있다. 성공하고 싶고, 잘 살고 싶고, 누리고 싶고, 형통하고 싶고…. 세상 사람들은 다 그러기 위해 살지 않는가? 그것이 인생의 목표가 아닌가? 모두가 그런 생각, 그런 가치관, 그런 인생관, 그런 세계관, 그런 신념을 가지고 살아가지 않는가? 재물을 하나님처럼 생각하지 않는가? 재물을 모으는 데만 눈이 멀어 있지 않은가? 어떻게 해야 인생의 정상에 오를 수 있는지, 어떻게 하면 더 좋은 집을 지을 수 있는지를 말해 주는 자기 계발서들이 항상 베스트셀러 상위 목록에 있지 않은가? 이런 것이 바로 바알 종교다.

우리는 더 이상 바알을 믿지 않는다. 바알이라는 신이 우리에게 그런 것을 가져다준다고 생각하지는 않는다. 그러나 우리는 오늘도 바알이 준다고 믿었던 그것을 얻기 위해 살아가고 있다. 바알을 믿지는 않지만 바알을 믿는 사람들과 똑같이 살아가고 있다. 바알 종교는 이 땅에서 1,500년 전에 사라졌지만, 아직도 바알은 이 세상을 다스리고 있다. 세상 문화가 다 바알 종교의 영향을 받고 있다.

사해 근처 유대 광야에 텔 아라드(Tel Arad)라는 곳이 있다. 그곳에서 지방 성소가 발굴되었는데, 예루살렘 성전과 똑같은 구조로 이루어져 있다. 입구 쪽으로 성전 뜰이 있는데, 그곳에 번제단이 있고 그 안쪽으로 성소가 있다. 그리고 성소에서 지성소로 올라가는 두 개의 계단이 있고, 지성소로 들어가면 두 개의 분향단이 나온다. 그런데 이상하다. 왜 두 개의 분향단이 있는 것일까? 분향단 뒤로 주상(돌기둥, 출 34:13)이 세워져 있는데, 주상도 하나가 아니라 두 개다. 어떻게 된 것인가? 이 성소에서는 하나님만 섬긴 것이 아니라 또 다른 신을 같이 섬겼음을 알 수 있다. 그 신의 이름은 아세라로 바알의 아내다. 하나님과 여신 아세라를 위한 주상을 나란히 세워 놓은 것은 하나님을 남신으로 여겼기 때문이다. 기가 막힌 일 아닌가?

이 성소에 하나님의 석주와 바알(아세라)의 석주가 나란히 서 있듯이, 우

▶ 텔 아라드에서 발굴된 성소

리 안에도 하나님과 맘몬(바알)이 나란히 자리 잡고 있지는 않은가? 이스라엘 백성이 하나님과 바알을 같이 섬겼듯이, 우리도 하나님과 맘몬을 같이 섬기고 있는 것은 아닌가? 주일에는 하나님을 섬기지만, 월요일부터 토요일까지는 맘몬을 섬기면서 살아가고 있지는 않은가? 하나님은 구원받기 위해서 섬기고, 바알은 축복받기 위해서 섬기고 있지는 않은가?

바알 종교에는 십자가, 고난, 하나님 나라, 제자도 같은 것이 없다. 오직 형통, 축복, 성공, 행복 같은 것들만 있다. 오늘날 교회는 물질주의, 성공주의, 형통의 복음, 번영 신학과 같은 바알 종교에 물들어 가고 있다. 예수 믿으면, 기도 많이 하면, 교회에 충성하면 그리고 믿음이 좋으면 복을 받을 거라고 생각한다.

3천 년 전에는 바알을 하나님으로 섬겼다. 그러나 오늘날은 하나님을 바알로 만들고 있다. 기도 내용을 보라. 다 바알에게 구하는 기도지, 창조주 하나님, 우리 가운데 역사하시는 하나님, 구원의 하나님에게 구하는 기도가 아니다. 다 잘되게 해 달라는 기도지, 바르게 살아가게 해 달라는 기도가 아니다. 좋은 집을 짓고 잘 살게 해 달라는 기도지, 하나님의 뜻대로 살아가게 해 달라는 기도가 아니다. 입으로는 '주님, 주님' 하지만 속으로는 '바알님이시여, 바알님이시여' 하는 게 우리의 모습은 아닌가?

7. 다시 광야로
   내몰리지 말라

📎 피할 수 없는 광야와 피할 수 있는 광야

이스라엘은 민족적으로 두 번의 큰 광야를 경험했다. 첫 번째 광야는 출애굽 광야다. 애굽에서 나와서 가나안에 들어가기까지 40년간 시내 광야를 통과했다. 두 번째 광야는 가나안에서 쫓겨난 후 바벨론에 끌려가 70년간 포로 생활을 했던 포로기 광야다. 첫 번째는 하나님의 은혜로 출애굽해서 가나안에 들어갈 때 지났던 광야다. 이는 하나님의 구원 계획 속에 들어가 있는 광야였다. 그러나 두 번째는 하나님의 계획에는 없었던 광야다. 이스라엘이 자초한 광야였다. 가나안에 들어가게 하신 하나님의 뜻대로 살아갔다면 겪지 않았을 광야였다. 첫 번째는 피할 수 없는 광야였지만, 두 번째는 피할 수도 있었던 광야였다.

첫 번째 광야(출애굽 광야)를 지난 사람들은 불신하고 불평불만이 많았으며 불순종을 했다. 그 결과 그들은 가나안에 들어가지 못하고 광야에서

40년이나 머물러야 했다. 두 번째 광야(바벨론 포로 광야)를 지난 사람들도 다르지 않았다. 그들은 가나안에 들어가 바알을 섬기고 가나안 거민들의 가증스런 죄악을 행했기 때문에 가나안에서 쫓겨나 다시 광야로 들어가 70년 동안이나 포로 생활을 해야 했다.

많은 간증을 들어 보면 대부분이 가나안에서 쫓겨나 바벨론 포로 생활을 하다가 다시 가나안으로 돌아와 축복을 누리는 이야기다. 탕자의 비유처럼 아버지 집을 떠나 먼 나라로 가서 허랑방탕하게 살다가 흉년을 만난 이야기다. 가나안에서 쫓겨나 바벨론에 포로로 끌려갔던 이스라엘 백성이 그러지 않았는가? 그러나 그곳에서 탕자가 회개하고 아버지 집으로 돌아갔듯이, 이스라엘 백성 또한 바벨론에서 회개하고 하나님에게로 돌아갔다. 그때 하나님이 다시 그들을 가나안으로 돌아가도록 하셨다.

모세는 한순간의 실수로 광야로 도망쳐 들어가야 했다. 모든 꿈과 희망을 광야의 모래 구덩이 속에 파묻고 좌절과 절망 가운데 살아야 했다. 가나안(애굽, 왕궁)으로 돌아가는 것은 꿈도 꿀 수 없었다. 그러나 그의 두 번째 광야는 첫 번째 광야와는 전혀 다른 곳이었다. 첫 번째 광야는 쫓겨서 들어간 광야였지만, 두 번째 광야는 하나님의 부름을 받아 들어간 광야였다. 하나님은 그를 첫 번째 광야에서 불러내어 두 번째 광야로 들어가게 하셨다. 그에게 출애굽의 사명을 맡기고 40년 광야를 지나게 하셨던 것이다. 첫 번째 광야는 하나님 없이 지난 광야였지만, 두 번째 광야는 하나님과 함께한 광야였다. 첫 번째 광야를 지날 때는 Nobody로 살아야 했지만, 두 번째 광야를 지날 때는 Somebody가 되었다. 첫 번째 광야를 지날 때는 한 일이 하나도 없지만, 두 번째 광야를 지날 때는 하나님의 구원 사역을 위해 이스라엘 백성을 애굽에서 이끌어 내어 가나안에 들어가게 했다.

모세의 두 번째 광야는 이스라엘 백성의 첫 번째 광야와 같은 광야다. 모세와 이스라엘 백성이 같이 통과한 광야다. 모세의 첫 번째 광야는 이스라엘 백성의 두 번째 광야를 연상시킨다. 모세는 사람을 쳐 죽여서 미디안 광야로 도망쳐 들어가게 되었고, 이스라엘 백성은 하나님 앞에 지은 죄 때문에 심판을 받아 바벨론 포로로 끌려가게 되었다. 그러나 모세가 그 광야에서 나와 가나안까지 이스라엘 백성을 이끌고 갔듯이, 이스라엘 백성도 바벨론 광야에서 빠져나와 다시 가나안으로 들어가게 되었다.

하나님은 모세로 하여금 첫 번째 광야를 통과하면서 쓰임 받을 준비를 하게 하셨다. 이스라엘 백성에게도 첫 번째 광야를 통과하면서 가나안에 들어갈 준비를 하게 하셨다. 모세는 그 광야에서 나와 출애굽을 이루었고, 이스라엘 백성은 가나안에 들어가게 되었다. 이런 광야는 우리 모두가 통과해야 하는 광야다. 성경에 나오는 하나님에게 쓰임 받은 사람들은 모두 이런 광야를 통과한 사람들이었다.

이스라엘 백성이 첫 번째 광야를 지날 때는 하나님이 수시로 나타나셨다. 모세를 통해 이스라엘 백성에게 수시로 말씀하셨다. 언약을 맺으셨다. 율법을 주셨다. 약속을 주셨다. 기적이 다반사였다. 매일 기적을 보며 살았다. 광야를 지나는 동안 하나님이 일체를 다 책임져 주셨다. 광야는 하나님의 은혜가 아니면 살아남을 수 없는 곳이기 때문이다. 누가 그 광야로 그들을 인도해 냈는가? 하나님이시다. 하나님이 왜 그들을 광야로 이끌어 내셨는가? 가나안에 들어가게 하기 위해서였다. 그렇기 때문에 그들이 살아남을 수 있도록 광야에서 필요한 모든 것을 하나님이 다 책임져 주셨던 것이다.

이스라엘이 가나안에서 쫓겨나 들어간 두 번째 광야는 첫 번째 광야와는 완전히 달랐다. 하나님이 첫 번째 광야에서처럼 나타나시지 않았다. 기적도 일어나지 않았다. 빨리 광야를 벗어나게 해 달라고 기도해도 소용이 없었다. 모세의 첫 번째 광야 때도 그랬다. 왜 이런 차이가 있는 것일까? 두 번째 광야는 심판을 받고 있는 광야였기 때문이다. 정신 차리라고 들여보낸 광야였기 때문이다. 하나님이 화가 나서 들여보내신 광야였기 때문이다.

첫 번째 광야를 지날 때는 하나님이 바로 옆에 계셨는데, 두 번째 광야를 지날 때는 하나님이 멀리 계셨다. 안 보였다. 하나님이 떠나신 것이었다. 하나님이 외면하고 계신 것이었다. 첫 번째 광야에서는 넘어지기만 해도 하나님이 달려오셨는데, 두 번째 광야에서는 넘어져서 죽어도 모르는 체하셨다. 징벌의 광야, 심판의 광야였기 때문이다. 광야를 지난다고 해서 다 첫 번째 광야처럼 하나님을 만나고 그분의 은혜와 기적을 체험하는 것은 아니다. 두 번째 광야에 들어가게 되면 하나님의 침묵, 하나님의 무관심, 하나님의 부재, 하나님의 외면을 경험하게 된다.

이스라엘 백성은 두 번째 광야에 들어갔을 때 정신을 차리고 회개했다. 그렇다면 하나님이 마음을 풀고 '복역의 기간'을 5년이나 10년 또는 20년으로 단축시켜 주실 수 있는 것 아닌가? 그러나 그런 일은 없었다. 처음에 선고한 대로 70년을 다 채운 다음에야 가나안에 돌아갈 수 있게 하셨다. 첫 번째 광야를 지날 때는 2년에서 40년으로 형이 늘었지만, 두 번째 광야에서는 모범수였는데도 70년형을 다 채운 다음에야 풀려나게 하셨다.

가나안에 처음 들어가는 것도 쉬운 일은 아니지만, 가나안에서 쫓겨났다가 다시 들어가는 것은 더 어려운 일이다. 처음 구원의 경험을 하는 것보다 구원받은 사람이 세상으로 돌아갔다가 하나님에게로 다시 돌아오는 것이 더욱더 힘든 것과 마찬가지다. 처음 구원받을 때보다 더 험난한 여정을 거쳐야 한다. 가나안에 들어갔으면 가나안에 머물러야 한다. 가나안을 지켜야 한다. 그곳에서 킥아웃(kick out)되면 안 된다.

첫 번째 광야를 지났던 사람들은 계속해서 불신, 불평불만, 원망, 불순종을 했다. 그 결과 40년을 광야에서 지내야 했다. 그러나 두 번째 광야를 지낸 사람들은 달랐다. 그들은 바벨론에 포로로 잡혀와 살면서 하나님에 대한 신앙을 회복했다. 나라가 망해서 남의 나라에 포로로 끌려와 있는데 무슨 희망이 있었겠는가? 그런데 깨달은 것이 하나 있었다. '우리가 하나님을 떠나서 이렇게 된 것이다. 우리가 하나님을 떠나서 하나님도 우리를 떠나신 것이다. 하나님에게로 돌아가자. 그러면 하나님도 우리에게로 돌아오실 것이다.' 그러면서 회개 운동이 일어났다.

첫 번째 광야를 지날 때는 이스라엘 백성이 하나님을 아직 잘 몰랐다. 그들은 광야에서 비로소 언약을 맺으면서 하나님의 백성이 되었다. 그러면서 율법이 주어졌다. 그들은 믿음이 없었기 때문에 계속해서 원망하며 불평불만을 토로했다. 그러나 두 번째 광야를 지났던 사람들은 하나님을 잘 알고 있었다. 여호와 신앙이 그들 가운데 700년 이상 뿌리내리고 있었기 때문이다. 그들은 잘 알면서도 신앙생활을 제대로 하지 않았다. 그래서 바벨론 광야로 들어가게 된 것이다. 그러나 그들은 두 번째 광야를 지나면서 정신을 차리고 하나님 신앙을 회복했다. 이스라엘과 하나님 사이의 진짜 밀월 기간은 출애굽 광야 시기도 아니고 가나안 정착 시기도 아니었다. 아이러니하게도 바벨론 광야 시기에 영적 르네상스가 일어났다.

첫 번째 광야를 지나면서 이스라엘 백성은 실패했다. 거듭 하나님을 노하게 하고 실망시켜 드렸다. 그러나 두 번째 광야를 지나면서는 신앙이 회복되고 영적 부흥 운동이 일어났다. 하나님과의 관계가 회복되었다. 그래서 다시 가나안으로 들어갈 수 있었다. 어떤 의미에서 두 번째 광야는 이스라엘 백성에게 있어 신앙을 회복할 수 있는 축복의 광야였다.

🍃 한국 교회는 어디를 지나고 있는가

이사야는 세 부분으로 이루어져 있다. 학자들은 이를 제1 이사야, 제2 이사야, 제3 이사야라고 부른다. 제1 이사야(1-39장)는 가나안에서 쫓겨나기 전에 회개하라는 경고를 하고 있다. 제2 이사야(40-55장)는 바벨론 포로로 끌려간 이스라엘 백성에게 다시 가나안으로 돌아가게 될 것을 선포하고 있다. 제3 이사야는 가나안에 돌아가서 어떻게 살아야 하는지에 관한 메시지를 전해 주고 있다. 제1 이사야는 이스라엘의 멸망을 선포하고 있는 소 예언서의 메시지와 일치하며, 제2 이사야는 가나안 회복에 대해 선포하고 있는 대 예언서의 메시지와 일치한다. 그리고 제3 이사야는 포로 후기 역사를 다루고 있는 에스라, 느헤미야서와 연관 지을 수 있다.

이사야서와 탕자의 비유는 같은 구조를 이루고 있다. 탕자가 아버지 집을 떠나 허랑방탕하게 살았던 것처럼, 이스라엘 백성도 하나님에게서 떠나 죄 가운데 살아갔다(제1 이사야). 탕자가 흉년이 들어 먼 나라에서 돼지를 치며 살았던 것처럼, 이스라엘 백성도 바벨론에 끌려가서 포로로 살아야 했다(제2 이사야). 돼지우리에서 살던 탕자가 정신을 차린 후 회개하고 아버지 집으로 돌아왔던 것처럼, 이스라엘 백성도 바벨론 포로 생활을 하면서 회개하고 하나님에게로 돌아왔다. 그리고 가나안으로 돌아오게 되었다(제3 이사야). 간증도 대개 이런 구조가 아닌가? 하나님을 떠나 방탕하게 살다가(제1 이사야) 인생의 흉년을 만나 정신 차리고 하나님에게 돌아와(제2 이사야) 다시 하나님의 축복 가운데 살아가고 있다(제3 이사야)는 구조 말이다.

당신은 지금 어디에 있는가? 제1 이사야인가? 제2 이사야인가? 아니면 제3 이사야인가? 아버지 집(가나안)을 떠나 먼 나라에서 허랑방탕하게 살아가고 있는가? 먼 나라에서 흉년을 만나 광야를 살고 있는가? 아니면 다시 하나님에게 돌아와 회복된 관계 안에서 하나님의 은혜 가운데 가나안을 누리며 살아가고 있는가?

가나안에서 좋은 집을 짓고 풍요롭게 살아갈 때는 제1 이사야의 말씀이 필요하다. 그때는 조심해야 한다. 하나님을 떠나기가 쉬울 때이기 때문이다. 모세도 그렇게 될까 봐 얼마나 노심초사했는가? 광야보다 더 위험한 곳이 가나안이다. 더 많은 유혹이 우리를 기다리고 있기 때문이다. 하나님을 떠날 확률이 백배 천배 더 높기 때문이다.

당신은 지금 제1 이사야에 살고 있는가? 진짜 정신 차려야 한다. 그래야 가나안에서 축출되지 않을 수 있다. 많은 사람이 가나안에 살고 있으면서도 더 좋은 가나안을 바라보며 '나는 언제쯤 가나안에 들어가지?' 하고 생각한다. 아니다. 이것은 잘못된 생각이다. 우리는 어떻게 하면 이 가나안에서 쫓겨나지 않을 수 있을까를 더 염려해야 한다. 우리에게 필요한 것은 제2 이사야의 위로와 소망의 메시지가 아니라 제1 이사야의 경고의 메시지다. 축복의 메시지가 아니라 회개의 메시지가 필요하다. 우리는 자신도 모르는 사이에 하나님으로부터 멀리 떠나 잘못하면 가나안에서 쫓겨날지 모르는 상황 속에 놓여 있는데도 축복 타령이나 하고 앉아 있지는 않은지 돌아봐야 한다. 지금은 회개해야 할 때다. 제1 이사야의 메시지가 필요한 때다. 광야를 지날 때는 위로와 희망의 말씀이 필요하지만, 가나안에 살 때는 엄중한 말씀이 필요하다.

한국 교회는 지금 어디쯤 있을까? 출애굽기와 민수기의 광야를 지나고 있을까? 그곳을 지난 것은 오래전이다. 복음이 우리나라에 처음 전해졌을 때 얼마나 많은 박해가 있었는가? 그 험한 광야를 거쳐서 마침내 가나안에 들어가게 되었다. 그리고 한국 교회는 가나안을 누려 왔다. 교회 전성시대를 누려 왔다. 기독교 역사에 있어서 유례를 찾아볼 수 없는 부흥을 경험했다. 그러나 한국 교회도 이스라엘 백성처럼 가나안에 들어와 타락하기 시작했다. 안일해졌다. 신앙의 순수성과 열정이 사라졌다. 물질주의와 세속주의에 물들게 되었다. 바알을 따라가기 시작했다. 가나안에 동화되어 갔다. 타락의 길을 걷기 시작했다. 강단에서 형통의 복음을 외치는 이들이 스타가 되었다. 교인들은 더 큰 집, 더 큰 창고를 짓는 것을 축복이라고 믿었다. 이렇게 교회가 가짜 가나안에 빠져 있는 사이에 많은 교인들이 교회를 떠나 '가나안 교인'이 되었다.

지금 한국 교회는 제1 이사야 마지막 장에 와 있는지도 모른다. 잘못하면 제2 이사야로 들어갈 수도 있다. 더 좋은 가나안 타령이나 하고 있을 때가 아니다. 지금 누리고 있는 가나안을 잃어버리지 않도록 정신 차려야 한다. 그렇지 않으면 한국 교회도 이스라엘처럼 바벨론에 포로로 끌려가는 일이 생길 수 있다. 구약성경의 대부분은 이스라엘이 왜 가나안에서 쫓겨나 바벨론 포로로 끌려왔는지를 후세에 알려 주기 위해 기록된 것이다. 다시는 가나안에서 쫓겨나지 말자는 역사적인 교훈을 주기 위해 기록된 것이다. 구약 이스라엘의 역사가 한국 기독교의 역사가 되어서는 안 된다.

⬤ 다시 광야로 들어가게 하시는 하나님

250여 년 동안 로마에 의해 박해를 받아 오던 기독교가 드디어 313년 콘스탄티누스 황제에게서 종교로 공인받게 되었다. 그리고 380년에는 테오도시우스 황제에 의해 마침내 로마 제국의 국교가 되었다. 교인들은 더 이상 박해를 받지 않게 되었다. 쫓겨 다니지 않게 되었다. 골방에 모이던 교인들은 콘스탄티누스 황제가 이교도들의 세금으로 세워 준 으리으리한 건물에서 예배를 드리게 되었다. 몇 명밖에 모이지 않던 교회가 사람들로 넘쳐나게 되었다.

나그네로 살던 교인들이 환대를 받게 되었다. 박해를 받던 교인들이 박해 없는 세상에서 살게 되었다. 쫓겨 다니면서 살던 교인들이 정착해서 살게 되었다. 이렇게 살 수 있게 된 것은 콘스탄티누스 황제 덕분이었다. 그야말로 그는 구세주였다. 찬양 받기에 합당한 인물로 여겨졌다.

콘스탄티누스 황제는 교회에 많은 호의를 베풀었으며 성직자들이 많은 특권을 누릴 수 있게 해 주었다. 성직자들은 나라에서 봉급을 받았다. 그는 교회로부터 탈취했던 재산을 돌려주었으며, 교회가 세금을 내지 않도록 해 주었다. 주일은 공휴일로 정했고, 각종 절기들도 지키도록 해 주었다.

탄압받던 교회가 보호를 받게 되었다. 하나님의 보호를 받던 교회가 콘스탄티누스 황제의 보호 아래 들어가게 되었다. 하나님의 은혜 아래 있던 교회가 콘스탄티누스 황제의 호의 아래 들어가게 되었다. 출세를 위해 수많은 이교도들이 교회로 몰려들기 시작하면서 가짜 교인들이 수두룩하게 생겨났다. 성직자들의 신분 또한 수직 상승되었다. 이들은 출세하기 위해 콘스탄티누스의 줄에 서게 되었다.

이렇게 해서 교회는 순수성을 잃어 가기 시작했다. 세속화되기 시작했다. 타락하기 시작했다. 공인 이전의 초대 교회와는 전혀 다른 모습의 교회가 되었다. 환난과 박해의 불로 시험을 받던 교회가 이제는 황제가 베풀어 주는 은혜와 호의로 시험을 받게 된 것이다. 공인 받은 후의 교회는 초대 교회와 점점 다른 모습을 띠게 되었다. 교회는 권력의 보호를 받으면서 권력의 지배하에 들어가게 되었다. 권력은 교회를 보호해 주고 교회는 권력을 지지해 주는 상생 관계를 갖게 된 것이다.

밀라노 칙령이 발표되기 전까지 교회는 세상과 구별되어 있었다. 로마는 기독교를 박해했지만 교회에 간섭하지는 않았다. 그러나 이제는 교회를 보호한다는 명분 아래 권력이 교회에 깊이 간섭하기 시작했다. 로마 황제가 기독교의 최종 권위를 가진 사람이 되었다. 교회의 중요한 모든 결정은 그의 승인을 받아야 했다. 그는 자타가 공인하는 대제사장의 자리에 있었다. 이렇게 공인 받은 후의 교회는 초대 교회로부터 이탈하기 시작했으며, 차츰 세상 정부처럼 제도화되어 교권 체제가 확립되어 갔다. 이렇게 변질된 기독교를 '콘스탄틴적 기독교'(Constantinian Christianity)라고 부른다.

기독교 공인 이전에는 목숨을 걸고 그리스도인이 되었지만, 공인 이후에는 성공하기 위해 사람들이 교회로 몰려들었다. 초대 교회 때에는 교회 지도자들이 '멸시 천대 십자가'를 졌지만, 공인 이후에는 '존귀 영광 모든 권세'를 누리게 되었다. 나그네로 살던 교인들이 풍성한 삶을 살게 되었다. 하늘 본향만을 바라보며 살던 교인들이 세상에서도 물질적인 풍요를 누리며 살 수 있게 되었다. 세상 시민권을 박탈당하고 하늘 시민권을 갖고 살던 이들이 로마 시민권을 자랑하며 살게 되었다. 박해를 받을 때는 하늘에 소망을 두고 살아가던 신자들이 박해가 끝나자 이 땅에서 성공하고 축복을 누리며 사는 일에 관심을 갖게 되었다. 박해를 받을 때는 빨리 예수님이 다시 오시기만을 기다리던 신자들이 이젠 더 이상 예수님의 재림을 기다리지 않게 되었다.

박해가 끝나고 가나안에 들어가게 되자 교인들은 이스라엘 백성이 광야를 지나 가나안에 들어갔을 때처럼 신앙의 순수성과 열정을 잃어버리게 되었다. 이스라엘 백성이 가나안 문화에 동화되고 가나안의 죄악을 답습했던 것처럼 그리고 물신인 바알을 숭배했던 것처럼, 이와 똑같은 일이 박해가 끝난 교인들에게도 일어났다. 하나님이 가나안에 들어가게 될 이스라엘 백성에게 우려하셨던 바가 박해가 끝난 그리스도인들에게 그대로 이루어진 것이다.

"네가 먹어서 배부르고 아름다운 집을 짓고 거주하게 되며 … 네 은금이 증식되며 네 소유가 다 풍부하게 될 때에 네 마음이 교만하여 네 하나님 여호와를 잊어버릴까 염려하노라"(신 8:12-14).

이방인, 나그네, 주변인으로 살던 그리스도인들이 주류가 되었다. 그리스도인이 되어야 성공할 수 있는 시대가 되었다. 그리스도인들은 더 이상 나그네가 아니라 주인으로 살게 되었다. 광야에 살던 그리스도인들이 가나안에서 살게 되었다. 나그네로서의 정체성이 사라지게 되었다. 누가 봐도 공인 이후의 교회나 교인은 나그네가 아니었다. 교회는 세상 권력의 비호를 받게 되었다. 성직자들은 세상 권력과 결탁되어 있었다. 교인들은 세상과 타협하며 세상적인 것을 추구하게 되었다. 나그네 의식을 상실하고 현실에 안주했다. 교회가 배부르게 된 것이다.

불교를 국교로 삼고 있던 고려가 멸망하기 직전에 사찰의 승려들이 배가 불렀다고 한다. 승려가 자기 본분에 충실하면 배부를 수가 없다. 부귀, 영화, 권세와 관계가 멀어야 할 종교가 타락하게 된 것이다. 그 후 얼마 되지 않아 고려는 멸망하고 말았다고 한다.

초대 교인들이 박해를 받는 동안 그 박해가 빨리 끝나게 해 달라고 얼마나 많이 기도했겠는가? 드디어 그 기도가 응답되어 콘스탄티누스 황제에 의해 박해가 끝나게 되었다. 그러나 박해의 종식이 교회에 있어 축복만은 아니었다. 교회는 가장 어려울 때 가장 교회다웠다. 거센 바람이 불어 닥칠 때 교회가 흔들리기는 했어도 오히려 뿌리는 더 깊어졌다. 가장 약해 보이는 그때 오히려 교회는 가장 강했다. 그런데 교회가 번창하고 신앙생활에 아무런 어려움이 없게 되자 교회는 오히려 그 힘을 잃어버렸다. 교회가 아무런 문제없이 평안하게 되면서 교인들이 안일해지기 시작한 것이다. 교회는 점점 커져 가는데 교회로서의 구실은 제대로 하지 못한 채 제도화되어 가다 보니 생명력을 잃어 가게 된 것이다. 이렇게 교회는 점점 힘을 잃게 되면서 시들고 병들어 가기 시작했다. 생각해 보면 로마의 박해는 교회를 죽인 것이 아니라 살린 것이었다. 오히려 로마가 기독교를 공인하고 국교로 만들자 교회는 죽어 가기 시작했다.

광야를 지날 때는 하나님의 은혜가 절대적으로 필요하다. 그러나 가나안에 들어가서는 은혜 위에 은혜가 필요하다. 광야에서보다 더 많은 위험과 유혹이 기다리고 있기 때문이다. 교회도 마찬가지였다. 박해를 받는 동안은 하나님의 은혜로 끝까지 견디며 승리했다. 그러나 박해가 끝나자 교회는 세상과 타협하고 세상 권력과 결탁하며 세속화되고 제도화되어 갔다. 교인들이 성공을 추구하게 되면서 종말 신앙이 사라지게 되었다. 더 이상 하늘 본향을 바라보며 살지 않게 되었다. 하늘 가나안을 사모하지 않게 되었다. 오히려 세상에 빠져서 살게 되었다. 세상 사람들과 똑같아지게 되었다. 현실에 안주하게 되었다. 안일하게 신앙생활하게 되었다. 교회가 진짜 위기를 만나게 된 것이다. 광야가 아니라 가나안에서 위기를 만난 것이다.

가나안에 들어가서도 광야에서처럼 하나님을 신실하게 섬기며 하나님의 은혜를 잊지 않고 하나님의 백성으로서 살아가는 것은 쉽지 않다. 가나안이 잘못하면 축복이 아니라 저주가 될 수도 있다. 그렇기 때문에 가나안이 영적으로는 광야보다 더 위험한 곳이 될 수도 있다. 광야에서보다 가나안에서 넘어지는 사람이 훨씬 많다.

가나안에는 두 개의 문이 있다. 하나는, 광야에서 가나안으로 들어오는 문이다. 다른 하나는, 가나안에서 광야로 나가는 문이다. 교회는 두 번째 문을 통해 다시 광야로 나갔다. 그리고 천 년이 넘도록 영적인 어둠이 지배하는 광야를 경험해야 했다. 박해를 받는 광야는 잘 통과했다. 하지만 영적인 광야로 들어가게 되었다. 종교 개혁 이전까지의 교회의 역사는 실패와 죄악의 역사였다. 가나안에 들어간 이스라엘이 왕이며 백성이며 모두 죄악된 길로 행했던 것처럼, 교회 또한 교황들이 교권을 쥐고 흔들며 타락의 길로 인도해 갔다.

교회가 가나안에 들어가 타락하게 되자 소수의 사람들이 위기의식을 느끼고 다시 광야로 들어가기 시작했다. 그래서 일어난 것이 '수도원 운동'이다. 타락한 세상 교회를 떠나 박해 시대처럼 하나님만을 신실하게 섬기려고 광야로 들어갔던 것이다. 순수 신앙을 회복하기 위해 광야로 들어갔던 것이다. 중세 시대의 수도원은 도시 가까운 곳이나 산속에 자리 잡고 있었으나, 초기 수도사들은 깊은 광야나 사막으로 들어갔다. 주로 이집트나 시리아의 사막에 많은 수도원들이 생겨났다.

예레미야서를 읽다 보면 레갑 족속에 관한 이야기가 나온다. 이들에 대해서는 별로 알려진 것이 없다. 숫자도 얼마 되지 않는다. 레갑 족속 가운데 여호나답이라는 사람이 있다. 예후와 함께 바알 종교를 척결시키려고 거사를 도모했던 인물이다. 그가 가나안에 들어간 이스라엘 백성이 타락하고 하나님에게서 멀어져 가는 모습을 보면서 자기 동족들에게 이렇게 지시했다.

"너희와 너희 자손은 영원히 포도주를 마시지 말며 너희가 집도 짓지 말며 파종도 하지 말며 포도원을 소유하지도 말고 너희는 평생 동안 장막에 살아라"(렘 35:6-7).

포도주는 가나안이 가져다주는 최고의 축복 가운데 하나였다. 그런데 그런 포도주를 마시지 말라고 했다. 이것은 단지 술을 먹지 말라는 이야기가 아니었다. 가나안의 축복의 상징인 '포도주'를 마시지 말라고 한 것이었다. 집도 짓지 말라고 했다. 이스라엘이 광야를 지날 때는 집을 지을 수가 없어 장막에서 살아야 했다. 하지만 가나안에 들어와서는 모두가 집을 짓고 살았다. 그런데 여호나답은 집을 짓지 말고 광야에서처럼 장막에 살라고 했다. 또한 광야에서처럼 농사를 짓지 말고 양을 치며 살라고 했다.

이렇게 살 거면 왜 가나안에 들어온 것인가? 누가 가나안에 들어와 이렇게 살겠는가? 왜 이런 말도 안 되는 요구를 한 것인가? 여호나답은 이스라엘 백성이 가나안에 들어와 바알을 섬기는 모습을 본 것이다. 신앙이 타락해 가는 모습을 본 것이다. 성별된 백성으로 살지 못하고 가나안 거민들처럼 죄 가운데 빠져 살아가는 모습을 본 것이다. 이방 문화에 깊이 빠져들고 있는 것을 본 것이다. 여호와 종교가 세속화되어 가고 있음을 본 것이다. 이스라엘이 가나안에 들어오게 된 것이 축복이 아니라 저주가 되어 가고 있음을 본 것이다.

그는 이런 것들로 인해 이스라엘이 하나님의 심판을 피할 수 없게 될 것임을 알았다. 그는 가나안이 이스라엘을 망친 것을 보았다. 다시 광야 시절로 돌아가 신앙을 회복해야만 심판을 피할 수 있음을 알았다. 그래서 다시 광야로 돌아가라고 한 것이다. 가나안에서 그 땅을 누리다 심판받는 것보다는 어렵고 힘들더라도 살 수 있는 광야로 들어가야 한다고 판단했던 것이다.

우리는 광야를 벗어나 가나안에 들어가 풍요롭게 살기를 바라고 원하고 기도하는데, 여호나답은 그 반대로 가나안에서 그렇게 살고 있는 사람들에게 다시 광야로 돌아가라고 했다. 이유는 하나다. 그래야 하나님에게 돌아올 수 있기 때문이다. 그래야 하나님과의 관계가 회복될 수 있기 때문이다. 그래야 하나님의 백성처럼 살아갈 수 있기 때문이다.

예레미야 시대는 북 이스라엘의 운명이 거의 다해 가는 시기였다. 그때 하나님은 아무도 기억하고 있지 않던 레갑 족속을 소환해 내셨다. 예레미야는 하나님의 지시대로 그들을 초청했다. 그리고 포도주를 권했다. 그러나 여호나답의 지시대로 그들은 포도주를 마시지 않았다. 자그마치 250년 전에 들은 선조의 명령을 그들은 그때까지도 지키고 있었던 것이다. 그들은 여호나답의 명령대로 광야로 들어가서 장막을 치고 가나안과는 일체의 관계를 끊은 채 오직 하나님만을 신실하게 섬기며 살았던 것이다. 10년, 20년이 아니라 250년을 그렇게 살았다. 대단한 일이 아닌가? 하나님을 바르게 섬기기 위해 광야에 들어가 농사도 짓지 않고 양을 치면서 장막에서 유목민으로 살아갔던 것이다. 하나님은 앞으로 그들이 성전에서 하나님을 섬기는 사람들이 될 것이라고 약속하셨다. 이제 머지않아 이스라엘 나라는 망하게 될 것이지만, 그들은 이 땅에서 영원히 끊어지지 않고 성전에서 하나님을 섬기는 사람들이 될 것이라고 약속하셨다.

이스라엘 백성은 광야에서 하나님만을 섬겼다. 하나님만을 의지했다. 하나님만을 따라갔다. 하나님의 은혜로 살아갔다. 하나님의 기적들을 매일 체험했다. 그러나 가나안에 들어가 배부르고 먹고살 만하게 되자 하나님을 잊어버렸다. 하나님을 떠났다. 하나님을 배신했다. 그 대신 바알을 따라갔다. 이방 문화에 빠졌다. 그래서 여호나답은 다시 광야로 돌아가야 한다고 했던 것이다. 호세아를 통해서도 하나님은 이렇게 말씀하셨다.

"그러므로 보라 내가 그를 타일러 거친 들[광야]로 데리고 가서 말로 위로하고 거기서 비로소 그의 포도원을 그에게 주고 아골 골짜기로 소망의 문을 삼아 주리니 그가 거기서 응대하기를 어렸을 때와 애굽 땅에서 올라오던 날과 같이 하리라 여호와께서 이르시되 그날에 네가 나를 내 남편이라 일컫고 다시는 내 바알이라 일컫지 아니하리라 내가 바알들의 이름을 그의 입에서 제거하여 다시는 그의 이름을 기억하여 부르는 일이 없게 하리라"(호 2:14-17).

유진 피터슨의 《메시지》(복있는사람 역간) 성경은 이 말씀을 이렇게 옮겼다.

"이제, 내가 하려는 일은 이것이다. 나는 처음부터 다시 시작하려고 한다. 그녀를 다시 광야로 데려갈 것이다. 우리가 첫 데이트를 했던 곳으로, 나는 거기서 그녀에게 구애하며, 장미 꽃다발을 선물할 것이다. '비탄의 골짜기'를 '희망의 땅'으로 바꾸어 놓을 것이다. 그러면 그녀는 어린 소녀였을 적 그랬던 것처럼, 막 이집트에서 나왔을 적 그랬던 것처럼, 나를 대할 것이다"(호 2:14-15).

하나님에게는 광야 시절이 잊을 수 없는 신혼의 단꿈을 꾸던 시절이었다. 그때 그 시절로 돌아가고 싶으셨다. 그래서 지금 가나안에 들어와 살고 있는 이스라엘 백성을 다시 광야로 데려가고 싶다고 하셨다. 광야로 돌아가 다시 시작하고 싶으시다는 것이다. 첫사랑의 장소였던 광야로 돌아가 다시 데이트를 하고, 다시 사랑을 속삭이고 결혼을 하고 싶으시다는 것이다.

"그때는 네가 나를 '서방님!' 하고 부를 것이다. 다시는 나를 '주인님'이라 부르지 않을 것이다. 나는 비누로 너의 입을 깨끗이 씻기고, 입가에 묻은 더러운 거짓 신들의 이름을 말끔히 지워, 다시는 네가 그 이름들을 속삭이지 않게 할 것이다 … 나는 너와 결혼해 영원히 같이 살 것이다. 영원히! 나는 사랑과 애정을 가지고, 너와 정식으로 결혼할 것이다. 그렇다. 내가 너와 결혼하고 너를 떠나지 않을 것이며, 네가 떠나도록 내버려 두지도 않을 것이다. 너는 참으로 내가 하나님인 것을 알게 될 것이다"(호 2:16-20, 《메시지》).

　행복하기만 했던 광야에서의 신혼 생활이 가나안에 들어오면서 파탄이 났다. 이스라엘이 가나안에 들어와 다른 남자를 만난 것이다. 바알과 바람이 난 것이다. 그래도 하나님은 첫사랑이었던 그들을 버릴 수가 없으셨다. 그래서 광야로 돌아가 다시 시작하자고 하신 것이다.

　이스라엘이 광야를 지날 때 광야로 그들을 찾아와 주시고, 광야에서 그들을 만나 주시고, 광야에서 그들에게 사랑을 속삭여 주시고, 광야에서 사랑의 꽃다발을 안겨 주시고, 광야에서 그들과 영원한 사랑의 언약을 맺으시고, 광야에서 그들을 신부로 삼아 주시고, 광야에서 신혼의 단꿈을 꾸게 하신 하나님이 아닌가? 그런데 이스라엘은 가나안에 들어가 하나님을 배신하고 다른 남자를 찾아갔던 것이다.

　가나안에 들어가면 광야를 잊기 쉽다. 야곱의 가족이 가나안에 기근이 들어 먹고살 길이 막막할 때 애굽에서 그들을 받아 주었다. 요셉 덕분에 그들은 애굽에 잘 정착할 수 있었다. 그러나 세월이 흘러가면서 하나님을 잊고 이방 신을 섬기게 되었다. 그러자 하나님은 그들을 광야로 들어가게 하셨다. 요셉을 알지 못하는 바로가 그들을 노예로 만들었던 것이다. 그제야 그들은 "천부여 의지 없어서 손들고 옵니다"를 부르며 하나님에게로 돌아왔다. 하나님은 그들의 기도를 듣고 출애굽을 시켜 주셨다.

　가나안에 들어가서도 그들은 다시 한 번 하나님을 잊고 살게 된다. 광야에서 베풀어 주신 은혜를 까맣게 잊어버리고 먹고살 만해지니 또다시 바알을 따라가 가나안 문화에 물들어 살게 된 것이다. 하나님은 결국 그들을 바벨론에 포로로 끌려가게 하셨다. 다시 광야로 들어가게 하신 것이다. 바벨론 포로 광야에서 정신을 차린 그들은 다시 가나안으로 돌아오게 되었다.

8. 우리도 가나안에
    머물기를 원하신다

🍃 가나안에 이르기 위한 여정

사람들이 구약성경에서 가장 흥미를 갖는 대목은 단연코 이스라엘 백성이 이집트에서 나와 광야를 거쳐 약속의 땅 가나안으로 들어가는 내용이다. 가나안에 들어간 후 어떻게 되었는지에 대해서는 별로 관심이 없다.

우리가 궁금해하는 가나안 입성 이야기는 창세기부터 여호수아까지 기록되어 있다. 여호수아부터 말라기까지는 가나안에 들어가서 어떻게 정착했으며 어떻게 살았는지, 왜 쫓겨나게 되었는지 그리고 어떻게 다시 가나안으로 돌아오게 되었는지에 대한 내용이다.

우리는 사실 여호수아 이후의 내용에 대해서는 별로 관심이 없다. 우리의 관심은 오로지 가나안에 들어가는 것이다. 가나안에 들어가면 끝나는 것이다. 그런데 가나안에 들어갔다고 그것으로 끝나는 것은 아니다. 가나안에 들어갔어도 정착하지 못할 수 있다. 가나안을 누리지 못할 수 있다.

가나안에서 쫓겨날 수도 있다.

오경은 이스라엘 백성이 어떻게 하다 바벨론에 포로로 끌려왔는지, 어떻게 해야 다시 가나안으로 돌아갈 수 있는지 그리고 가나안에 돌아가서는 어떻게 살아야 하는지를 잘 보여주고 있다. 역사서는 단순히 과거에 어떤 일이 있었는가를 역사로 남기기 위해 기록한 것이 아니라, 이스라엘 백성이 직면하고 있는 현실(가나안에서의 축출)에 대한 신학적 그리고 신앙적인 해답을 주기 위해 기록한 것이다.

창세기

아담과 하와가 선악과를 범하고 쫓겨나게 된다. 이로 인해 에덴동산에서 가나안과 같은 삶을 살지 못하고 광야와 같은 삶을 살게 된다. 실낙원하게 된 것이다. 가인도 아벨을 쳐 죽이고 에덴의 동쪽에서 유리방황하며 살게 된다. 이후 인간의 죄악이 관영해서 노아의 홍수로 세상이 멸망당하게 된다. 그리고 바벨탑 사건으로 인해 인류가 온 지면으로 흩어지게 된다. 이때 하나님은 다시 에덴동산을 회복시키기 위해 아브라함을 선택하신다. 그를 가나안으로 인도하신다. 그의 자손이 번성하게 될 것이고, 그들에게 가나안 땅을 주겠다고 약속하신다.

출애굽기

야곱의 일가가 애굽으로 내려와 하나님의 약속대로 한 민족을 이루게 된다. 이에 위협을 느낀 바로는 그들을 노예로 삼는다. 하나님은 아브라함에게 약속하신 대로 그들에게 가나안 땅을 주기 위해 출애굽을 시키신다. 하나님은 광야에서 그들과 언약을 맺으신다. 이 언약을 통해 이스라엘은 하나님의 백성이 되고, 하나님은 그들을 다스리는 왕이 되셨다. 하나님은 이스라엘이 하나님의 백성으로서 가나안에 들어가 어떻게 살아야 하는지를 알려 주기 위해 율법을 주셨다.

레위기

레위기는 단순히 제사법을 기록한 책이 아니다. 제사법이었다면 제사장에게만 알려 주셨을 것이다. 하나님은 제사장에게 어떻게 제사를 드려야 하는지를 알려 주기 위해 성결 법전(레위기 법)을 주신 것이 아니라, 하나님의 백성이 된 이스라엘이 어떻게 구별된 삶을 살아야 하는지를 보여 주기 위해 이 법을 주신 것이다. 가나안에 들어가 이방 신을 따르지 않고 하나님만 섬기도록 하기 위해 이 레위기 법을 주신 것이다.

민수기

출애굽기와 민수기의 무대는 광야다. 애굽에서 나온 이스라엘 백성은 점점 더 깊은 광야로 들어간다. 출애굽기는 암갈색으로 그려야 한다. 그러나 민수기는 더 짙은 암갈색으로 그려야 한다. 이스라엘 백성은 이런 암갈색 광야를 40년이나 지나야 했다. 이렇게 광야를 지나 가나안으로 가는 여정이 출애굽기와 민수기에 그려져 있다.

신명기

신명기에서 이스라엘 백성은 모압 평지에 모여 있다. 광야 40년이 끝나고 이제 요단 강만 건너면 꿈에도 그리던 가나안에 들어가게 된다. 그러나 모세는 그들과 함께 가나안에 들어갈 수 없다. 그래서 마지막 고별 설교를

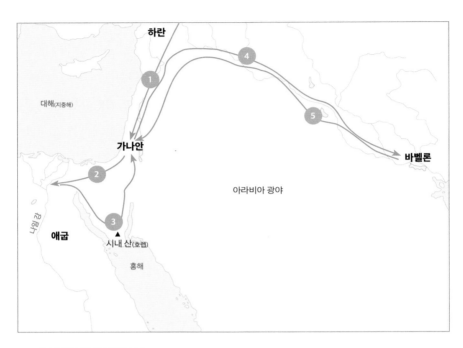

▶ 가나안으로 본 이스라엘 역사

❶ 가나안에 들어온 아브라함
❷ 애굽으로 내려간 야곱의 가족
❸ 출애굽
❹ 바벨론 포로
❺ 가나안으로의 귀환

했는데, 그것이 신명기다. 설교 내용은 이렇다. '가나안에 들어가거든 그곳 거민들을 진멸하라. 그들과 관계를 맺지 말고, 그들의 관습을 따르지 말며, 그들이 섬기는 바알을 섬기지 말라. 그 대신 하나님이 주신 율법을 준행하며 살아가라. 그래야 가나안을 차지할 수 있고, 그래야 그곳에서 하나님의 축복을 누리며 살 수 있을 것이다. 만일 너희가 하나님의 율법에 순종하지 않고 바알을 섬기면 가나안에서 저주를 받아 그곳에서 쫓겨나게 될 것이다.'

여호수아

모세를 이어 이스라엘의 리더가 된 여호수아는 7년 동안의 정복 전쟁을 통해 가나안을 차지한다. 그러나 완전히 차지하지는 못했다. 여호수아는 정복하지 못한 지역까지도 열두 지파에게 미리 나누어 주었다. 이렇게 해서 아브라함에게 주신 가나안 땅에 대한 하나님의 약속이 800년 만에 성취된다.

사사기

사사기는 가나안 정착 과정을 그려 주고 있다. 가나안에 들어가 좋은 집을 짓고 살게 되었지만, 그곳에 이미 살던 사람들에게서 끊임없이 괴롭힘을 받고 위협을 당했다. 하나님의 명령대로 그들을 완전히 진멸하지 않았기 때문이다.

룻기

룻기는 룻이나 나오미에 관한 이야기가 아니다. 룻기의 주인공은 마지막

장에 딱 한 번 등장한다. 누구인가? 다윗이다. 룻기는 단순한 에피소드가 아니라 역사서다. 이제 다윗을 통해서 이스라엘 왕국이 세워지게 될 텐데, 그 다윗의 가문에 관한 이야기를 하기 위해 룻기가 기록된 것이다.

사무엘서

하나님은 이스라엘 백성을 통해 당신의 나라를 세우기 위해 아브라함의 자손으로 하여금 한 민족을 이루게 하시고(국민) 그들에게 가나안 땅과(영토) 율법을 주셨다(법). 이제 하나님이 왕이 되어서 그들을 다스리시기만 하면 된다(주권). 그러면 하나님이 다스리시는 나라가 세워지게 된다. 그러나 이스라엘 백성은 다른 나라들처럼 왕을 세워 달라고 요구했다. 하나님이 그들의 왕이 되시고 그들은 하나님의 백성이 되기로 언약을 맺었지만, 그 언약을 이루기 위해 가나안 땅을 주셨지만, 가나안 땅에 들어오자 이스라엘은 변심했다. 하늘에 계신 하나님은 신으로 잘 섬길 테니 땅에서 다스릴 왕을 세워 달라고 요구했다. 하나님은 하나님이 다스리는 나라(Kingdom of God)를 세우려고 아브라함의 자손들을 한 민족으로 만들고 가나안 땅을 주셨는데, 그들은 하나님 나라가 아닌 세상 나라를 세우기 원했던 것이다. 결국 그들은 'Kingdom of God'이 아니라 'Kingdom of Israel'을 세웠다. 하나님의 계획이 실패로 돌아간 것이었다.

역사서(열왕기서, 역대기서)

이스라엘 백성의 요구에 따라 초대 왕이 된 사울은 2년이 못 되어 하나님에게 버림을 받게 된다. 그리고 다윗이 뒤를 잇게 된다. 다윗은 사울과 달리 하나님 마음에 맞는 왕이 되었다. 하나님은 그의 왕권이 영원하게 될 거라고 축복하셨다. 이후 여로보암과 르호보암에 의해 이스라엘 왕국은 둘로 나뉘게 된다. 여로보암은 가장 사악한 왕으로 손꼽힌다. 그래서 성경은 악한 왕들을 이야기할 때 '여로보암의 길로 행하였더라'라고 기술하고 있다. 여로보암은 자기 백성이 성전이 있는 남 유다에 마음을 빼앗기지 않게 하려고 여러 곳에 산당을 세워 놓고 바알 신을 섬기게 했다. 백성의 마음을 하나님에게서 떠나게 한 것이다. 북 이스라엘의 왕들은 모두 이런 일들을 저지른 사악한 왕으로 기록되어 있다. 왕에 대한 성경의 평가 기준은 단 하나, 하나님 보시기에 어떠했느냐 하는 것이다. 아무리 나라를 강성하게 만들고 부국강병을 이루었어도 하나님 보시기에 아니면 그 왕은 사악한 왕으로 평가되고 있다. 북 이스라엘의 왕들은 모두 하나님 보시기에 악을 행했다.

소 예언서(호세아-말라기)

예언서에서 '예언'은 앞일을 말하는 것이 아니다. 히브리어로는 '나비'(nabi)로서 '하나님이 주신 말씀'을 뜻한다. 예언자들은 그들에게 주신 말씀을 전달하는 자들이었다. 예언자들의 메시지는 대부분이 경고였다. '계속해서 바알을 섬기고 죄를 짓고 정의를 행하지 않으면 하나님의 심판이 임할 것이다. 나라가 망하고 말 것이다. 가나안에서 쫓겨나게 될 것이다. 그러므로 회개하고 바알에게서 돌아와 하나님만 섬겨라. 율법을 따라 살아가라. 정의를 행해라. 그리하면 하나님이 용서해 주실지 모른다.'

그러나 이스라엘은 예언자들의 경고를 귀담아 듣지 않았다. 결국 북 이스라엘은 남 유다보다 강국이었지만 이들보다 더 하나님 앞에 악을 행했기 때문에 앗수르에게 먼저 멸망당하고 만다. 이어서 약 140년 정도 후에 남 유다도 바벨론에게 무너지고 만다. 젖과 꿀이 흐르는 땅인 가나안은 폐허가 되고, 이스라엘 백성은 가나안에서 쫓겨나 바벨론에 포로로 끌려 간다.

이사야, 예레미야, 에스겔

소 예언서를 기록한 예언자들은 하나님의 심판을 경고했다. 가나안에 들어가 율법대로 살지 않고 이방 신과 이방 풍속을 따르면 가나안에서 저주를 받게 될 것이고, 결국은 그 땅에서 쫓겨나게 될 거라고 예언했다. 그러나 이스라엘은 하나님 앞에 돌아오지 않고 끝내 심판을 받아, 나라는 망하고 백성은 이방 땅에 포로로 끌려가고 말았다.

이사야, 예레미야, 에스겔은 가나안에서 쫓겨나 바벨론에 포로로 끌려가 살고 있는 이스라엘 백성에게 희망과 회복의 메시지를 전했다. 비록 나라는 망하고 이스라엘 백성은 포로로 끌려와 살고 있지만, 하나님이 은혜를 베푸셔서 다시 가나안으로 돌아가게 될 거라고 선포했다. 애굽에서 하나님을 떠나 노예 생활을 하고 있던 이스라엘 백성을 가나안 땅으로 인도하셨듯이, 또 다른 애굽인 바벨론에서 포로 생활을 하고 있는 그들을 다시 가나안으로 인도해 가실 거라고 선포했다. 하나님이 제2의 출애굽을 시켜주실 거라고 선포한 것이다. 이사야와 예레미야와 에스겔서에 나오는 '광야'는 바벨론 포로 생활을 하고 있는 이스라엘 백성을 은유적으로 표현한 것이다.

이 예언자들은 가나안에 살다가 광야로 쫓겨난 이스라엘 백성을 하나님이 회복시켜 주셔서 다시 가나안으로 돌아가게 하실 거라고 선포했다. 광야(바벨론에 포로로 끌려간 이스라엘 백성)가 꽃처럼 피어나고(사 35:1), 광야에 꽃이 피며(사 35:2), 광야에 강이 넘쳐흐르고(사 35:6, 43:19-20), 광야에 대로가 생기며(사 35:8, 43:19), 광야에 샘이 솟고(사 41:18), 광야에 백향목과 소나무가 자라며(사 41:19), 광야에 이리와 늑대가 없고(사 35:9), 광야가 기뻐 노래하며(사 35:2), 광야가 춤을 추고 아름다운 동산같이 될 것이며, 여호와의 영광을 보게 될 것(사 35:2)이라고 선포했다.

에스라, 느헤미야

솔로몬은 성전을 봉헌하면서 이렇게 기도했다.

> "만일 주의 백성 이스라엘이 주께 범죄하여 적국 앞에 패하게 되므로 주께로 돌아와서 주의 이름을 인정하고 이 성전에서 주께 기도하며 간구하거든 주는 하늘에서 들으시고 주의 백성 이스라엘의 죄를 사하시고 그들의 조상들에게 주신 땅으로 돌아오게 하옵소서"(왕상 8:33-34).

솔로몬이 기도한 대로 그리고 예언자들이 선포한 대로 이스라엘 백성은 마침내 70년 동안의 바벨론 포로 생활을 끝내고 가나안으로 돌아오게 되었다. 폐허가 된 가나안 땅을 다시 일구고 무너진 성과 성전을 다시 쌓아 신앙 회복 운동을 일으켰다.

🔖 머무는 곳에 따라 읽어야 할 성경도 다르다

바벨론에 포로로 끌려온 사람들이 왜 나라가 망하고 포로로 끌려오게 되었는지를 묻기 시작했다. 그러면서 그들은 자신들의 역사를 뒤돌아보았다. 자신들을 통해 행하신 하나님의 역사를 뒤돌아보았다. 그렇게 하면서 자신들이 누구인지를 다시 한 번 확인하고, 어떻게 가나안까지 들어갔으며 그곳에서 어떻게 살았는지 그리고 그곳에서 왜 쫓겨나게 되었는지를 뒤돌아보았다. 다시 가나안으로 돌아가더라도 다시는 그 땅에서 쫓겨나는 일이 없어야겠다는 생각에 자신들의 역사를 기록하기 시작했다. 그들이 역사를 기록하려 했던 이유는 과거의 역사를 반면교사로 삼아 다시는 같은 실패를 거듭하지 않도록 하기 위해서였기 때문에, 그들은 자신들의 과거를 미화시키지 않았다. 의도적으로 부끄러운 역사들만 기록했다. 자신들이 하나님 앞에 저지른 죄악들만을 기록으로 남겼다. 이스라엘이 하나님 앞에서 실패한 이야기만을 기록했다.

광야를 지나 가나안을 향하는 여정: 오경

오경은 에덴동산에서 실패한 이야기부터 시작된다. 그리고 하나님 나라를 회복하기 위해 아브라함을 가나안으로 인도하시고, 애굽에서 한 민족을 이루어 그들을 다시 가나안 땅으로 데려가신 이야기가 기록되어 있다. 오경은 주로 애굽에서 출발해 가나안에 들어가기까지 광야를 지나는 여정을 보여 주고 있다. 40년 동안 광야에서 얼마나 많은 일들이 있었겠는가? 그러나 성경은 가나안에 들어가기까지의 광야 여정을 자세히 알려 주지 않는다. 몇 가지 사건만을 선별해서 기록하고 있다. 그렇다면 성경에 나오는 사건들은 어떤 기준으로 선별된 것일까?

홍해 사건, 만나와 메추라기 사건, 므리바 사건, 가나안 정탐 사건, 불뱀 사건 등에서 우리는 공통점을 찾아볼 수 있다. 원망, 불평불만, 불신, 불순종이 그것이다. 결국 이러한 원망과 불평불만, 불신, 불순종으로 인해 출애굽 1세대는 가나안에 들어가지 못하고 광야에서 다 죽게 되었다. 그리고 40년을 광야에서 배회해야만 했다. 출애굽 이후 가나안에 들어가는 여정에 있어서 성경에 기록된 사건들은 한결같이 광야를 지나면서 하나님 앞에서 원망하고 불평불만하고 불신하고 불순종했던 내용들이다. 오경은 바로 이런 점들을 후대에 보여 주기 위해 기록된 것이다.

가나안 정착 초기: 여호수아, 사사기

바벨론에 포로로 끌려간 이스라엘 백성은 가나안에서 실패한 원인을 찾던 중 가나안 정착 초기부터 잘못되어 있었다는 것을 알게 되었다. 그들은 한 단어에 주목하게 되었는데, 이는 가나안 정착 초기에 발생한 사건들마다 연관되어 있었다. 그것은 '진멸하라'는 하나님의 명령이었다.

가나안 정복 전쟁의 대원칙은 바로 '진멸하라'는 것이었다. 하나님은 그 땅의 거민뿐만 아니라 살아 있는 모든 생물까지 다 진멸하라고 하셨다. 그 땅이 죄악으로 인해 너무 더러워졌으므로 그 땅을 깨끗하게 하기 위해 모든 것들을 진멸하라고 하신 것이다. 만일 그렇게 하지 않고 가나안 거민들과 좋은 관계를 유지하면 결국 그것이 올무가 되어 그들도 바알을 섬기게 될 것이며, 결국 가나안 문화에 동화되어 그들과 똑같은 죄를 범하게 될 것임을 수도 없이 경고하셨다.

그러나 이스라엘은 그들을 적당히 굴복시키고 그 땅을 차지했다. 그리고 그들과 혼인 관계를 맺으며 그들의 문화에 동화되었다. 이것이 화근이었다. 그렇게 하면 반드시 그들의 허리에 가시 노릇을 하게 될 거라고 경고하셨지만 귀 기울여 듣지 않았다. 이로 인해 이스라엘 백성은 가나안 정착 초기에 수많은 위기를 겪어야 했으며, 정착하고 나라를 세운 후에도 계속 바알을 섬기며 가나안 사람들이 저질렀던 죄를 같이 범했다. 그 결과 그들은 가나안에서 쫓겨나게 되었다.

가나안 정착 후기: 역사서, 예언서

포로로 끌려간 이스라엘은 자신들의 역사를 기록하기 위해 구전으로 내려오던 전승들을 모으기 시작했다. 그리고 그것들을 종합, 분석해 본 결과 그들이 왜 가나안에서 쫓겨나 바벨론에 포로로 끌려오게 되었는지를 알게 되었다. 그들은 크게 세 가지 원인을 파악하게 되었다. 첫째는, 가나안 땅에서 하나님 나라를 세우는 대신 이스라엘 왕국을 세운 것이다. 둘째는, 가나안 땅에서 하나님 대신 바알을 섬긴 것이다. 셋째는, 가나안 땅에서 하나님의 백성으로 살아가지 않고 가나안 거민들의 풍속을 따라 죄악된 삶을 산 것이다. 그들은 다시 가나안으로 돌아가더라도 이런 실패들을 반복해서는 안 되겠다는 생각에 역사서를 기록하기 시작했다.

역사서는 주로 왕들의 치적을 중심으로 기록되었다. 이스라엘의 왕들은 한결같이 하나님 보시기에 악한 왕으로 기록되었다. 그들이 왕으로서 이룬 치적도 많겠지만, 그런 것들은 전혀 기록하지 않았다. 오직 그들이 하나님 앞에 저지른 죄악들만을 기록했다. 그들이 저지른 가장 큰 죄악은 백성으로 하여금 바알을 섬기게 했던 것이다. 이스라엘 왕들은 대부분 하나님 앞에서 실패했다. 하나님 마음에 드는 왕은 손꼽을 정도다.

세상적인 관점으로 본다면 그렇게 사악한 왕들이 아닐 수도 있다. 백성에게 인정받고 선정을 베푼 왕들도 많았을 것이다. 그러나 성경은 단호하게 그들 모두가 이스라엘로 하여금 바알을 따라가도록 만든 악한 왕들이었다고 평가하고 있다.

성경은 이스라엘의 역사에 있어서 밝은 면은 거의 그리지 않고 어두운 면만을 기록하고 있다. 그렇게 기록한 이유가 있다. 앞에서 언급한 대로 왜 그들이 가나안에서 쫓겨났는가를 추적해 들어간 결과, 이스라엘 왕들이 공통적으로 바알 종교를 후원했다는 점을 발견한 것이다. 그것이 가나안에서 쫓겨난 결정적 이유였음을 알게 된 것이다. 그래서 이스라엘 역사를 그런 측면에서만 기록한 것이다. 그만큼 성경을 기록한 사람들에게는 이스라엘이 바알을 숭배해서 나라가 망하게 된 것이라는 확신이 있었다. 그래서 가나안에 돌아가더라도 다시는 바알을 섬겨서는 안 된다는 역사적 교훈을 얻도록 하기 위해 왕들이 바알을 섬겨서 나라가 망하게 된 것이라는 관점에서 성경을 기록한 것이다.

바벨론 포로의 광야: 대 예언서

바벨론 포로에서 다시 가나안으로 들어가기 위해서는 출애굽 광야에서 조상들이 범했던 것과 똑같은 실패를 반복해서는 안 된다는 사실을 보여주기 위해 성경의 기자들은 이스라엘 백성이 죄를 저지른 이야기와 실패한 이야기만을 기록했다. 오경은 광야를 지났던 조상들의 이야기를 반면교사로 삼기 위해 의도적으로 40년 광야 여정을 불평과 불만, 원망, 불신, 불순종의 연속으로 그리고 있다. 성경에 이런 사건들만 기록한 이유는 이스라엘 백성이 바로 이러한 이유 때문에 가나안에 들어가지 못했으며, 또한 가나안에 들어가는 데 40년이나 걸렸던 것임을 보여주기 위해서였다.

그러면 어떻게 가나안에 들어가게 된 것일까? 하나님의 은혜다. 하나님의 은혜로 가나안에 들어가게 된 것이라는 사실을 오경은 강조하고 있다.

이스라엘의 불신과 불순종에도 불구하고 하나님의 은혜로 가나안에 들어갈 수 있었던 것이다. 하나님은 그들을 광야에서 포기할 수도 있으셨지만, 그들과 맺은 언약을 지키기 위해 끝까지 참고 가나안에 들어가게 하셨다. 오경은 바로 이런 점을 강조하고 있다. 그들은 자신들이 하나님과의 언약을 저버리고 가나안에 들어가서 하나님 대신 바알을 섬기고, 하나님 나라 대신 이스라엘 나라를 세워 하나님의 심판을 받아 다시 바벨론 광야로 쫓겨났지만, 그럼에도 불구하고 하나님은 신실하셔서 언약을 지키기 위해 자신들을 다시 가나안에 들어가게 하실 것이라는 확신을 갖고 있었다. 에스겔, 이사야, 예레미야도 같은 확신을 갖고 이스라엘이 하나님의 은혜로 회복될 것이라는 메시지를 선포했다.

어떤 사람은 지금 출애굽기 3장(애굽)에 있을 것이다. 어떤 사람은 출애굽기 15장쯤(출애굽)에 있을 수도 있다. 민수기 10장쯤(광야 한가운데)에 있는 사람도 있을 것이고, 여호수아 3장(가나안 입성)에 가 있는 사람도 있을 것이다. 그런가 하면 사사기(가나안 정착)에 가 있는 사람도 있을 것이고, 열왕기하(가나안)에서 엉뚱한 짓하며 있는 사람도 있을 것이다. 그래서 하박국의 경고를 받고 있는 사람도 있을 것이다. 그런가 하면 가나안에서 쫓겨나 바벨론에 가 있는 사람도 있을 것이다. 또 어떤 사람은 느헤미야(다시 가나안으로 돌아옴)에 와 있기도 할 것이다.

지금 광야를 지나고 있다면 출애굽기와 민수기를 읽어야 한다. 그러면 광야를 잘 통과해서 가나안에 들어갈 수 있을 것이다. 가나안을 눈앞에 두고 있다면 신명기를 읽어야 한다. 그래야 가나안에 들어가 하나님의 축복을 누리며 살아갈 수 있다. 가나안에 들어가 자리를 잡으려 하고 있다면 사사기를 읽어야 한다. 그래야 가나안에서 정신 차리고 살게 된다. 가나안에 살고 있다면 역사서와 소 예언서를 읽어야 한다. 그래야 내가 지금 이렇게 살아도 되는 것인가 뒤돌아보게 된다. 가나안에서 쫓겨나 바벨론에 살고 있다면 이사야, 예레미야, 에스겔서를 읽어야 한다. 그러면 가나안으로 돌아갈 수 있는 길이 보일 것이다.

9. 내 나라가 아니라
하나님 나라를 세워야 한다

🔖 하나님 나라로 본 구약의 큰 그림

창세기에는 반복되는 두 가지 약속이 있다. '땅'에 대한 약속과 '후손'에 대한 약속이다. 이 두 가지 약속은 항상 짝을 이루면서 나온다. 하나님은 아브라함에게 가나안 땅을 주겠다고 하셨다. 그러나 아브라함은 가나안에서 땅 한 평도 소유하지 못했다. 자식도 이삭 하나뿐이었다. 땅에 대한 약속과 후손에 대한 약속은 이삭과 야곱에게로 계속 이어졌다. 야곱의 가족은 기근으로 인해 가나안을 떠나 애굽으로 내려가게 되었다. 그때 아브라함의 후손들은 총 75명이었다. 하나님은 하늘의 별과 바닷가의 모래알만큼 아브라함의 후손들을 번성하게 해 주겠다고 하셨지만, 그 약속이 주어진 지 200년이 지났어도 아브라함의 자손들은 100명이 안 되었다. 가나안 땅도 주겠다고 하셨지만 그들은 가나안에서 나그네로 살았다. 그리고 가나안을 떠나야만 했다. 창세기에 그렇게도 많이 나오는 두 가지 약속이 공수표처럼 되고 말았다.

그러나 애굽으로 내려간 아브라함의 후손들은 그곳에서 400년 넘게 살면서 한 민족을 이룰 만큼 번성하게 되었다. 이에 위협을 느낀 바로는 그들을 노예로 삼았다. 그리고 하나님은 그들을 출애굽시키셨다. 그리고 40년 광야를 거쳐 가나안에 들어가게 하셨다. 후손에 대한 약속과 땅에 대한 약속이 800년 만에 이루어졌다. 하나님은 아브라함에게 800년 후에 이루어질 약속을 주셨던 것이다. 아브라함의 후손들은 800년 만에 한 민족을 이루고 그들이 살아갈 가나안 땅을 얻게 되었다.

그렇다면 왜 하나님은 족장들에게 다른 약속이 아닌 땅과 후손에 대한 약속을 주신 것일까? 그리고 왜 이 두 가지 약속을 같이 주신 것일까? 하나님이 아브라함에게 자손의 축복을 주겠다고 하신 것은 그의 후손들이 복을 받고 잘 살게 하기 위한 것이 아니었다. 그의 후손들을 통해 하나님 나라를 세우기 위해 하늘의 별과 바닷가의 모래알만큼 번성하게 해 주겠다고 하신 것이었다. 또한 그에게 가나안 땅을 주겠다고 약속하신 것은 아브라함이 그 땅을 차지하고 그곳에서 잘 살게 하기 위해서가 아니었다. 그의 후손들이 한 민족을 이루게 되면 그들이 살아갈 땅이 필요하기에 가나안 땅을 주겠다고 약속하신 것이었다. 아브라함과 족장들에게 주신 약속은 한 개인이나 가문을 위해 주신 것이 아니라, 그들의 후손들이 이스라엘을 이루어 하나님 나라를 세우도록 하기 위해 주신 것이었다.

족장들에게 약속하셨던 축복은 하나님 나라의 관점에서 이해해야 한다. 아브라함이 믿음으로 순종했더니 하나님이 엄청난 축복을 주셨다는 식으로 이해해서는 안 된다. 아브라함을 부르신 목적이 무엇인가? 하나님 나라를 세우시기 위해서였다. 애굽으로 내려가 한 민족을 이루게 하신 이유가 무엇인가? 하나님 나라를 세우시기 위해서였다. 출애굽을 시키신 이유가 무엇인가? 하나님 나라를 세우시기 위해서였다. 광야를 통과하게 하신 이유가 무엇인가? 가나안에 들어가 하나님 나라를 세울 준비를 하게 하시기 위해서였다. 왜 가나안 땅을 주셨는가? 하나님 나라를 세우시기 위해서였다.

나라를 세우기 위해서는 네 가지가 필요하다. 백성, 영토, 주권 그리고 법이 그것이다. 하나님은 하나님 나라를 세우기 위해 아브라함의 후손들이 한 민족을 이루게 하셨다. 그리고 그들이 살아갈 땅으로 가나안을 주셨다. 그러면 주권과 법은 무엇인가? 하나님 나라는 하나님이 다스리시는 나라다. 하나님이 왕으로서 통치하시는 나라다. 주권이 하나님에게 있는 나라다. 시내 산에서 하나님은 이스라엘 백성과 언약을 맺으셨다.

"내가 너희로 하여금 애굽에서 한 민족을 이루게 했다. 내가 너희를 애굽의 노예 생활에서 구출해 냈다. 내가 너희로 하여금 홍해를 건너게 했다. 내가 너희에게 만나를 내려 주었다. 이제 내가 너희의 왕이 되어도 좋겠느냐?"

"예, 하나님은 우리의 왕이 되기에 충분하십니다. 이제부터는 하나님만을 왕으로 섬기겠습니다. 우리는 하나님의 백성이 되겠습니다. 영원히 우리의 왕이 되어 우리를 다스려 주십시오."

이렇게 해서 하나님은 이스라엘 백성의 왕이 되시고 이스라엘은 하나님의 백성이 되었다.

"이제 너희는 내 백성이 되고 나는 너희의 왕이 되었으니 너희가 내 백성으로서 지켜야 할 법을 주겠노라. 이 법으로 너희를 다스리겠노라."

"예, 하나님이 저희의 왕이시오니 왕의 뜻에 순종하겠습니다. 우리가 하나님의 백성으로서 어떻게 살아가야 하는지 알려 주십시오."

이렇게 해서 주신 것이 바로 율법이다. 율법은 이스라엘이 하나님 나라의 백성으로서 지켜야 할 법으로 주신 것이다. 구원을 받도록 하기 위해 주신 것이 아니라, 하나님 나라가 이루어지도록 하기 위해 주신 것이다. 하나님 나라는 하나님의 뜻이 이루어진 나라다. 하나님은 하나님의 뜻을 이루기 위해 우리에게 율법을 주셨다. 구원은 믿음으로 받는다. 그러나 하나님이 우리를 부르신 목적은 단지 구원하기 위해서가 아니라, 우리를 통해 하나님 나라를 세우기 위해서였다. 구원받은 우리가 하나님 나라를 이루기 위해서는 하나님의 뜻을 이루어 드려야 한다. 하나님의 뜻을 이루어 드리기 위해서는 율법을 지켜야 한다.

하나님은 하나님 나라를 이루기 위해 이스라엘을 택해서 가나안에 들어가게 하셨다. 그리고 그들에게 율법을 주셨다. 이제 하나님이 왕으로 다스리시기만 하면 된다. 그러나 이스라엘은 하나님을 왕으로 섬기기를 거부했다. 다른 나라처럼 왕이 다스리는 나라를 원했다. 하나님이 다스리시는 신정 국가가 아니라 세상 왕이 다스리는 왕정 국가를 세우기 원했다. 결국 이스라엘은 하나님과의 언약을 깨뜨리고 왕정 국가를 세웠다.

역사서는 왕정 국가를 세운 이스라엘이 어떻게 하나님을 떠나 멸망의 길로 치닫게 되었는지를 기록하고 있다. 역사서를 기록한 목적은 역사를 후세에 남기기 위해서가 아니라, 이스라엘의 죄악사를 기록으로 남기기 위해서였다. 하나님은 왕들을 통해 하나님 나라를 이루어 나가겠다는 일말의 희망을 가지셨으나, 이스라엘의 모든 왕들은 하나님을 떠나 자신들의 왕국을 세우는 데만 전념했다.

하나님은 멸망의 길로 치닫고 있는 이스라엘에게 예언자들을 끊임없이 보내셨다. 예언자들은 회개하고 돌아와 하나님 나라를 이루라고 외쳤지만 아무도 그들의 경고에 귀를 기울이지 않았다. 결국 이스라엘은 나라를 세운 지 500년도 못 되어 앗수르와 바벨론에 의해 멸망하고 만다. 하나님과의 언약을 깨뜨리고 하나님 나라가 아닌 이스라엘 왕국을 세운 결과 가나안에서 쫓겨나게 되고 만 것이다.

🌀 하나님 나라가 아닌 이스라엘 나라를 세우다

"너희는 가서 모든 민족을 제자로 삼아 아버지와 아들과 성령의 이름으로 세례를 베풀고 내가 너희에게 분부한 모든 것을 가르쳐 지키게 하라"(마 28:19-20).

예수님이 제자들에게 주신 마지막 명령이다. 모든 민족, 모든 나라, 모든 백성이 하나님의 백성이 되어 하나님 나라 안으로 들어와 하나님의 뜻을 행하는 가운데 이 땅에서 하나님 나라가 되도록 하라는 것이었다. 그러나 제자들은 예수님이 승천하시기 직전에 이렇게 물었다.

"주께서 이스라엘 나라를 회복하심이 이때니이까"(행 1:6).

예수님은 제자들에게 하나님 나라에 대해서 말씀하셨다. 그러나 제자들은 하나님 나라가 아니라 이스라엘 나라에 대해 관심이 있었다. 그들은 예수님이 이스라엘을 로마로부터 해방시켜 주시고, 이스라엘이 온 세상의 중심이 되게 해 주시리라고 믿고 있었다. 사실 제자들은 이런 기대를 갖고 예수님을 따랐었다. 그래서 서로 자리다툼을 하기도 했다. 가룟 유다도 예수님에게 이런 기대를 갖고 있다가 예수님이 십자가에 달려 죽을 것이라고 하자 배신감을 느끼고 예수님을 팔아넘겼을 것이다. 예수님 당시에 유대인들은 메시아가 오시기를 열망하고 있었다. 그들은 메시아가 오시면 이스라엘을 로마로부터 해방시켜 세상 나라의 중심이 되게 해 줄 거라고 기대하고 있었다. 종려주일에 수많은 군중이 이런 기대를 갖고 대대적으로 예수님을 환영했지만, 며칠이 못 되어 예수님이 그렇게 할 인물이 아니라는 것을 알고 십자가에 못 박으라고 외쳐 댔던 것이다.

제자들의 관심은 이스라엘 나라에 있었다. 그러나 예수님의 관심은 하나님 나라에 있었다. 제자들은 마지막까지 예수님이 이스라엘 나라를 회복시켜 주시리라 믿고 있었다. 그러나 예수님은 마지막으로 제자들에게 하나님 나라를 세우라는 사명을 주고 승천하셨다.

예수님이 이 땅에 오시기 전에는 사탄이 세상 임금으로 다스리고 있었다. 사람들은 사탄의 노예가 되어, 사탄에게 매여 살고 있었다. 그러나 예수님이 오셔서 인류의 죄의 문제를 해결해 주시고, 우리를 사탄으로부터 해방시켜 주셨다. 더 이상 사탄의 종노릇하며 살지 않게 하셨다. 이렇게 해서 하나님 나라가 시작되었다. 하나님이 다스리기 시작하셨다. 사탄의 왕국은 점점 밀려나고 하나님 나라는 점점 확장되어 나갔다. 예수님은 이 세상을 떠나면서 마지막으로 제자들에게 땅 끝까지 하나님 나라를 확장시켜 나가라고 분부하셨다. 그 하나님 나라 안에 모든 나라, 모든 민족, 모든 백성이 들어올 수 있도록 하셨다. 그들 모두가 하나님의 백성이 되어 하나님의 다스림을 받을 수 있도록 하셨다.

하나님은 이스라엘의 왕이 되시고 이스라엘은 하나님의 백성이 되기로 언약을 맺은 후 가나안에 들어갔다. 그런데 무슨 일이 생겼는가? 사무엘은 왕이 아니었다. 그러나 그는 이스라엘을 다스렸다. 그는 예언자가 아니었다. 그러나 하나님은 그를 통해 이스라엘 백성에게 말씀하셨다. 그는 제사장도 아니었다. 그러나 그는 실제적인 대제사장의 역할을 했다. 그에게는 두 아들이 있었다. 그들은 백성 사이에 평판이 좋지 않았다. 이스라엘 백성은 그들이 자기들을 다스리는 것을 원하지 않았다. 그래서 백성은 자신들을 다스릴 왕을 세워 달라고 요구했다. 사무엘은 그들의 요구가 탐탁지 않았다. 하나님도 왕을 세워 달라는 요구를 탐탁지 않아 하셨다. 그러나 백성의 요구를 들어주라고 하셨다. 이렇게 해서 사울이 이스라엘의 첫 번째 왕이 되었다.

이스라엘 백성이 왕을 세워 달라고 요구한 데는 이유가 있다. 가나안에 들어간 지 몇 백 년이 지나도 이스라엘에는 왕이 없었다. 왕이 있어야 나라를 이루고 외침도 막아 내고 강성대국을 이룰 수 있을 텐데 왕이 없었던 것이다. 그래서 사무엘에게 왕을 세워 달라고 요구했던 것이다.

"우리에게 왕을 주어 우리를 다스리게 하라"(삼상 8:5-6).

"우리도 다른 나라들같이 되어 우리의 왕이 우리를 다스리며 우리 앞에 나가서 우리의 싸움을 싸워야 할 것이니이다"(삼상 8:20).

이스라엘에 왕이 없었던 것이 아니다. 왕이 있었다. 하나님이 그들의 왕이 아니셨는가? 사무엘이 '하나님이 우리의 왕이신데 왜 또 다른 왕이 필요하냐'고 하자 이스라엘 백성은 '하나님은 신이시고 우리에게는 다른 나라들처럼 왕이 필요하다'면서 왕을 요구했다. 하나님의 계획이 완전히 산산조각 나는 순간이었다. 이스라엘 역사 가운데 이때만큼 하나님이 실망하신 적은 없을 것이다. 하나님은 하나님 나라를 세우기 위해 800년 전부터 아브라함을 택하여 애굽으로 내려가 한 민족을 이루게 하시고, 시내 산에서 언약을 맺은 후 율법을 주신 다음 가나안으로 들어오게 하셨다. 그런데 이제 와서 이스라엘이 하나님을 왕으로 섬기기를 싫어하니 얼마나 실망하셨겠는가? 얼마나 분노하셨겠는가?

"여호와께서 사무엘에게 이르시되 백성이 네게 한 말을 다 들으라 이는 그들이 너를 버림이 아니요 나를 버려 자기들의 왕이 되지 못하게 함이니라"(삼상 8:7).

결혼하기로 한 후 약혼도 하고, 집도 사 놓고, 살림도 장만해 놓고, 예물도 다 준비하고 청첩장까지 돌렸는데 결혼식장에 신부가 나타나지 않았다. 결혼하지 않겠다는 것이다. 그러면 강제로 결혼식을 하겠는가? 결혼한다 한들 행복하게 살 수 있겠는가? 하나님과 이스라엘도 이런 사이였다. 하나님이 신랑이고 이스라엘이 신부였다. 둘이 혼인하기로 언약을 맺었다. 그런데 신부가 신랑이 싫다고 언약을 파기한 것이었다. 그럴 때 하나님이 느끼셨을 배신감이 어떠했겠는가?

하나님은 신정 국가를 세우려고 하셨는데 이스라엘은 왕정 국가를 세웠다. 하나님이 다스리시는 나라가 아니라 왕이 다스리는 나라를 세웠다.

광야를 지날 때 이스라엘 백성은 좋으나 싫으나 하나님을 섬겼다. 하나님의 인도를 따라갔다. 하나님이 그들을 다스리셨다. 하나님이 왕이셨다. 하나님 나라(Kingdom of God)를 이루었다. 그러나 가나안에서는 이스라엘 나라(Kingdom of Israel)를 세웠다. 가나안에 들어간 이스라엘이 하나님 앞에 지은 가장 큰 죄는 바로 하나님 나라가 아닌 이스라엘 왕국을 세운 것이었다. 이스라엘 왕국은 하나님이 세우신 나라가 아니다. 하나님이 인정하신 나라가 아니다. 하나님이 원하셔서 세워진 나라가 아니라, 이스라엘 백성이 원해서 세워진 나라다. 하나님의 축복 가운데 시작된 나라가 아니다. 그러니 몰락의 길을 갈 수밖에 없었던 것이다.

광야를 지날 때는 "주여, 우리의 왕이 되어 주셔서 우리를 인도하고 보호하고 다스려 주시옵소서"라고 기도한다. 그러나 가나안에 들어가게 되면 하나님의 다스림을 받고 싶어 하지 않는다. 하나님 나라가 아니라 내 나라를 세우고 싶어 한다. 하나님의 뜻이 아니라 내 뜻을 이루고 싶어 한다. 이스라엘 나라 이야기가 아니라 우리 이야기다.

☙ 왕이신 하나님과 이스라엘의 왕들

이스라엘의 초대 왕이었던 사울은 왕이 된 지 2년 만에 하나님에게 버림받았다. 그러나 그는 하나님에게 버림받을 만큼 그렇게 악한 왕은 아니었다. 백성에게는 인정을 받았다. 이스라엘은 그가 다스리는 동안 태평성대를 이루었다. 그는 왕위에 있던 40년 동안 이렇다 할 악을 행하지도 않았다. 그러나 하나님은 그를 버리셨다. 하나님 마음에 들지 않았던 것이다. 개인적으로 사울이 마음에 들지 않아서 버리셨다기보다는, 하나님이 왕 제도 자체를 싫어하셨기 때문에 초대 왕이었던 사울을 싫어하셨던 것이다.

사울에 이어 다윗과 솔로몬이 왕위에 오른다. 이때가 이스라엘 역사 가운데서 황금기라 할 수 있다. 하지만 솔로몬을 이어 왕국은 북 왕국 이스라엘과 남 왕국 유다로 분열된다. 이때부터 두 나라는 원수지간이 된다. 그리고 국운이 기울어져 간다. 북 왕국 이스라엘은 열아홉 명의 왕이 다스렸다. 그러나 2년도 다스리지 못하고 물러난 왕들이 일곱 명이나 된다. 208년간 왕국이 지속되는 동안 왕조가 아홉 번이나 바뀌었다. 열아홉 명의 왕들 중 살해당한 왕이 여섯 명이나 되었다. 하나님의 심판을 받거나 전사 또는 자살한 왕들도 여섯 명이었다. 자연사한 왕은 일곱 명에 지나지 않았다.

남 왕국 유다는 스무 명의 왕이 344년 동안 통치했다. 북 이스라엘에 비해 왕은 한 명 더 많았으나 북 이스라엘보다 약 130년 이상 더 왕국이 지속되었다. 스무 명의 왕들 중 살해당한 왕은 다섯 명이었으며, 바벨론에 포

왕국	북 이스라엘	남 유다	합계
존속 기간	208년	344년	
왕	19	20	39
왕조	9	1	10
2년 이하 통치	7	4	11
선한 왕	0	8	8
악한 왕	19	12	31
살해당한 왕	6	5	11
자연사한 왕	7	8	15
포로_하나님의 심판	6	7	13

로로 끌려가거나 사고로 죽은 왕은 일곱 명, 자연사한 왕은 여덟 명이었다.

열왕기서의 기록에 따르면 북 이스라엘 왕들 가운데는 선한 왕이 단 한 명도 없다. 열아홉 명 모두가 다 악한 왕으로 기록되어 있다. 반면 남 유다의 왕 가운데 열두 명은 악한 왕으로 그리고 여덟 명은 선한 왕으로 평가받고 있다. 열왕기서에서 왕들을 평가한 기준은 그 왕의 치적과는 아무 관련이 없다. 얼마나 선정을 베풀었는가가 아니라, 하나님 보시기에 이스라엘을 어떻게 다스렸느냐를 가지고 평가하고 있다.

북 이스라엘의 왕들이 모두 악한 왕으로 평가받은 이유는 하나다. 왕들이 백성으로 하여금 바알을 섬기게 했기 때문이다. 그들은 모두가 다 '여로보암의 길'로 행했다. 하나님이 왕을 세우신 가장 큰 목적은 백성이 하나님을 잘 섬기고 하나님의 뜻대로 행하게 해 하나님 나라를 이루게 하기 위해서였다. 백성에게 진짜 왕이 누구인지를 알게 하며 그 진짜 왕이신 하나님을 잘 섬기도록 하기 위해서였다. 그런데 북 이스라엘의 왕들은 그러한 하나님의 목적과는 정반대로 행했다. 그랬기 때문에 그들은 하나님 앞에서 사악한 왕들로 평가받은 것이었다.

반대로 바알 숭배에서 백성을 떠나게 하고 바알 산당을 무너뜨리고 바알 선지자들을 죽인 왕들은 선한 왕으로 평가되었다. 이런 왕들은 남북 왕조 서른아홉 명 가운데 여덟 명뿐이었다. 그러나 이들도 사실은 악한 왕이라는 평가를 겨우 면했을 뿐이다. 왜냐하면 이들도 온 맘을 다해 바알을 축출시키지는 않았기 때문이다.

"여호와 보시기에 정직히 행하였으되 다만 산당들을 제거하지 아니하였으므로 백성이 여전히 산당에서 제사하며 분향하였더라"(왕하 12:2-3).

북 이스라엘은 세워진 지 200여 년 만에 무너졌다. 그리고 약 140년쯤 후에는 남 유다도 멸망했다. 이렇게 해서 이스라엘 백성이 그렇게도 원해서 세워진 왕정 국가는 500년도 못 되어 종말을 고하게 되고 만다. 이스라엘의 역사는 실패한 역사였다. 하나님이 신정 국가를 세우려 하셨으나 왕정 국가를 세우고 말았다. 그래도 하나님은 왕들을 통해 하나님이 다스리는 나라를 세우기 원하셨다. 하지만 왕들은 실패하고 말았다. 그리고 이스라엘 나라는 비운을 맞이하고 말았다.

"너희가 왕을 구한 일 곧 여호와의 목전에서 범한 죄악이 큼을 너희에게 밝히 알게 하시리라"(삼상 12:17).

열왕기서는 남북 분열 왕국 시대를 다루고 있다. 그러나 역대기서는 남 유다 왕국만을 다루고 있다. 열왕기서는 다윗과 솔로몬에 대해서도 부정적인 면을 모두 기록하고 있다. 그러나 역대기서는 가장 이상적인 왕으로 다윗과 솔로몬을 그리고 있다. 그들의 어두운 그림자에 대해서는 일체 언급을 하지 않는다. 열왕기서는 남 유다의 멸망까지만을 기록하고 있다. 그러나 역대기서는 바벨론 포로에서 돌아올 때까지의 역사를 기록하고 있다. 왜 이런 차이가 나는 것일까? 열왕기서와 역대기서를 기록한 목적이 다르기 때문이다.

열왕기서는 왜 이스라엘 민족이 멸망하게 되었는가를 독자들이 깨닫게 하기 위해 기록되었다. 반면 역대기서는 바벨론 포로기가 끝나고 다시 가나안에 들어가게 되면 어떻게 살아야 하는가에 초점을 맞춰 기록되었다. 열왕기서가 가나안에서 쫓겨나지 않기 위해 어떻게 살아야 하는지를 보여 주고 있다면, 역대기서는 가나안에서 쫓겨났을 때 어떻게 해야 다시 가나안으로 돌아갈 수 있는지, 또 돌아가서 가나안을 회복하기 위해서는 어떻게 해야 하는지를 보여 준다.

열왕기서는 이스라엘의 죄악 때문에 나라가 망하게 되었다는 메시지를 전하기 위해 기록되었다. 그래서 다윗과 솔로몬을 포함한 이스라엘 모든 왕들의 죄악을 낱낱이 드러내면서 모두가 다 하나님 앞에 악한 왕이었다고 평가한 것이다. 반면 역대기서는, 가나안에 들어가게 되면 다윗과 솔로몬이 다스리던 때, 곧 이스라엘이 최고로 번영을 누렸던 때와 같은 나라를 세우자는 의도로 기록되었기 때문에 다윗과 솔로몬을 이상적인 왕으로 기록했다.

우리는 어떻게 하면 광야를 벗어나 가나안에 들어갈 수 있는지에 관심이 있다. 그래서 출애굽기와 민수기를 열심히 읽는다. 그러나 열왕기서와 역대기서는 가나안에서 실패한 이스라엘의 역사를 기록하고 있다. 가나안에 들어가는 것도 중요하지만, 더 중요한 것은 가나안에서 어떻게 살아가느냐 하는 것이다. 잘못하면 그 가나안에서 다시 광야로 쫓겨날 수도 있기 때문이다.

참 목자이신 하나님과 이스라엘의 목자들

이스라엘의 목자들은 양들을 돌보지 않았다. 양들을 지팡이로 잘 쳐야 하는데 몽둥이로 쳤다. 그들은 양들을 먹이지 않고 잡아먹었다. 양들은 굶어 죽어 가는데 목자들은 뒤룩뒤룩 살이 쪘다. 목장은 황폐하게 되었고, 양들

235

은 병들거나 파리하게 되거나 길을 잃어 이리나 늑대에게 잡아먹히거나 뿔뿔이 흩어지게 되었다. 양들이 길을 잃어도 그들은 찾으러 가지 않았다.

> "너희가 살진 양을 잡아 그 기름을 먹으며 그 털을 입되 양 떼는 먹이지 아니하는도다 너희가 그 연약한 자를 강하게 아니하며 병든 자를 고치지 아니하며 상한 자를 싸매 주지 아니하며 쫓기는 자를 돌아오게 하지 아니하며 잃어버린 자를 찾지 아니하고 다만 포악으로 그것들을 다스렸도다"(겔 34:3-4).

목자이신 하나님이 그분의 양 된 이스라엘 백성을 누구에게 맡기셨는가? 왕들에게 맡기셨다. 목자는 히브리어로 '라아'(raa')다. 이 단어는 지도자를 일컫는 말이기도 하다. 고대 근동에서는 왕을 목자라고 불렀다. 그래서 왕의 손에 목자의 지팡이가 들려 있는 모습을 쉽게 볼 수 있다. 하나님이 당신의 양을 왕들에게 맡기셨는데, 왕들은 그들을 잘 돌보지 못했다.

이스라엘 백성은 왕들이 자기들을 잘 돌보고 안전하게 지켜 주며 강대한 나라를 만들어 주리라고 기대했다. 그래서 왕을 요구했다. 그런데 왕과 제사장과 권세 잡은 자들은 백성을 돌보지 않고 자기들의 배만 채웠다. 목장(나라)을 황폐케 만들었다. 백성은 목자 없는 양들이 되고 말았다. 하나님은 이럴 것을 알고 그분이 직접 그들의 왕(목자)이 되어 그들을 다스리겠다고 하셨는데도 그들은 하나님을 거부하고 왕을 요구했다. 그들은 왕이 목자가 되어 자신들을 푸른 풀밭과 쉴 만한 물가로 인도하고 부족함이 없게 해 줄 것으로 생각했다. 그러나 그들이 만난 왕들은 한결같이 사악한 목자들이었다. 양들은 돌보지 않고 자기만 돌보는 목자들이었다. 양들이 어떻게 되는지는 전혀 관심이 없고 자기 배만 불리는 목자들이었다. 목장은 날로 황폐해져 이리와 늑대들이 날마다 양들을 잡아갔다. 결국 이스라엘(목장)은 폐허가 되고 이스라엘 백성(양)은 포로로 끌려가고 말았다.

이스라엘의 진짜 목자는 하나님이시다. 왕들은 하나님이 세우신 삯꾼 목자들이었다. 삯꾼 목자는 삯을 받고 남의 양을 대신 돌보아 주는 목자를 말한다. 삯꾼 목자는 주인보다 더 열심히 일한다. 더 성실하게 양들을 돌본다. 그렇지 않으면 그에게 양을 맡기지 않기 때문이다. 삯꾼 목자는 양을 잃어버리면 물어내야 한다. 만일 삯꾼 목자가 양을 제대로 돌보지 않아 자꾸만 양들을 잃어버리면, 주인은 그에게서 양들을 도로 뺏는다. 그에게는 더 이상 양을 맡기지 않는다.

이스라엘의 왕들은 사악하고 탐욕스럽고 게으른 나쁜 목자들이었다. 그들은 목자가 아니라 예수님이 말씀하신 대로 강도며 절도였다. 이스라엘 백성은 그런 목자들을 만나 불행하게 되었다. 이렇게 되자 진짜 목자이신 하나님이 삯꾼 목자(왕)들을 심판하셨다. 그들을 내어 쫓고 그들에게는 더 이상 양들을 맡기지 않으셨다. 그들 대신 다른 목자(왕)를 세우셨다. 그래도 마찬가지였다. 결국 이스라엘 목장은 처음에는 앗수르에게, 나중에는 바벨론에게 넘어갔으며, 양들은 포로로 다 잡혀가게 되었다. 목자가 양들을 잘 보살피지 않아 이리와 늑대에게 잡혀간 것이다.

이렇게 되자 하나님이 그들에게서 양들을 찾아오겠다고 하신다.

"내가 친히 내 양의 목자가 되어 그것들을 누워 있게 할지라 … 그 잃어버린 자를 내가 찾으며 쫓기는 자를 내가 돌아오게 하며 상한 자를 내가 싸매 주며 병든 자를 내가 강하게 하려니와"(겔 34:15-16).

"좋은 꼴을 먹이고 그 우리를 이스라엘 높은 산에 두리니 그것들이 그 곳에 있는 좋은 우리에 누워 있으며 이스라엘 산에서 살진 꼴을 먹으리라"(겔 34:14).

이리와 늑대에게 끌려간 양들(바벨론 포로)을 다시 목장(가나안)으로 데리고 오시겠다는 것이다. 그러면서 장차 하나님의 모든 백성을 돌볼 선한 목자를 메시아로 보낼 것을 약속하신다.

"내가 한 목자를 그들 위에 세워 먹이게 하리니 그는 내 종 다윗이라 그가 그들을 먹이고 그들의 목자가 될지라"(겔 34:23).

"내 종 다윗이 그들의 왕이 되리니 그들 모두에게 한 목자가 있을 것이라 … 내가 그들과 화평의 언약을 세워서 영원한 언약이 되게 하고 또 그들을 견고하고 번성하게 하며 … 나는 그들의 하나님이 되고 그들은 내 백성이 되리라"(겔 37:24, 26-27).

그 목자가 바로 예수님이시다. 예수님은 당신보다 먼저 온 목자들을 강도요 절도라고 규정하셨다. 그러면서 당신을 '선한 목자'라고 하셨다. 선한 목자는 단순히 좋은 목자라는 뜻이 아니다. 이것은 메시아적 칭호다. 이것은 하나님이 보내 주신 목자, 하나님이 세워 주신 목자, 하나님 마음에 맞는 목자, 양들을 구원할 목자, 목장을 하나님 나라로 만들 목자라는 뜻이다. '선한 목자'는 오직 예수님에게만 붙일 수 있는 칭호다. 예수님만이 선한 목자가 되신다.

🐌 구원이 아닌 하나님 나라를 이루기 위해 필요한 율법

우리가 전에는 세상 풍조를 따라 살고 있었다. 공중의 권세 잡은 자에게 매여 살았다. 허물과 죄로 죽었었다. 어두움 가운데 있었다. 불순종의 아들들이었다. 본질상 진노의 자녀였다. 이방인이었다. 무할례자였다. 그리스도 밖에 있었다. 약속의 언약들에 대하여는 외인이요, 세상에서 소망이 없던 자였다. 하나님에게서 멀리 떠나 있었다. 하나님 나라 밖에 있었다. 애굽에서 바로의 노예로 살고 있었다.

그러나 이제는 허물과 죄로 죽었던 우리를 예수님이 다시 살리셨다. 하나님의 백성으로 삼아 주셨다. 하나님의 자녀가 되었다. 빛의 자녀가 되었다. 하나님 나라를 유업으로 이어받게 되었다. 천국 백성이 되었다. 하나님과 가까워지게 되었다. 이제는 외인도 아니고 나그네도 아니다. 하나님과 화목하게 되었고, 하나님의 권속이 되었고, 하나님 나라 안으로 들어오게 되었다. 가나안에 들어오게 되었다.

우리가 어떻게 하나님 나라 안으로 들어올 수 있게 되었는가?

"너희는 그 은혜에 의하여 믿음으로 말미암아 구원을 받았으니 이것은 너희에게서 난 것이 아니요 하나님의 선물이라"(엡 2:8).

선행이나 업적, 공로, 행함으로 들어온 것이 아니다. 믿음으로, 그리스도의 피로, 십자가로, 예수님의 풍성하신 은혜로, 예수님의 그 큰 사랑으로, 예수님이 화목 제물이 되심으로 그리고 믿음으로 말미암아 죄 사함을 얻게 되면서 하나님 나라 안으로 들어올 수 있게 되었다.

이스라엘 백성이 하나님의 백성이 되고 그들에게 가나안이 주어진 것은 순전히 하나님의 은혜로 말미암은 것이었다. 그들이 율법을 지켜서가 아니라, 율법과 관계없이 하나님 나라의 백성이 되고 가나안에 들어가게 된 것이다. 그러나 하나님의 백성이 되고 가나안에 들어간 다음에는 율법을 지켜야 했다. 율법은 하나님의 백성으로서 어떻게 살아가야 하는지를 보여 주는 하나님 나라의 법이었기 때문이다.

한 나라의 백성은 그 나라의 법을 따라야 한다. 마찬가지로 이스라엘 백성은 하나님 나라의 백성이 되었기 때문에 하나님의 백성으로서 하나님의 법을 지키며 살아야 한다. 그래서 주어진 것이 율법이었다. 율법은 하나님이 이스라엘을 다스리기 위해서 주신 법이었다. 생각해 보라. 법이 없는 나라가 어디 있는가? 법이 없이 어떻게 나라가 존재할 수 있는가? 우리는 우리나라의 법을 지켜야 한다. 미국 시민은 미국의 법을 지켜야 한다. 마찬가지로 하나님 나라 백성은 하나님 나라의 법을 지켜야 한다. 그 법이 바로 율법이다.

믿음으로, 하나님의 은혜로 하나님 나라의 백성이 되고 구원받았기 때문에 율법을 지키지 않아도 된다고 생각하는 사람이 있다. 바울은 오직 믿음으로 구원받는다고 했다. 율법으로 구원받는 것이 아니라고 했다. 그것은 그리스도인만이 아니다. 유대인들도 마찬가지다. 그들도 율법으로 하나님 나라의 백성이 된 것이 아니다. 율법으로 가나안에 들어가게 된 것이 아니다. 그러나 하나님의 은혜로 하나님의 백성이 되고 가나안에 들어갔다면 율법을 지켜야 한다. 그래야 하나님이 다스리실 수 있다. 그래야 하나님 나라가 이루어진다. 그런데 이스라엘 백성은 가나안에 들어가 율법을 지키지 않았다. 그 결과 가나안에서 쫓겨나게 되었다.

우리도 마찬가지다. 우리는 율법과 관계없이 믿음으로 하나님의 백성이 되어 하나님 나라 안에 거하게 되었다. 하나님 나라 안으로 들어온 다음에는 하나님의 뜻대로 살아야 한다. 하나님에게서 멀리 떠나 있었을 때처럼, 하나님과 관계없이 살았던 때처럼, 어둠의 자녀로 살았을 때처럼, 외인으로, 이방인으로 살았을 때처럼 살아서는 안 된다. 하나님의 백성이 된 다음에는 하나님 나라의 법대로 살아야 한다.

구원받기 위해서는 행함이 필요 없다. 그러나 구원받은 다음에는 행함이 절대적으로 필요하다. 하나님의 백성이 되기 위해 율법을 지킬 필요는 없다. 그러나 하나님의 백성이 된 다음에는 율법대로 살아야 한다.

왜 하나님이 이스라엘 백성을 당신의 백성으로 삼아 가나안에 들어가게 하셨는가? 그들을 통해 당신의 뜻을 이루시기 위해서였다. 그들을 통해 하나님 나라를 세우시기 위해서였다. 왜 하나님이 우리를 하나님의 자녀로 삼아 하나님 나라 안으로 들어오게 하셨는가? 왜 교회 안으로 들어오게 하셨는가? 왜 우리를 구원하셨는가? 하나님의 백성이 된 우리를 통해 하나님의 뜻을 이루시기 위해서다. 그래서 하나님 나라를 이 땅에 세워 나가기 위해 우리를 불러 주시고, 구원해 주시고, 우리를 하나님 나라 안으로 들어오게 하신 것이다.

그런데 어떤 이들은 우리는 구원받았기 때문에 우리에게는 더 이상 율법이 필요 없다고 생각한다. 구원은 행함으로 받는 것이 아니기 때문에 율법은 더 이상 우리에게 아무 의미가 없다고 생각한다. 한 번 구원은 영원한 구원이기 때문에 율법을 지키지 않아도 우리의 구원은 취소되지 않을 거라고 믿는다. 우리가 어떻게 죄를 짓지 않고 살아갈 수 있느냐, 율법을 다 지키며 살아갈 수 있느냐고 따진다. 그들은 어떻게 죄를 짓지 않고 율법대로 살아가느냐보다 어떻게 죄 사함과 구원을 받을 수 있느냐에만 관심이 있다. 이 땅에 하나님 나라를 세우는 일에는 관심이 없고 하나님 나라에 들어가는 것에만 관심이 있다. 하나님이 우리를 구원해 주신 목적은 이 세상에 하나님 나라를 세우기 위한 것이었는데 우리는 구원만 받으면 된다고 생각한다. 어떻게 구원받느냐에만 관심이 있지, 구원받은 후에 대해서는 관심이 없다. 어떻게 살든 용서받고 구원받으면 된다고 생각한다. 성경은 이런 사람들에게 엄중히 경고한다. 특별히 바울은 갈라디아 교인들을 향해서, 지금은 하나님 나라 안에 들어와 있지만 영원한 하나님 나라에 들어가지 못할 사람이 많다고 경고한다.

"육체의 일은 분명하니 곧 음행과 더러운 것과 호색과 우상 숭배와 주술과 원수 맺는 것과 분쟁과 시기와 분 냄과 당 짓는 것과 분열함과 이단과 투기와 술 취함과 방탕함과 또 그와 같은 것들이라 전에 너희에게 경계한 것같이 경계하노니 이런 일을 하는 자들은 하나님의 나라를 유업으로 받지 못할 것이요"(갈 5:19-21).

고린도 교인들에게도 같은 경고를 하고 있다.

"불의한 자가 하나님의 나라를 유업으로 받지 못할 줄을 알지 못하느냐 미혹을 받지 말라 음행하는 자나 우상 숭배하는 자나 간음하는 자나 탐색하는 자나 남색하는 자나 도적이나 탐욕을 부리는 자나 술 취하는 자나 모욕하는 자나 속여 빼앗는 자들은 하나님의 나라를 유업으로 받지 못하리라"(고전 6:9-10).

에베소 교인들 가운데도 하나님 나라에서 쫓겨날 사람이 많다고 경고하고 있다.

> "음행과 온갖 더러운 것과 탐욕은 너희 중에서 그 이름조차도 부르지 말라 이는 성
> 도에게 마땅한 바니라 누추함과 어리석은 말이나 희롱의 말이 마땅치 아니하니 오
> 히려 감사하는 말을 하라 너희도 정녕 이것을 알거니와 음행하는 자나 더러운 자나
> 탐하는 자 곧 우상 숭배자는 다 그리스도와 하나님의 나라에서 기업을 얻지 못하리
> 니"(엡 5:3-5).

> "나더러 주여 주여 하는 자마다 다 천국에 들어갈 것이 아니요 다만 하늘에 계신 내
> 아버지의 뜻대로 행하는 자라야 들어가리라"(마 7:21).

지금 교회에 나온다고, 믿음으로 하나님 나라 안으로 들어오게 되었다
고 다 구원받는 것은 아니다. 교인들 가운데 구원받지 못할 사람도 있다.
최후 심판의 비유에서 양들만 구원받고 염소들은 쫓겨났다. 지혜로운
다섯 처녀들만 구원받고 어리석은 다섯 처녀들은 쫓겨났다. 다섯 달란트
와 두 달란트 받은 종만 구원받고 한 달란트 받은 종은 쫓겨났다. 예복을
입은 사람들만 잔치에 참여하고 입지 않은 사람은 쫓겨났다. 알곡은 창고
에 모아들이지만 가라지는 밖에 버린다. 우리에게는 구원받았다는 확신
보다 정말 구원받았는지에 대한 확인이 더 필요하다.
유대인들은 하나님의 말씀인 율법대로 살지 않았기 때문에 택한 백성
인데도 하나님 나라에서 축출당했다. 바울은 똑같은 기준으로 우리의 구
원에 대해 이야기한다. 우리는 믿음으로 하나님 나라 안에 들어와 있다.
그러나 하나님 나라에서 하나님의 백성처럼 살아가지 않으면 쫓겨나게

된다. 구원에 대해 너무 자신만만해서는 안 된다.

우리는 하나님의 은혜로 하나님 나라의 백성이 되었다. 하나님 나라 안으로 들어오게 되었다. 우리가 계속 이 나라에 머물려면 하나님의 뜻대로 살아야 한다. 하나님의 말씀대로 살아야 한다.

하나님이 우리의 왕이 되시고 우리가 하나님의 백성이 되었다면 우리는 그 나라의 법을 지켜야 한다. 그것이 율법이고, 하나님의 말씀이다. 그 율법을 지킬 때 하나님의 뜻이 이루어질 것이며, 그렇게 될 때 우리 안에서 하나님 나라가 이루어져 이 땅에서 하나님 나라가 확장되어 나갈 것이다. 그러나 그렇게 하지 않으면 지금은 하나님 나라 안에 들어와 있을지라도 쫓겨날 수 있다.

가나안을 누리는 은혜

가나안에 들어가는 것과 가나안을 차지하는 것은 다르다. 40년 광야가 끝났다고 다 가나안에 들어가는 것도 아니고, 가나안에 들어간다고 고생 끝, 행복 시작도 아니다.

가나안에 들어갔으면 가나안을 차지해야 한다. 그래야 가나안의 복을 누릴 수 있다. 비유하자면, 결혼은 가나안에 들어가는 것이다. 그러나 결혼 생활은 가나안에서 살아가는 것이다. 결혼했다고 해서 다 행복하게 사는 것은 아니다. 결혼 후에 어떻게 살아가느냐에 따라 행복할 수도 있고 그렇지 않을 수도 있다. 가나안에 들어갔다고 해서 저절로 복을 누리는 것은 아니다. 가나안에서 어떻게 살아가느냐에 따라 복을 누릴 수도 있고 그렇지 못할 수도 있다.

가나안에 들어가 그 땅을 차지하고 누리려면 어떻게 해야 하는가?

"내가 오늘 명하는 모든 명령을 너희는 지켜 행하라 그리하면 너희가 살고 번성하고
여호와께서 너희의 조상들에게 맹세하신 땅에 들어가서 그것을 차지하리라"(신 8:1).

"이스라엘아 이제 내가 너희에게 가르치는 규례와 법도를 듣고 준행하라 그리하면
너희가 살 것이요 너희 조상의 하나님 여호와께서 너희에게 주시는 땅에 들어가서
그것을 얻게 되리라"(신 4:1).

신명기에는 가나안에 들어가 율법을 '지켜 행하라'는 명령이 무려 서
른 번 이상 나온다(신 4:5, 6, 14, 5:1, 27, 31, 32, 33, 6:3, 7:12, 8:1, 10:12, 11:22, 12:28, 32,
13:18, 15:4, 19:9, 24:8, 18, 26:16, 28:1, 13, 15, [58], 29:9, 29, 30:16, 31:12, 32:46). 가나안은
우리가 노력해서 들어갈 수 있는 곳이 아니다. 하나님의 은혜로 들어가는
곳이다. 율법을 준수함으로 들어가는 것도 아니다. 그러나 가나안에 들어
갔으면 율법을 지켜야 한다.

가나안에 들어간다 할지라도 말씀대로 살지 않으면 저주가 임한다
(신 28장). 가나안에서 쫓겨나게 된다. 가나안에 들어가는 것보다 중요한 것
은 가나안에 들어가 어떻게 살아가느냐 하는 것이다. 우리를 가나안 땅에
들어가게 하신 이유와 목적이 더 중요하다. 그러나 우리는 그런 것에는 관
심이 없고 어떻게 하면 가나안에 들어가 복을 누리며 살아갈 수 있을까만
생각하지 않는가?

왜 순종하라고 하신 것일까? 왜 순종하면 복을 주겠다고 하신 것일까?

순종해야 하나님의 뜻이 이루어지기 때문이다. 그렇게 할 때 하나님 나라가 세워지고 그 나라가 확장되어 갈 수 있기 때문이다. 우리는 순종하면 복을 받는다는 것에만 관심이 있다. 그러나 하나님은 우리의 순종을 통해 하나님 나라를 이루는 데 관심이 있으시다. 우리를 구원해 주신 이유가 무엇인가? 우리를 왜 하나님의 백성으로 삼아 주셨는가? 왜 우리를 가나안에 들어가게 하신 것인가? 우리를 통해 하나님 나라를 이루시기 위해서다.

우리는 오직 믿음으로만 구원받는다. 이것이 로마서 1-11장이 가르치는 구원론이다. 그러나 이것이 로마서의 전부는 아니다. 로마서 12장은 이렇게 시작한다. '그러므로.' 이것은 '우리가 하나님의 은혜로 말미암아 믿음으로 구원받았으므로'라는 뜻이다. 로마서 12장 이하에서는 구원받은 후의 삶에 대해 이야기한다. 바울이 로마서에서 이신칭의의 교리에 대해서만 말하려 했다면 로마서는 11장에서 끝났을 것이다. 그러나 그는 로마서 12장 이하에서 믿음으로 구원받은 사람은 어떻게 살아가야 하는지를 가르치고 있다. 우리가 율법을 따라 구원받은 것은 아니지만, 구원받은 다음에는 율법대로 살아야 한다고 가르치고 있다. 그래야 하나님 나라가 이루어질 수 있기 때문이다.

로마서를 구원론의 관점에서만 보기 때문에 율법을 평가절하하게 되는 것이다. 율법을 지키지 않아도 된다고 생각하는 것이다. 율법은 구원과 관련해서는 아무런 역할도 하지 못한다. 그러나 로마서의 결론은 구원받은 우리가 하나님의 뜻대로 살아가는 가운데 그분의 뜻, 곧 하나님 나라가 이루어지게 해야 한다는 것이다.

하나님 나라의 관점에서 보면 율법은 너무 중요하다. 율법을 행할 때 우리를 구원해 주신 하나님의 목적이 이루어지기 때문이다. 하나님이 우리를 구원하신 목적은 우리를 통해서 하나님 나라를 이루시기 위함이다. 그러기 위해 구원받은 우리는 하나님의 뜻을 따라 살아가야 한다.

애굽과 광야 그리고 가나안은 어떻게 다른가? 애굽에서는 하나님과 관계없이 살았다. 하나님의 뜻을 따라 살지 않았다. 광야로 나와서는 하나님과 관계를 맺기 시작했다. 하나님과 언약을 맺은 후 하나님의 백성이 되었다. 그리고 율법을 받았다. 광야를 지나면서 율법을 준수하는 훈련을 받았다. 그러나 이스라엘 백성은 광야에서 율법을 잘 준수하지 못했다. 하지만 가나안에는 들어갈 수 있었다.

가나안에 들어가서는 하나님의 백성으로서 율법을 지키며 살아야 했다. 율법을 지켜야 가나안을 누릴 수 있다. 율법을 지키지 않으면 저주를 받게 된다. 가나안에서 쫓겨나게 된다. 가나안에서 하나님의 축복을 누리며 살아가려면 반드시 율법을 지켜야 한다. 왜 그렇게 해야 하는가? 하나님이 이스라엘 백성으로 하여금 가나안에 들어가게 하신 목적은 하나님 나라를 세우기 위함이었다. 그런데 하나님 나라를 세우기 위해서는 하나님의 뜻을 행해야 한다. 가나안에 들어가서도 애굽이나 광야에서처럼 율법을 지키지 않거나 율법을 지키다 말다 하면 가나안에 들어가게 하신 하나님의 뜻을 이루어 드릴 수가 없다. 가나안에 하나님 나라를 세우기 위해서는 반드시 율법을 지켜야만 한다. 그렇기 때문에 율법을 준수하지 않으면 가나안에서 쫓겨나게 될 거라고 경고하셨던 것이다. 그리고 결국 경고대로 이스라엘 백성은 가나안에서 쫓겨나고 말았다.

하나님이 우리를 가나안에 들어가게 하신 목적은 가나안에서 하나님의 뜻을 이루며 살아가는 가운데 그분의 뜻이 하늘에서와 같이 이루어지도록 하기 위함이다. 그런데 우리는 가나안 땅에 들어가 좋은 집을 짓고 살며 소유가 늘어나는 것에만 관심이 있지 않은가? 이스라엘 백성이 그렇게 살다가 가나안에서 쫓겨났는데도 말이다.

🔖 주인이 바뀌어야 바뀐다

이스라엘은 주변의 열강 세력들에 의해 돌아가면서 지배를 받았다. 이스라엘이 주권을 갖고 스스로 나라를 지키며 주인으로 산 것은 얼마 되지 않는다. 이스라엘은 주인에 따라 노예가 되기도 하고(애굽), 포로로 끌려가기도 하고(바벨론), 추방을 당하기도 했다(로마).

성경에 나오는 이스라엘의 역사 기록만 봐도 이런 사실을 금방 알 수 있다. 애굽에서는 가짜 가나안에 빠져 살다가 하나님을 잊어버리고 결국은 노예가 되어 바로의 통치를 받으며 살았다. 가나안에 들어가서는 하나님을 버리고 바알을 따라갔다. 그러다가 하나님의 심판을 받아 나라가 망하고 포로로 끌려가 바벨론 제국의 통치를 받으며 살았다.

하나님은 왜 이스라엘이 애굽에서 한 민족을 이루게 하셨는가? 그들을 통해 당신의 나라를 세우시기 위해서였다. 왜 가나안 땅을 주셨는가? 그곳에 하나님 나라를 세우시기 위해서였다. 하나님 나라는 하나님이 다스리시는 나라다. 성경에 나오는 하나님 나라는 지리적인 공간 개념보다 하나님이 다스리시는 상태를 더 강조한다. 하나님이 다스리시려면 하나님이 왕이 되어야 한다. 하나님 나라가 이루어지려면 하나님의 백성이 된 사람들이 하나님의 다스림을 받아야 한다. 이스라엘 백성은 하나님의 백성으로 선택을 받았다. 그러나 그들은 애굽에서 하나님을 왕으로 섬기지 않았다. 하나님의 다스림을 받아들이지 않았다. 결과는 무엇인가? 하나님 대신 바로가 다스렸다. 하나님의 백성이 되어야 할 사람들이 바로의 노예가 된 것이다.

그러나 하나님은 출애굽을 통해 애굽에서 노예가 된 히브리인들을 풀어주셨다. 가나안에 들어가 하나님만을 섬기는 백성이 되어 하나님의 다스림을 받고 그분의 뜻대로 살아가도록 하기 위해서였다. 그러나 가나안에 들어가서도 그들은 하나님만 섬기지 않고 바알을 같이 섬겼다. 하나님의 뜻대로 살지 않았다. 하나님의 통치를 받아들이지 않았다. 하나님이 다스리는 나라를 세우시려 했던 그분의 계획은 물거품으로 끝나고 말았다. 하나님은 더 이상 이스라엘 백성을 가나안에 남겨 둘 이유가 없으셨다. 그래서 그들을 가나안에서 내어 쫓으셨다. 그리고 바벨론 제국의 통치를 받게 하셨다. 하나님의 다스림을 거부한 결과 바벨론에 포로로 끌려가 살게 된 것이다.

예루살렘에서 한 목사님과 함께 차를 타고 가던 중 뒤차가 와서 들이받는 사고가 발생했다. 급한 마음에 차를 골목에 대고 내려서 받힌 부분을 살펴보고 있었다. 그때 우리 차를 들이받은 사람도 따라와 우리 뒤에 차를 세웠다. 두 명의 팔레스타인 청년이 타고 있었는데 한 사람만 내려서 우리가 있는 곳으로 다가왔다. 그러더니 쏜살같이 우리 차에 올라타고는 뺑소니를 쳤다. 시동을 끄지 않고 내린 것이 화근이었다. 그 사람들은 그 점을 노렸던 것이다. 그 차에 핸드폰이 남아 있어서 그들과 통화를 할 수 있었다. 그들은 우리에게 돈을 요구하면서 어디어디로 오라고 했다. 물론 이스라엘의 치안이 미치지 않는 팔레스타인 마을이었다. 우리는 마련한 돈을 건네준 다음 차를 무사히 찾아올 수 있었다. 나중에 이스라엘 경찰에게 그때의 상황을 설명하자 그는 "당신들 미쳤소? 거기가 어딘 줄 알고 들어갔소?" 하고 말했다. 그 말을 듣고 나서야 우리가 얼마나 위험천만한 짓을 했는지 깨달았다.

우리는 찾아와야겠다는 생각밖에 없었다. 그래서 억울하지만 돈을 줘가면서까지 그 차를 찾아왔다. 그 차는 학교에 가고 교회 일을 하는 데 사용했던 것이다. 고장이 나면 고치고 관리도 잘하면서 애지중지 여겼다. 그러나 강도들의 손에 넘어가고 말았다. 차 주인이 바뀐 것이다. 강도들은 그 차를 아무렇게나 타고 다녔을 것이다. 그러다 고장 나면 아무데나 버렸을 것이다. 부속은 다 빼서 팔고 껍데기만 남을 수도 있다. 아니면 또 다른 강도짓을 하는 데 사용될지도 모른다. 차도 주인이 바뀌면 그 운명이 바뀌게 된다. 중국집도 주인이 바뀌면 짜장면 맛이 달라진다고 하지 않는가?

이스라엘 백성은 주인이 수시로 바뀌었다. 주인이 바뀔 때마다 노예가 되기도 하고 포로로 끌려가기도 하고 추방당하기도 했다. 우리도 전에는 애굽에 속해 있었다. 바로의 노예로 살고 있었다. 사탄과 죄와 죽음의 권세 아래 놓여 있었다. 그러나 이제는 예수 그리스도를 통해 출애굽을 하게 되었다. 가나안에 들어오게 되었다. 하나님 나라 안으로 들어오게 되었다. 하나님의 다스림을 받으며 살게 되었다. 주인이 바뀐 것이다.

주인이 바뀌자 우리의 신분과 운명도 바뀌게 되었다. 전에는 어두움이었는데 예수 믿고 난 후로는 빛의 자녀가 되었다(엡 5:8-9). 전에는 하나님에게서 멀리 떠나 있었는데 지금은 하나님 가까이로 오게 되었다(엡 2:13). 전에는 하나님의 약속과 전혀 관계없는 사람이었는데 지금은 약속의 상속자가 되었다(엡 2:12). 전에는 하나님 나라 밖에 있었는데 지금은 하나님 나라

안으로 들어오게 되었다(엡 2:12). 전에는 하나님의 백성이 아니었는데 지금은 하나님의 백성이 되었다(벧전 2:10). 전에는 세상에서 소망이 없는 자였는데 지금은 주 안에서 소망을 갖고 살아가게 되었다(엡 2:12). 전에는 길을 잃은 양이었는데 지금은 목자에게 돌아왔다(벧전 2:25). 전에는 하나님의 긍휼을 입지 못했었는데 이제는 하나님의 긍휼하심을 입게 되었다(벧전 2:10). 전에는 세상에 대해서는 살고 하나님에 대해서는 죽은 자였는데 이제는 세상에 대해서는 죽고 하나님에 대해서는 산 자가 되었다(롬 6:11). 옛사람이 죽고 이제는 새사람이 되었다. "택하신 족속이요 왕 같은 제사장들이요 거룩한 나라요 그의 소유가 된 백성"이 되었다(벧전 2:9). 우리의 주인이 사탄에서 하나님과 예수님으로 바뀌니까 인생과 운명도 바뀌게 된 것이다.

당신은 지금 어디에 있는가? 애굽에서 바로의 노예가 되어 살고 있지는 않은가? 가나안에 들어갔는데도 아직 바알을 섬기며 살아가고 있지는 않은가? 아니면 가나안에서 쫓겨나 바벨론의 포로가 되어 살아가고 있는 것은 아닌가? 하나님 아닌 다른 것이 우리의 주인이 될 때 우리는 '전에는'의 비참한 삶을 살게 된다. 그러나 오직 하나님, 오직 예수님이 우리의 주인이 되실 때 우리는 '이제는'의 복된 삶을 살게 된다.

40년 광야를 지나 들어온 가나안은 이스라엘 백성에게 마치 천국 같았을 것이다. 40년 만에 처음으로 그들은 집을 짓고 살 수 있었고, 농사를 지어 오곡백과를 먹을 수 있었다. 광야를 막 지나온 그들에게는 가나안이야말로 젖과 꿀이 흐르는 약속의 땅이었을 것이다. 그러나 이스라엘 백성은 애굽에서 아주 오랫동안 그렇게 살았었다. 아니, 더 잘 살았었다. 그들은 가나안보다 더 좋은 곳에서 더 잘 살고 있었다. 그러나 요셉을 알지 못하는 왕이 나타나 그들을 학대하고 노예로 만들었다. 그러자 그들에게는 그렇게 살기 좋았던 애굽이 지옥이 되고 말았다.

가나안에 살고 있어도, 아니 가나안보다 더 좋은 애굽 같은 곳에 살고 있어도 '요셉을 알지 못하는 왕'의 다스림을 받고 살아간다면 그곳은 천국이 아니라 지옥이다. 가나안에 산다고 다 천국을 사는 것은 아니다. 가나안에 살아도 하나님의 다스림을 받으며 살아야 그곳이 천국이 된다. 가나안에 살아도 '요셉을 알지 못하는 왕'의 다스림을 받으면 그곳은 가나안이 아니라 애굽이다.

애굽에서 살고 있느냐, 광야에서 살고 있느냐, 아니면 가나안에서 살고 있느냐보다 더 중요한 것은 누구의 다스림을 받고 살아가느냐 하는 것이다. 이스라엘 백성은 가나안에 들어가 바알을 섬겼다. 더 잘 먹고 잘 살기 위해 부를 가져다준다는 신을 섬겼다. 탐욕의 노예가 된 것이다. 그렇게 되자 그곳은 더 이상 젖과 꿀이 흐르는 약속의 땅이 아니었다. 그곳에서 그들은 전쟁과 기근과 전염병이라는 심판을 계속 받았다. 가나안에 들어가 산다 할지라도 하나님을 섬기며 살아야지, 그렇지 않으면 가나안은 더 이상 축복의 땅이 아니다.

가나안은 어디에 따로 있는 것이 아니다. 하나님을 모시고 하나님을 섬기며 하나님의 백성으로서 하나님의 뜻을 따라 살아가면 그곳이 어디든 가나안이다. 내 마음에 예수님이 계시고 내가 예수님 안에서 살아가면 내 마음에 가나안이 있는 것이다. 내가 지금 가나안에서 살아가고 있는 것이다.

🌀 주기도문, 가나안에서 드려야 할 기도

'야베스의 기도' 열풍이 분 적이 있었다. 야베스라는 사람이 누구인지는 잘 모른다. 역대상에 지루할 정도로 길게 나오는 족보 가운데 딱 한 번 이름이 나올 뿐이다. 그런데 특이하게도 족보에 이름만 기록된 것이 아니라 그가 한 기도가 한 줄 적혀 있다.

> "주께서 내게 복을 주시려거든 나의 지역을 넓히시고 주의 손으로 나를 도우사 나로 환난을 벗어나 내게 근심이 없게 하옵소서"(대상 4:10).

야베스라는 이름은 '고통'을 뜻한다. 장애를 갖고 태어나서 그런 이름을 지어 주었는지도 모른다. 평생 고통을 안고 산 사람이었을 것이다. 하나님의 은혜가 아니고는 살아갈 수 없는 사람이었을 것이다. 그는 다른 사람보다 더 큰 은혜와 축복이 필요한 사람이었을 것이다. 그렇기 때문에 복에 복을 구하며 고통을 멈추어 달라고 기도할 수밖에 없었을 것이고, 하나님은 그 기도를 들어주셨을 것이다.

야베스의 기도는 광야 인생을 살아가는 사람들이 하는 기도다. 그들에게는 야베스의 기도가 필요하다. 그래야 광야에서 견디고 살아남을 수 있기 때문이다.

광야를 지날 때는 좋은 집을 구하지 않는다. 창고에 쌓아 놓은 것이 없다고 불평하지 않는다. 이슬만 내려 주셔도 감사하다. 그러나 가나안에 들어가게 되면 축복을 구한다. 더 좋은 집과 더 큰 창고를 짓고 더 풍성하게 누리며 살아가고 싶어 한다. 그래서 야베스의 기도를 한다. 복에 복을 더

해 달라고 기도한다. 창고를 크게 짓고 살게 해 달라고 기도한다. 형통하게 해 달라고, 성공하게 해 달라고 기도한다. 그러나 야베스의 기도는 광야를 지날 때 하는 기도다. 가나안에 들어가서도 야베스의 기도를 한다면 그것은 탐욕이다. 가나안에 들어가서 해야 할 기도는 따로 있다. 그것은 야베스의 기도가 아니라 주기도문이다.

주기도문은 별로 인기가 없다. 주기도문을 하기는 하지만 형식적으로 한다. 건성으로 한다. 주기도문을 주문처럼 외운다. 기도를 하는 것이 아니라 암송을 한다. 영혼 없는 기도를 한다. 야베스의 기도가 다 이루어지면 대박이 난다. 소원을 다 이루게 된다. 그러나 주기도문이 다 이루어진다고 해서 나에게 돌아오는 것은 별로 없다. 내가 복을 받는 것도 아니고, 성공하는 것도 아니고, 형통하는 것도 아니다. 그래서 관심이 없는지도 모르겠다.

주기도문은 결코 쉽지 않은 기도다. 주기도문을 제대로 드리려면 내 나라를 포기해야 한다. 그렇지 않고는 하나님 나라가 임하게 해 달라고 기도할 수 없다. 주기도문을 제대로 드리려면 탐욕을 버려야 한다. 그렇지 않고는 일용할 양식을 달라고 기도할 수 없다. 주기도문을 제대로 드리려면 죄를 버려야 한다. 그렇지 않고는 우리 죄를 사해 달라고 기도할 수 없다. 주기도문을 제대로 드리려면 유혹을 떨쳐 버려야 한다. 그렇지 않고는 시험에 들지 않게 해 달라고 기도할 수 없다. 주기도문을 제대로 드리려면 영적 전쟁을 해야 한다. 그렇지 않고는 악한 자에게서 구해 달라고 기도할 수 없다. 기도가 응답되려면 기도한 대로 살아야 한다. 기도한 대로 살지 않으면서 기도가 응답되기를 기대해서는 안 된다. 주기도문이 이루어지려면 하나님 나라의 삶을 살아야 하는데, 그것이 쉬운 일은 아니지 않은가? 그렇기 때문에 주기도문은 어려운 기도다.

이름이 거룩히 여김을 받으시오며 나라가 임하시오며 뜻이 하늘에서 이루어진 것 같이 땅에서도 이루어지이다

주기도문은 하나님의 이름이 높여지기를 기도한다. 그러나 야베스의 기도는 내 이름이 유명해지기를 기도한다. 주기도문은 하나님 나라가 확장되기를 기도한다. 그러나 야베스의 기도는 내 나라가 넓어지기를 기도한다. 주기도문은 하나님의 뜻이 이루어지기를 기도한다. 그러나 야베스의 기도는 내 뜻이 이루어지기를 기도한다. 주기도문은 하나님 나라를 위해 하는 기도다. 그러나 야베스의 기도는 하나님 나라와는 전혀 관계가 없다.

하나님 나라는 하나님이 왕이 되어 다스리시는 나라다. 모든 나라, 모든 민족, 모든 백성이 하나님의 백성이 되어 그분의 말씀에 순종하고, 그래서 이 땅에 있는 모든 나라, 모든 민족, 모든 백성 가운데서 하나님의 뜻이 이루어지면 그곳이 바로 하나님 나라다.

하나님은 이러한 나라를 세우기 위해 이스라엘을 택하고 그들에게 가나안 땅을 주셨다. 그러나 그들은 가나안에서 하나님 나라를 세우는 데 실패했다. 그래도 하나님은 포기하지 않으셨다. 하나님은 이스라엘을 통해 가나안에 하나님 나라를 세우려던 계획을 변경시켜 예수님을 보내 주셨다. 예수님이 이 세상에 오심으로 하나님 나라가 새롭게 시작되었다. 예수님은 하나님 나라(천국)의 복음을 전파하시고, 하나님 나라를 가르치시고, 하나님 나라가 임했음을 기적(특별히 귀신을 내어 쫓는 사역)을 통해 보여 주셨다. 그리고 이 땅에 하나님 나라를 세우시려 교회를 세우고 지난 2천 년 동안이 교회를 통해서 하나님 나라를 힘차게 확장시켜 나가셨다. 하나님 나라는 예수님이 다시 오실 때 완성될 것이다. 그때까지 하나님의 백성이 된 우리는 하나님 나라의 확장을 위해 땅 끝까지 복음을 전하고, 모든 민족이 하나님 앞에 돌아와 하나님을 섬기고 그분의 뜻대로 살아가도록 해야 한다. 이것이 우리에게 주어진 지상 명령이다.

하나님이 이스라엘 백성을 선택하신 이유가 무엇인가? 그들을 통해 하나님 나라를 세우시기 위해서였다. 하나님이 우리를 택하사 하나님의 백성이 되게 하신 이유가 무엇인가? 우리를 통해 하나님 나라를 세우시기 위해서다. 이스라엘 백성을 가나안 땅에 들어가게 하신 이유가 무엇인가? 가나안에 하나님 나라를 세우시기 위해서였다. 하나님이 교회를 세우신 이유가 무엇인가? 교회를 통해 하나님 나라를 세우시기 위해서다. 우리에게 주기도문으로 기도하도록 하신 이유가 무엇인가? 하나님 나라를 세우시기 위해서다. 주기도문의 주제는 하나님 나라다.

"이름이 거룩히 여김을 받으시오며 나라가 임하시오며 뜻이 하늘에서 이루어진 것 같이 땅에서도 이루어지이다"(마 6:9-10).

어떤 나라가 임하기를 기도하는 것인가? 하나님 나라다. 하나님 나라가 어디에 이루어지기를 기도하는 것인가? 이 땅에서다. 하나님 나라가 이루어지려면 어떻게 해야 하는가? 모든 민족이 하나님의 백성이 되어야 한다. 모든 나라, 모든 민족, 모든 백성이 하나님의 이름 앞에 무릎 꿇고 그분을 섬겨야 한다. 그래서 '이름이 거룩히 여김을 받으시오며'라고 기도하는 것이다.

모든 민족이 하나님의 백성이 되어 하나님을 섬기면 하나님이 그들을 다스리시게 된다. 그들의 왕이 되신다. 그러면 하나님의 백성이 된 사람들은 하나님의 뜻대로 살아가게 된다. 그러면 그들을 통해 이 땅에서 하나님의 뜻이 이루어진다. 그러면 바로 그곳에 하나님 나라가 이루어지게 된다. 이렇게 주기도문은 하나님 나라가 이루어지기를 위해 드리는 기도다.

우리는 이미 가나안에 들어와 있다. 이미 하나님의 백성이 되었다. 우리는 이미 가나안에서 하나님의 축복을 누리며 살고 있다. 그런 우리가 해야 할 일이 있다. 하나님 나라를 세우는 일이다. 그 일을 위해 우리는 기도해야 한다. 어떤 기도를 해야 하는가? 주기도문이다. 그런데 우리는 어떤가? 가나안에 들어와 있으면서도 주기도문에는 관심이 없고 야베스의 기도만 하고 있지는 않은가? 광야를 지날 때는 야베스의 기도가 필요하다. 그러나 우리는 이미 가나안에 들어와 있다. 우리에게 필요한 기도는 야베스의 기도가 아니라 주기도문이다.

하나님은 이스라엘 백성이 바알 종교에 빠져 있는 가나안에 들어가 그곳에 하나님 나라를 세우기를 원하셨다. 지금도 바알은 세상을 다스리고 있다. 모든 사람이 맘몬을 섬기며 살아가고 있다. 황금만능주의에 빠져 물신을 섬기며 살아가고 있다. 우리는 그런 사람들을 바알에게서 돌이켜 하나님에게로 돌아오게 해야 한다. 바로 그 일을 위해서 우리는 이렇게 기도한다.

"이름이 거룩히 여김을 받으시오며 나라가 임하시오며 뜻이 하늘에서 이루어진 것 같이 땅에서도 이루어지이다"(마 6:9-10)

일용할 양식을 주시옵고

이스라엘 백성이 광야를 지날 때는 창고를 가진 사람이 없었다. 모두가 그날그날 하나님이 주시는 일용할 양식으로 살아갔다. 누구에게도 내일 먹을 양식은 없었다. 그렇다고 내일 먹을 양식 때문에 걱정하는 사람도 없었다. 부자도 없고, 가난한 사람도 없었다. 먹고 남아서 쌓아 놓고 사는 사람도 없었고, 모자라서 꾸어서 먹고사는 사람도 없었다. 더 열심히 만나를 모은 사람은 있었을지 몰라도 그렇다고 더 많이 창고에 모아 놓고 사는 사람은 아무도 없었다.

그러나 가나안에 들어가서는 상황이 달라졌다. 장막에 살던 사람들이 좋은 집을 짓고 살았다. 창고를 지었다. 저마다 창고를 지어 놓고 그것을 채우기 위해 죽어라고 일했다. 누구도 일용할 양식으로 만족하는 사람이 없었다. 광야에서는 일용할 양식을 달라고 기도하던 사람들이 가나안에 들어가서는 '1년 치 양식을 주시옵고'라고 기도했다. 1년 먹을 양식이 창고에 가득 채워져 있어야 안심이 됐다.

우리는 다 가나안에 살고 있다. 그런 우리에게 예수님은 '1년 치 양식을 주시옵고'가 아니라 '일용할 양식을 주시옵고'라고 기도하라고 하셨다. 사실 이 기도는 모든 사람이 창고에 쌓아 놓고 살아가는 가나안에서 하루치 양식만 있어도 감사하며 살라는 기도다. 욕심을 내려놓으라는 기도다. 탐심을 내려놓으라는 기도다. 채워 달라는 기도가 아니라 비울 수 있게 해 달라는 기도다. 광야에서 메추라기를 구하다가 가나안에 들어가지 못하고 광야의 모래 구덩이에 묻힌 사람들이 얼마나 많았는가? 가나안에서도 마찬가지다. 탐심 때문에 바알을 따라갔다가 결국엔 가나안에서 쫓겨나고 말지 않았는가?

탐욕만 내려놓으면 광야에서도 감사하며 만족하게 살아갈 수 있다. 불편하지만 불평하지 않고 살아갈 수 있다. 편안하지는 않지만 평안을 누리며 살아갈 수 있다. 그러나 탐욕을 내려놓지 못하면 가나안에서도 늘 불평한다. 행복하게 살아갈 수 없다. 광야에 살고 있다고 불행한 것도 아니고, 가나안에 살고 있다고 행복한 것도 아니다. 광야든 가나안이든 탐욕에 사로잡혀 살면 불행하게 살게 되고, 탐욕을 내려놓으면 행복하게 살 수 있다.

가나안에 살아도 광야에 사는 것처럼 살아야 한다. 가나안에 사는데 큰 집에 살지 못한다고, 창고에 쌓아 놓은 것이 없다고 불평해서는 안 된다. 광야 시절을 잊지 말아야 한다. 광야를 지날 땐 일용할 양식만 주셔도 감사했고, 이슬만 내려 주셔도 감사했고, 하룻밤 머물 수 있는 장막만 있어도 감사했고, 작은 로뎀나무 그늘만 있어도 감사하지 않았는가?

하나님은 광야를 지나면서 탐심을 버리는 훈련을 시키셨다. 일용할 양식만으로 살아가는 법을 가르치셨다. 장막에 사는 법을 가르치셨다. 최소한으로 살아가는 법을 가르치셨다. 가나안에 들어가서도 그렇게 살도록 그런 훈련을 시키셨던 것이다. 그러나 얼마나 많은 사람이 탐심 때문에 가나안에 들어가지 못하고 광야에서 죽었는가? 이스라엘 백성은 가나안에 들어가서도 탐심을 버리지 못했다. 그래서 더 좋은 집과 큰 창고를 짓고 살려고 풍요의 신인 바알을 따라가고 말았다. 그리고 결국은 가나안에서 쫓겨나고 말았다.

탐심을 버려야 한다. 그렇지 않으면 바알을 따라가게 되고 말 것이다. 그리고 가나안에서 쫓겨나게 되고 말 것이다. 우리는 가나안에 살아도 광야에서처럼 '일용할 양식을 주옵소서'라고 기도해야 한다. 가나안에서도 일용할 양식을 주시는 것만으로 만족하고 감사해야 한다.

우리 죄를 사하여 주시옵고

흰 셔츠를 입고 탄광에 일하러 간다고 하자. 아무리 조심해도 저녁이 되면 옷이 다 시커멓게 더럽혀질 것이다. 우리는 이런 세상을 살아가고 있다. 우리는 가나안에서 치열한 영적 전쟁을 하며 살아야 한다. 이스라엘은 가나안 정복 전쟁에 있어서는 성공했으나 영적 전쟁에서는 패배하고 말았다. 그래서 결국은 가나안에서 쫓겨나고 말았다. 우리도 이 가나안에서, 영적인 전쟁에서 패배하면 쫓겨나고 말 것이다. 죄와 싸워야 한다. 세상 문화에 동화되어 가서는 안 된다. 바알에게 끌려 다녀서는 안 된다. 바알에게 패배해서는 안 된다. 바알 종교에 물들어서는 안 된다. 바알의 유혹에 넘어가서는 안 된다. 죄와 타협해서는 안 된다. 바알을 이겨야 한다. 죄를 이겨야 한다. '우리 죄를 사하여 주시옵고'는 죄악이 관영하는 세상에서 죄를 짓고 살아갈 수밖에 없는 우리가 드려야 할 기도다. 동시에 죄와 싸워서 이기게 해 달라는 기도이기도 하다.

시험에 들게 하지 마시옵고 다만 악에서 구하시옵소서

가나안은 바알이 지배하고 있었다. 우리도 바알이 지배하는 세상에 살고 있다. 이런 세상에서 바알을 섬기지 않고 하나님만을 섬기며 살아간다는 것은 쉬운 일이 아니다. 이스라엘 백성은 이 부분에서 실패하지 않았는가? 우리도 바알에게 무릎 꿇지 않도록 해야 한다. 그래서 우리는 이렇게 기도한다. '다만 악에서 구하시옵소서.' 여기에서 악은 일반적인 악이 아니라 '악한 자'를 말한다. 이 기도는 악한 자, 즉 사탄(바알)에게서 구해 달라는 기도다.

가나안에서 바알은 이스라엘 백성을 유혹해서 자신을 섬기도록 했다. '나를 섬기면 잘 살게 해 주겠다. 나를 섬기면 창고를 채워 주겠다. 나를 섬기면 좋은 집을 짓고 살게 해 주겠다. 나를 섬기면 원하는 것을 주겠다. 나를 섬기면 형통하게 해 주겠다.' 이런 유혹을 떨쳐 버리는 것은 결코 쉬운 일이 아니다.

광야나 수도원에서는 유혹받을 일이 별로 없다. 세상 사람들보다는 훨씬 유혹을 받지 않는다. 하나님을 섬기기가 세상보다 쉽다. 목사도 마찬가지다. 교인들보다 유혹받을 일이 적다. 교인들은 가나안이라는 세상에서 살고 있다. 유혹받을 일이 얼마나 많겠는가? 주일에는 유혹받을 일이 별로 없다. 그러나 월요일부터 토요일까지는 유혹받을 일이 얼마나 많은가? 우리는 그것을 이겨 내야 한다.

우리는 가나안이라는 세상에서 영적 전쟁을 치르며 살아가고 있다. 광야에서보다 가나안에서 살아갈 때 훨씬 많은 유혹과 신앙의 위기가 찾아온다. 광야보다 더 위험한 곳이 가나안이다. 그렇기 때문에 가나안에 사는 우리는 이렇게 기도하지 않을 수 없다.

"우리를 시험에 들게 하지 마시옵고 다만 악에서 구하시옵소서"(마 6:13).

우리는 가나안에서 이스라엘 백성이 실패한 것을 되풀이하지 말아야 한다. 바알에게서 떠나야 한다. 죄를 짓지 말아야 한다. 탐심을 버려야 한다. 그렇게 살게 해 달라고 하는 것이 주기도문이다. 바알의 세상에서 하나님만을 섬기며, 하나님 나라를 이루어 가며 살도록 하기 위해 주기도문을 가지고 기도하게 하신 것이다. 가나안에서 해야 할 기도는 축복을 구하는 야베스의 기도가 아니라, 하나님 나라를 이루게 해 달라는 주기도문이다.

🍃 이스라엘에서 교회로 넘겨진 공

게토화된 교회가 아닌 세상을 향해 열린 교회가 되어야 한다

"나는 교회밖에 몰라. 내가 아는 사람들은 교인밖에 없어." 이런 사람들이 많다. 신앙생활을 열심히 오래한 사람일수록 이런 말을 자랑 비슷하게 한다. "교회에서는 전도하라고 하는데 전도할 사람이 없어요. 제가 아는 사람들은 다 교회에 다녀요." 이것이 현실이다.

믿는 사람들끼리는 가족처럼 지낸다. 어려운 일이 있으면 서로 위로하고 도와준다. 힘이 되어 준다. 그러나 안 믿는 사람들과도 이렇게 지낸다면 어떤 일이 일어날까?

중세 유럽에서는 유대인들만 따로 모여 살게 했다. 이런 구역을 게토(Gheto)라고 부른다. 철조망을 치고 밖으로 나오지 못하게 했다. 유대인들은 그 안에서 감옥 아닌 감옥 생활을 해야 했다. 철저히 세상으로부터 분리되어야 했다.

오늘날 우리는 교회에서 게토의 모습을 본다. 교인들끼리만 모인다. 그들끼리만 예배드리고 친교를 나눈다. 거기서 교회 밖의 사람들은 찾아볼 수 없다. 교인들만 사용하는 용어도 많다. 교회에서 하는 행사나 활동은 그들만을 위한 것이다. 그들만의 잔치를 하는 것이다. 교회는 세상 사람들이 볼 때 그들만의 천국이다. 교회가 세상으로부터 자신을 스스로 분리시키고 있다. 세상을 왕따시킨다. 그러나 사실은 교회가 세상에서 왕따를 당하고 있다. 교회가 게토화되어 가고 있는 것이다.

세상과 담쌓고 사는 것은 자랑할 것이 아니다. 세상을 멀리하는 것을 경건으로 착각해서는 안 된다. 예수님은 우리에게 세상으로 가라고 하셨지, 세상과 등을 지라고 하지 않으셨다.

"세상 등지고 십자가 보네"라는 복음성가 가사가 있다. 그러나 그러면 안 된다. 십자가를 지고 세상 속으로 들어가야 한다. 우리가 하나님을 잘 섬기기 위해 세상을 등질 필요는 없다. 하나님만 섬기기 위해 수도사가 될 필요도 없다. 우리는 세상 가운데서 하나님을 잘 섬겨야 한다.

최근에 믿지 않는 사람을 몇 명이나 만났는가? 믿지 않는 사람을 만나 교제를 나눈 적이 있는가? 교회 외에 다른 단체에 가입해서 활동하고 있는가? 주변의 믿지 않는 사람들과 얼마나 친한가?

우리는 바리새인들을 좋지 않게 생각한다. '바리새'라는 말은 '분리하다'라는 뜻이다. '우리는 당신들과 달라' 이런 뜻이다. 바리새인들은 하나님도 열심히 믿고 신앙생활도 잘한다. 그런데 남을 판단하고 정죄하는 것이 문제다. 자신들은 의롭고 다른 사람들은 죄인이라고 생각한다. 그래서 상대도 하지 않는다. 죄인들과 어울리면 부정을 탄다고 생각하는 것이다. 오늘날 교인들 가운데 이런 바리새인들이 많다. 죄를 짓지 않으려고 세상 사람들과 어울리지 않는다. 세상에 물들지 않기 위해 세상과 담을 쌓고 살아간다. 특별히 신앙이 좋다는 사람들, 교회에 오래 다닌 사람들 가운데 이런 사람들이 많다. 교회가 바리새화되어 가고 있는 것이다. 그러니 교회를 향한 세상 사람들의 시선이 고울 리가 없다.

교회가 세상으로부터 멀어져서는 안 된다. 교회는 세상 가운데 존재해야 한다. 우리는 세상의 소금과 빛이 되어야 한다. 그러려면 세상 속으로 들어가야 한다. 우리가 있어야 할 자리는 세상이다. 그런데 우리는 교회 안에 머물러 있다. 교회가 소금 창고가 되어 가고 있다. 세상에서 녹아져야 할 소금들이 다 교회 안에 모여 있다. 교회가 얼마나 밝은지 모른다. 세상을 비춰야 할 빛들이 다 교회 안에 모여 있기 때문이다.

교회의 문은 세상을 향해 열려 있어야 한다. 교회와 세상은 항상 연결되어 있어야 한다. 하나님은 우리를 교회 안이 아닌 세상에서 하나님 나라를 세우라고 부르셨다. 교회 안에서 우리끼리만 "나 구원받았네 너 구원받았네 우리 구원받았네" 하고 있어서는 안 된다. 교인들끼리만 서로 "당신은 사랑받기 위해 태어난 사람"이라고 축복해서는 안 된다. 교회가 쌓은 담을 헐어야 한다. 세상으로 나가야 한다. 세상 사람들과 관계를 가질 수 있는 접촉점을 만들어야 한다. 교회가 게토화되고 바리새인처럼 되어 가는 한 하나님 나라는 확장되어 나갈 수 없다.

선민의식을 버리고 세상 속으로 들어가야 한다

주전 18세기만 해도 여호와 하나님은 누구에게도 알려지지 않은 신이었다. 아무도 여호와 하나님을 믿는 사람이 없었다. 그래서 하나님은 모든 세계, 모든 민족, 모든 나라가 하나님을 믿게 하기 위해 아브라함을 부르셨고, 그를 통해서 이스라엘 민족이 탄생하게 되었다. 하나님은 그들과 시내 산에서 언약을 맺으셨다. 언약의 내용은 하나님만이 유일한 신이시고, 하나님이 이스라엘 민족을 택해서 하나님의 백성이 되게 하셨다는 것이다. 그러나 이스라엘 백성은 유일하신 하나님이 이 지구상에서 자신들만을 택하셨다고 믿었다. 그래서 아브라함을 선택하신 지 1,000년도 더 지날 때까지 여호와 하나님을 믿는 사람은 지구상에 10만 명도 안 되었다(바벨론 포로에서 돌아왔을 때 이스라엘 인구는 10만 명이 안 되었다). 그러나 하나님은 예수님을 통해 이 땅에 하나님 나라를 확장시켜 나가셨다. 그리고 교회를 통해 그리스도인들이 복음을 땅 끝까지 전하게 되었다. 그래서 지금은 12억이 넘는 사람들이 여호와 하나님을 섬기고 있다. 교회가 아니었다면 하나님은 아직도 유대인만이 섬기는 신에 불과했을 것이다. 그러나 지금은 모든 나라, 모든 민족, 모든 백성이 온 세상 우주 만물을 창조하고 주관하고 역사하시는 여호와 하나님을 섬기고 있지 않은가? 교회 덕분이다.

유대인들은 메시아가 오시면(그들은 아직 메시아가 오지 않았다고 믿고 있다) 그가 이스라엘 나라를 온전히 회복시키고 그 나라의 왕이 되어 세상 나라를 다스리게 될 것이며, 모든 민족들은 이스라엘에 조공을 바치고, 이스라엘은 세상 가운데 뛰어난 민족이 될 거라고 믿고 있다.

예수님이 승천하시기 직전에 제자들은 예수님에게 한 가지 질문을 던졌다. "이스라엘 나라를 회복하심이 이때니이까"(행 1:6). 예수님은 하나님 나라를 이루기 위해 이 땅에 오셨고, 그 나라를 이루기 위해 십자가에 달려 돌아가셨다가 다시 부활하셨는데, 제자들은 부활하신 예수님이 이제 이스라엘을 회복시키고 만왕의 왕이 되어 온 세상을 다스리실 것이라고 믿고 있었다. 그래서 "이스라엘 나라를 회복하심이 이때니이까"라고 물었던 것이다. 제자들도 이렇게 선민의식에 사로잡혀 있었다. 그래서 이방인들에게는 복음을 전하지 않았다. 그러다가 교회가 시작된 지 십여 년의 세월이 흐른 다음에야 우여곡절 끝에 이방인 교회가 세워지게 되었다.

　우리는 어떤가? 우리에게도 선민의식까지는 아니더라도 선민의식 비슷한 우월의식이 있다. 우리도 유대인들처럼 사람들을 교인과 교인이 아닌 사람으로 구분한다. 우리는 양이고 세상 사람들은 염소다. 우리는 구원받은 사람들이고 저들은 구원받지 못한 사람들이다. 우리는 축복받은 사람들이고 세상 사람들은 축복받지 못한 사람들이다. 우리는 이렇게 믿는 사람과 믿지 않는 사람을 구분하는 경향이 있다. 교회 밖에 있는 사람들을 배타적으로 대하는 것이다. 구원시켜야 할 사람으로만 보는 것이다. 불쌍하고 가련한 사람들로만 보는 것이다.

　우리는 하나님을 교회에만 계시는 그리스도인들만의 하나님인 것처럼 생각한다. 하나님은 우리에게 더 많은 관심을 갖고 계시고 세상 사람들에 대해서는 별로 관심이 없으신 분인 것처럼 생각한다. 하나님은 우리를 더 많이 축복하시고 세상 사람들은 덜 축복해 주시는 것처럼 생각한다. 우리는 하나님에게 사랑받기 위해 태어난 사람이지만 세상 사람들은 진노의 대상이라고 생각한다. 이런 우리의 생각이 유대인들의 선민의식과 무엇이 다른가? 이런 우월감으로 세상 사람들을 대하는데 어떻게 세상 사람들이 기독교에 대해 호감을 가질 수 있겠는가?

세상 사람들에게 호감을 줄 수 있어야 한다

교인들의 믿음이 진짜인지 가짜인지 교회 안에서는 잘 모른다. 교인들을 교회에서만 보기 때문이다. 교인들의 믿음이 진짜인지 가짜인지를 가장 잘 아는 사람은 교회 밖의 사람들이다. 교회 안에서는 신실한 교인처럼 보일지 몰라도 세상에서의 삶은 그렇지 않을 수 있다. 세상 사람들이 인정하는 교인이면 진짜 교인이 아니겠는가? 교회 직분자를 세울 때 교회 안에서 교인들이 선출하는 것이 아니라 비신자들에게서 추천을 받아 오게 하면 좋을 것 같다. 교회 안에서만 그리스도인이 아니라 교회 밖에서도 그리스도인으로 살아가는 사람, 주일에만 그리스도인이 아니라 월요일부터 토요일까지도 그리스도인으로 살아가는 사람, 예배와 삶이 연결되는 사람, 그런 사람을 직분자로 세워야 하지 않을까? 그럴 때 교회는 세상 사람들에게도 칭찬받고 인정받을 수 있을 것이다. 왜 교회가 비난을 받고 있는가? 세상에서 성도답게 살아가지 못하기 때문이 아닌가?

세상 사람들은 우리의 믿음을 보고 우리를 평가하지 않는다. 우리의 기도하는 모습이나 교회에 헌신하는 것을 보고 감동받지 않는다. 그들은 우리가 얼마나 신실하고 성실한지 그리고 얼마나 진실하고 착실하게 살아가는지를 본다. 세상 사람들은 '신'(믿음)을 보는 것이 아니라 '실'(열매)을 본다. 신은 좋은데 실이 안 좋은 경우가 많지 않은가?

불신자들이 읽는 것은 성경이 아니라 우리다. 성경을 읽고 예수를 믿는 것이 아니라, 우리를 보고 예수를 믿는 것이다. 아니, 우리를 보고 예수를 믿지 않는 것이다. '예수 천당 불신 지옥'을 외치는 것만이 전도가 아니다. 우리는 복음을 말이 아닌 삶으로 보여 줘야 한다. 사람들은 우리가 하는 말에 귀를 기울이는 것이 아니라 우리가 사는 모습을 눈여겨본다. 복음을 삶으로 보여 주는 것이 가장 좋은 전도 방법이다. 삶의 현장에서 복음으로 변화된 성도들의 삶이 드러날 때, 교회는 날마다 구원받는 사람들이 더해 가게 될 것이다.

"온 백성에게 칭송을 받으니 주께서 구원받는 사람을 날마다 더하게 하시니라"(행 2:47).

교인들이 세상 사람들에게 칭송을 받았다고 했다. 교회가 세상 사람들에게 칭송을 받는다는 것은 쉬운 일이 아니다. 비난만 받지 않아도 다행이다. 그런데 초대 교회는 칭찬을 받았다고 했다. 이 말씀을 새번역 성경은 약간 다르게 번역했다.

"그들은 모든 사람에게서 호감을 샀다. 주님께서는 구원받는 사람을 날마다 더하여 주셨다."

칭송을 호감으로 바꿨다. 이 번역이 원문의 뉘앙스에 더 가깝다. 초대 교인들은 세상 사람들에게 호감을 주었다. 사람들이 교회에 대해 좋은 인상을 갖고 있었던 것이다. 그래서 날마다 교회로 사람들이 들어왔다. 날마다 구원받는 사람들이 더해 갔다. 오늘날 교회는 어떤가? 오늘날 교회는 호감을 주고 있는가? 혹시 비호감을 주는 사건들만 터지고 있는 것은 아닌가? 과연 교회에 호감을 갖는 사람들이 얼마나 될까? 교회에 호감이 가지 않는데 사람들이 교회에 관심을 가질까?

오늘날에는 믿는 사람이든 안 믿는 사람이든 가치관이 비슷하다. 신자들도 불신자들처럼 세상 나라에 빠져 살아간다. 바알 종교에 빠져 살아간다. 맘몬을 섬긴다. 황금만능주의, 물질 만능주의의 가치관을 가지고 살아간다. 도덕적 수준도 비슷하다. 믿는 사람이라고 다를 것이 별로 없다. 세상에서 살아가는 모습을 보면 믿는 사람인지 안 믿는 사람인지 구분이 안된다. 주일날 교회 가는 것 빼놓고는 세상 사람들과 다를 것이 없다. 그러니 뭘 보고 교회에 나오고 싶겠는가? 이렇게 교회가 세상 사람들에게 본이 되지 못한 채 비호감이 되어 가고 있으니 어떻게 하나님 나라가 확장되어

나갈 수 있겠는가?

10. 영원한 가나안에
잇대어 살라

🌿 천국 나그네의 삶

나그네라 하면 우리는 김삿갓처럼 삿갓 쓰고 짐 보따리 하나 등에 메고 바람 따라 정처 없이 여기저기 구름처럼 떠도는 사람이 떠오른다. "지나가는 나그네올시다. 하룻밤 머물렀다가 갈 수 있는지요?" 하며 대문을 두드리는 과객이 떠오른다. "인생은 나그네 길"이라는 노래 가사도 떠오른다. 또 "강나루 건너서 밀밭 길을 구름에 달 가듯이 가는 나그네"라는 시도 생각난다.

나그네에서 '나그'는 '나가다'라는 말에서 왔고, '네'는 사람을 뜻한다. 나그네는 '나간 사람', 즉 '집을 나간 사람', '어딘가를 향해 가고 있는 사람'이라는 뜻이다. 나그네를 여객이라 부르기도 한다. 그리고 나그네(여인, 여행하는 사람)가 묵는 집을 여인숙이라고 한다. 나그네는 길을 가는 사람이다. 항상 길 위에 있다. 어딘가를 가고 있다. 가다가 날이 저물면, 인가가 있으면 대문을 두드리고 하룻밤 신세를 지거나 아니면 돌베개를 베고 잔다. 그러고는 아침이 되면 또다시 길을 떠난다.

나그네는 정처 없이 떠도는 방랑자가 아니다. 어딘가를 향해 가고 있는 사람이다. 목적지가 있다. 그저 구름 따라, 바람 따라 발길 닿는 대로 가는 것이 아니다. 결코 낭만을 즐기며 자유롭게 살아가는 것도 아니다. 고단한 여행을 하고 있는 사람이다. 나그네는 고향이나 집이 없는 사람이 아니다. 그에게도 돌아갈 집이 있고 고향이 있다. 잠시 집을 떠나 여행을 하고 있는 것뿐이다. 오늘은 고향을 떠나 객지로 가고 있지만, 일이 끝나면 다시 고향으로 돌아갈 것이다.

성경에서도 인생을 나그네 길로 비유하고 있다. 아브라함도 자신을 나그네로 생각하고 살았다. "나는 당신들 중에 나그네요 거류하는 자이니"(창 23:4). 히브리서도 아브라함이 나그네 인생을 살았노라고 밝히고 있다. "믿음으로 그는, 약속하신 땅에서 타국에 몸 붙여 사는 나그네처럼 거류하였으며, 같은 약속을 함께 물려받을 이삭과 야곱과 함께 장막에서 살았습니다"(히 11:9, 새번역). 모세도 나그네로 살았다. "모세가 이 말 때문에 도주하여 미디안 땅에서 나그네 되어 거기서 아들 둘을 낳으니라"(행 7:29). 모세는 그중 한 아이에게 게르솜이라는 이름을 붙여 주었는데, 이는 '나그네'라는 뜻이다. 이스라엘 백성도 애굽에서 나그네로 살았다. "너는 이방 나그네를 압제하지 말며 그들을 학대하지 말라 너희도 애굽 땅에서 나그네였음이라"(출 22:21; 신 10:19 참조). 초대 그리스도인들도 나그네로 살았다. "예수 그리스도의 사도 베드로는 본도, 갈라디아, 갑바도기아, 아시아와 비두니아에 흩어진 나그네"(벧전 1:1). "사랑하는 자들아 거류민과 나그네 같은 너희를 권하노니 영혼을 거슬러 싸우는 육체의 정욕을 제어하라"

(벧전 2:11).

이스라엘 백성을 히브리인이라고 부르는데, 히브리는 '하비루'(habiru)에서 온 말로서 '어느 한곳에 머물지 않고 이동하며 사는 사람들'이라는 뜻이다. 이스라엘 백성은 태생부터 나그네였다. 아브라함도 하란을 떠나 가나안에 들어왔다. 하나님은 가나안 땅을 그에게 주겠다고 약속하셨지만 가나안에서 그는 한 평의 땅도 소유하지 못하고 살았다. 가나안에서 그는 이방인으로, 떠돌이로, 나그네로 살아갔다.

그의 후손들은 애굽에 내려가서 400년이 넘는 세월 동안 나그네로 살았다. 애굽에 정착해서 살고 있었지만 그들 나라는 아니었다. 그곳에서 그들은 이방인이었다. 외국인이었다. 애굽에 몸 붙여 사는 나그네였다. 결국 그들이 강대해지자 애굽은 그들을 노예로 삼지 않았는가?

이스라엘 백성은 출애굽 이후 광야에서도 나그네로 살았다. 그들은 광야에서 장막에 거하며 매일 이동하며 살아야 했다. 그렇게 40년을 살았다. 이후 이스라엘 백성은 가나안에서 쫓겨나 바벨론에 포로로 끌려갔다. 바벨론에서 70년 동안 나그네로 살았다. 그 후에 다시 가나안에 돌아오기는 했지만, 주후 70년에 예루살렘이 무너진 그 후로 유대인들은 2천 년 동안 나라 없이 전 세계에 흩어져서 나그네로 살았다. 떠돌이로 살았다. 유랑민으로 살았다. 그들은 자신들 외에 다른 민족을 이방인이라고 불렀지만, 정작 그들은 지난 2천 년 동안 전 세계에서 이방인으로 살아왔다.

노만 주이슨(Norman F. Jewison) 감독의 〈지붕 위의 바이올린〉(Fiddler on the Roof)이라는 영화에 보면 러시아의 아나테브카에 살던 유대인들의 이야기가 나온다. 어느 날 그들에게 러시아 정부로부터 떠나라는 명령이 떨어졌다. 그들은 어떻게 해야 할지를 놓고 논쟁을 벌이지만 결론은 나 있었다. 떠날 수밖에 없는 것이다. 그들은 하루아침에 집과 땅을 다 놔두고 떠나야 했다. 그러나 언젠가는 그런 일이 닥쳐올 거라는 것을 알고 있었기 때문에 올 것이 왔구나 하는 생각으로 짐을 정리해서 떠났다. 이렇게 유대인들은 2천 년 동안 나라 없는 민족으로, 나그네로 살아갔다.

그들은 언제든 떠날 준비가 되어 있었다. 떠나라고 하면 떠나야 했기 때문이다. 그렇기 때문에 그들은 집이나 땅에 재산을 투자하지 않았다. 좋은 집을 짓거나 땅을 넓혀 가지 않았다. 그들은 부동산 대신 금에 투자했다. 금은 언제 떠나든 가지고 갈 수 있기 때문이다. 유대인들이 머리에 '키파'(kippah)라는 모자를 쓰는 이유가 있다. 그것은 항상 떠날 준비를 하며 살아야 하기에 늘 모자를 쓰고 다니는 것이라고 한다. 모자를 쓰고 다니면서 그들이 이 땅에서는 나그네로 살아가고 있음을 상기했던 것이다. 그렇게 살아왔기에 유대인들은 그 누구보다도 나그네 의식이 강하다.

이스라엘 백성은 원래 유목민이었다. 아브라함은 하란에서 양을 치며 살았다. 가나안에 이주해 온 후에도 계속 양을 치며 살았다. 이삭과 야곱도 마찬가지였다. 애굽에 내려가서도 양을 치며 살았다. 광야 40년 동안에도 계속 양을 쳤다. 가나안에 들어간 다음에도 물론 농사와 함께 양을 치며 살았다.

유목민은 '노마드'(nomad)라고 부른다. 노마드는 집을 짓고 살지 않는다. 양들에게 먹일 풀을 찾아 평생을 이동하면서 살아야 하기 때문이다. 농경민은 집을 짓고 땅을 경작하며 한곳에 정착해서 산다. 반면 유목민은 평생을 옮겨 다니며 산다. 그들에게는 집이 없다. 땅이 없다. 그들에게는 그런 것이 필요 없다. 유목민들에게는 양이 재산이지, 집이나 땅이 재산이 아니다. 아무데나 가서 장막을 치면 그곳이 내 집이 되고 내 땅이 된다. 농경민에게 가장 중요한 것들이 유목민에게는 쓸데가 없는 것이다.

농경민은 모아 놓고 살아간다. 그러나 유목민에게는 창고가 없다. 창고가 필요하지 않다. 농경민은 땅에 집착해서 살아간다. 그러나 유목민은 아무것에도 집착하지 않는다. 언제든 떠날 준비가 되어 있다. 떠나면서도 아쉬워하지 않는다. 아침 먹으면서 이사 가기로 결정하면 점심 먹고 이사 가는 것이 유목민이다. 그러나 정처 없이 떠도는 것은 아니다. 그들은 새로운 초지를 찾아서 떠난다. 그리고 대개는 어느 곳으로 갈지 정해져 있다. 그들은 양을 치는 지역에서 몇 십 년, 몇 백 년을 대대로 살아왔기 때문에 어디로 가야 하는지 잘 알고 있다. 이렇게 항상 옮겨 다니기 때문에 이삿짐이 많아서는 안 된다. 그래서 그들은 최소한의 살림살이만을 갖고 살아간다. 농경민처럼 모아 놓고 살려고 일하지 않는다.

성경의 문화는 농경 문화가 아니라 유목 문화다. 성경에는 농사짓는 이야기는 별로 나오지 않는다. 그러나 양을 치는 이야기는 얼마나 많이 나오는가? 유목민들은 나그네로 살아간다. "인생은 나그네 길"이라는 노래 가사의 원조는 광야에서 양을 치며 평생을 옮겨 다니며 살아가는 유목민(베두인)들이다. 유목민들은 나그네로 사는 것이 어떤 것인지를 우리에게 잘 보여 준다.

'인생은 나그네 길'이라고 할 때 우리는 이것을 '욕심 부리지 말고 살자, 세상에 집착하지 말자, 언젠가는 다 떠나게 될 것이다, 다 놓고 가게 될 것이다, 그러니 아등바등 살지 말자, 무거운 인생의 짐을 다 내려놓고 구름에 달 가듯이 마음을 비우고 초연하게 살자'는 뜻으로 받아들인다. 그러나 성경에서 이야기하는 나그네는 다르다.

나그네와 같이 사용되는 용어가 있다. "당신들 중에 나그네요 거류하는 자이니"(창 23:4). "이방에서 나그네가 되었다"(출 18:3). "너는 이방 나그네를 압제하지 말며"(출 22:21). "이방 나그네와 거류민들이라"(대상 29:15). "거류민과 나그네 같은 너희를 권하노니"(벧전 2:11). "또 땅에서는 외국인과 나그네 임을 증언하였으니"(히 11:13). "믿음으로 그는, 약속하신 땅에서 타국에 몸 붙여 사는 나그네처럼 거류하였으며"(히 11:9, 새번역). "나그네 된 외국인들이"(행 17:21).

여기서 나그네는 자기 땅에 살지 못하고 남의 나라에 몸 붙여 사는 외국인, 이민자, 이주자를 가리키는 용어임을 알 수 있다. 아브라함은 가나안에 들어와서 이민자로 살았다. 야곱의 식구들도 애굽에서 이민자로 살았다. 바벨론 포로로 끌려갔던 유대인들도 이민자로 살았다. 유대인 디아스포라도 세계 곳곳에서 이민자로 살아왔다. 이런 이민자를 성경에서는 나그네라고 부르고 있다.

나그네는 그가 살아가고 있는 공동체에 속하지 않은 사람이다. 외지인이다. 이방인이다. 객지에 사는 사람이다. 자신이 속해 있는 공동체를 떠나 다른 곳에서 살아가는 사람들이다. 영주권자로 사는 것이 아니라 한시적으로 머물러 사는 사람들이다. 언제든 나가라 하면 나가야 되는 사람들이다. 성경에서 말하는 나그네는 이렇게 자신이 속한 공동체를 떠나 다른 곳에 가서 몸 붙여 사는 사람을 말한다. 바람 따라 구름 따라 정처 없이 이곳저곳을 떠돌아다니는 사람을 말하는 것이 아니다.

성경에서 나그네라고 말할 때의 그 뜻은 이 세상에서 외국인처럼, 나그네처럼 고통을 당하고, 억울한 일을 당하고, 소외를 당하고, 무시를 당하고, 불이익을 당하고, 위협을 당하고, 박해를 받고, 내어쫓김을 당하고, 죽임을 당하기도 할 거라는 것이다. 아브라함이 그렇게 살았고, 이삭과 야곱과 요셉도 그렇게 살았다. 모세도 그렇게 살았다. 이스라엘 백성도 애굽에서 그렇게 살았다. 바벨론에 포로로 끌려가서도 그렇게 살았다. 그리고 초대 교인들도 그렇게 살았다.

이민자들 중에 하늘에 지나가는 비행기를 바라보며 '언제쯤 나도 저 비행기를 타고 한국에 가 볼 수 있을까' 하는 생각을 안 해 본 사람은 없을 것이다. 미국에 올 때는 모두가 아메리칸 드림을 꿈꾸지만, 살다 보면 현실은 가나안이 아니라 광야다. 그래서 고국을 떠나온 것을 후회할 때도 많다. 처음에는 돌아가고 싶은 마음이 굴뚝같지만, 돌아가자니 자존심도 상하고, 돌아가서 새로 시작하자니 엄두도 안 나고, 그래서 이래저래 돌아가지 못하고 나그네로 살아가는 것이 이민자들의 삶이다. 아브라함도 가나안에 살면서 먼 고향 하늘을 바라보며 눈물지은 적이 한두 번이 아니었을 것이다. 몇 번이고 짐을 쌌다 풀었다 했을 것이다. 그러나 그는 돌아가지 않았다. 돌아가고 싶었지만, 돌아갈 기회도 있었겠지만 돌아가지 않았다. 왜 그랬을까? 고향을 떠난 지 100년이 넘도록 땅 한 평, 집 한 채 없이 아들 하나 낳고 초라하게 살아가는 모습을 보이고 싶지 않아서였을까? 히브리서 기자는 그 이유를 이렇게 설명하고 있다.

"그들이 나온바 본향을 생각하였더라면 돌아갈 기회가 있었으려니와 그들이 이제는 더 나은 본향을 사모하니 곧 하늘에 있는 것이라"(히 11:15-16).

가나안을 향해 가던 이스라엘 백성은 광야를 지나면서 어렵고 힘들 때마다 계속 애굽으로 돌아가려 했다. 그런데 아브라함은 그러지 않았다. 고향으로 다시 돌아가고는 싶었겠지만 돌아가지 않았다. 가나안에 온 것을

277

후회도 했겠지만 다시 돌아가지는 않았다. 고향에서처럼 좋은 집을 짓고 살지는 못했지만 고향으로 돌아가지는 않았다. 왜 그랬을까? 그는 눈에 보이는 가나안보다 더 좋은 가나안을 바라보았기 때문이다. 떠나온 본향보다 더 좋은(사실은 비교도 안 되는) 영원한 본향을 바라보았기 때문이다. 그랬기 때문에 가나안에서의 광야와 같은 삶을 버티고 견뎌 낼 수 있었던 것이다.

나는 미국에 살면서도 미국 이야기보다 한국 이야기를 더 많이 한다. 미국보다 한국에 관심이 더 많다. 마음이 늘 고국에 가 있는 것이다. 우리가 고향을 마음에 품고 살고 있듯이 아브라함은 하늘 가나안을 마음에 품고 살았다. 먼 고향 하늘을 바라보며 다시 돌아갈 날을 기다리며 산 것이 아니라, 하늘을 바라보면서 영원한 본향에 돌아갈 날을 기다리며 살았다. 하늘 가나안에 소망을 두고 살았다. 그곳을 사모하며 살았다. 그의 관심은 가나안에서 좋은 집을 짓고 은금이 증식되며 소유가 넉넉하게 되는 데 있지 않았다. 그의 관심은 늘 하늘 가나안에 가 있었다. 그랬기 때문에 이 땅에서 나그네처럼 살아도 서글퍼하지 않았다. 좋은 집을 짓고 살지 못해도 괘념치 않았다. 이 세상에 소망을 두지 않았기 때문이다.

앞에 가는 차에 이런 스티커가 붙어 있었다. "My another car is Benz." 이 스티커가 어떤 차에 붙어 있었는지 짐작할 수 있을 것이다. 그러나 그런 차를 타고 다녀도 집에 정말 좋은 차가 있다면 당당할 것이다. 비록 이 땅에서는 포니를 타고 다녀도 벤츠 타고 다니는 사람을 부러워할 이유가 없다. 우리에게는 "더 나은 본향"(히 11:15)이 있지 않은가? 더 좋은 가나안, 영원한 가나안, 하늘 가나안, "하나님이 계획하시고 지으실 터가 있는 성"(히 11:10)이 있지 않은가? 그런데 세상에 무엇이 부럽겠는가? 우리를 위해 예비해 두신 하늘 본향이 있는데 이 땅에서 좀 부족하게 산다고 기죽을 이유가 없지 않은가? 아브라함도 가나안에서 포니를 타고 다녔다. 그러나 그를 위해 예비해 두신 하늘 가나안에는 벤츠가 있었다. 그랬기에 가나안에서 나그네로 살았어도 기죽지 않고 당당하게 살 수 있었던 것이다.

하나님은 아브라함과 이삭과 야곱에게 가나안을 약속하셨다. 그러나 그들은 그 땅을 차지하지 못했다. 나그네로 살아갔다. 하지만 그들은 하나님이 예비해 두신 진짜 가나안을 바라보며 소망 가운데 살아갔다. 그랬기에 땅 한 평 없어도, 좋은 집 짓고 살지 못했어도, 가나안을 누리지 못했어도, 가나안에서 광야 같은 인생을 살았어도 감사하고 행복해했다. 더 좋은 가나안이 그들을 기다리고 있음을 알았기 때문이다.

영철이와 철수가 땅따먹기 놀이를 하고 있다. 영철이는 땅을 많이 땄다. 철수는 조금밖에 따지 못했다. 그러는 사이에 해는 저물고 어둑어둑해 갔다. 그때 저쪽에서 철수 엄마가 부르는 소리가 들렸다. "철수야, 그만 놀고 들어와 밥 먹어." 그 소리를 듣자마자 철수는 하루 종일 따 놓은 땅을 미련 없이 버리고 집으로 달려간다. 그런데 영철이는 우두커니 혼자 남아 있다. 아무도 부르러 오는 사람이 없다. 집 없는 아이였던 것이다. 땅을 아무리 많이 땄으면 뭐 하는가? 돌아갈 집이 없는데….

인생이 이런 것이다. 우리는 지금 열심히 땅따먹기 놀이를 하고 있다. 그러나 때가 되면 주님이 우리에게 오라고 하실 것이다. 그러면 그동안 딴 땅 다 버리고 가야 한다. 땅을 많이 땄지만 돌아갈 집이 없다면 그 땅이 다 무슨 소용이 있겠는가? 너무 땅따먹기 놀이에만 골몰하지 말자. 우리는 영원히 돌아갈 집을 준비해 놓아야 한다.

양들은 이곳에서 저곳으로, 이 산에서 저 산으로 하루 종일 옮겨 다닌다. 그러다가 해가 저물면 집으로 돌아와 아늑한 우리에서 편히 쉰다. 또 양들은 여름철이면 광야에서 몇 달을 지내야 한다. 그러다가 가을이 되면 집으로 돌아온다. 그리고 겨울을 우리에서 보낸다. 언젠가는 우리에게도 그럴 때가 온다.

시편 23편 하면 가장 먼저 떠오르는 구절이 있다. "그가 나를 푸른 풀밭에 누이시며 쉴 만한 물가로 인도하시는도다"(시 23:2). 하지만 시편 23편은 이렇게 끝난다. "내가 여호와의 집에 영원히 살리로다"(시 23:6). 이것이 결론이고, 이것이 시편 23편의 클라이맥스다. 어떤 사람이 평생을 푸른 풀밭과 쉴 만한 물가에서 살았다고 하자. 그런데 그의 장례식에서 그가 여호와의 집에 영원히 거하게 되었다고 말할 수 없다면 이 세상에서 푸른 풀밭과 쉴 만한 물가에서 산 것이 무슨 소용이 있으며 무슨 의미가 있겠는가? 시편 23편은 하나님을 목자로 삼고 살아갈 때 누릴 수 있는 은혜와 축복들을 노래하고 있다. 그것들 가운데 단연코 최고는 바로 "여호와의 집에 영원히 살리로다"가 아니겠는가?

우리는 정처 없이 떠도는 나그네 인생을 사는 사람들이 아니다. 우리는 고향을 떠나온 나그네가 아니라, 영원한 하늘 본향을 바라보며 나그네 인생길을 걸어가는 천국 나그네다. 우리가 걸어가는 이 나그네 인생길 끝에는 우리를 위해 예비하신 영원한 집이 있다. 그곳에 이르기까지 하나님은 우리의 나그네 인생길에 평생 동행해 주신다.

🔖 나그네로 산다는 것은

베드로는 본도, 갈라디아, 갑바도기아, 아시아와 비두니아에 흩어져 사는 교인들에게 편지를 보냈다. 그들은 "택하심을 받은 자들"(벧전 1:2)이었다. 하나님이 그들을 부르셨다(벧전 1:15). 그들은 거듭난 사람들이었다(벧전 1:23). 그들은 영혼의 목자와 감독 되신 예수님에게로 돌아온 사람들이었다(벧전 2:25). 그들은 "택하신 족속이요 왕 같은 제사장들이요 거룩한 나라요 그의 소유가 된 백성"이었다(벧전 2:9). 베드로는 이런 사람들을 나그네라고 부르고 있다. "흩어진 나그네 … 에게 편지하노니"(벧전 1:1-2). "사랑하는 자들아 거류민과 나그네 같은 너희를 권하노니"(벧전 2:11). 베드로는 왜 이들을 나그네로 불렀던 것일까?

베드로가 편지를 보낸 사람들은 터키 서부에 살고 있던 유대인들이었다. '흩어진'으로 번역된 헬라어는 '디아스포라'다. 디아스포라는 흩어져 사는 사람들을 말한다. 초대 교회 당시 유대인들은 전 세계에 흩어져 살고 있었다. 그들을 찾아가 복음을 전하고 교회를 세운 사람이 바로 바울이었다. 아마 이들은 바울에 의해 복음을 듣고 교인이 된 사람들이었는지도 모른다. 이들은 디아스포라로서 다른 나라에 가서 살고 있는 사람들이었다. 앞에서도 살펴본 것처럼, 이렇게 다른 나라에 몸 붙여 사는 사람들을 나그네라고 부른다.

유대인뿐 아니라 그 지역에 살던 본토인들 가운데도 복음을 받아들이고 기독교 공동체 안으로 들어온 사람들이 있었다. 그들이 유대인들처럼 비록 남의 땅에 몸 붙여 사는 나그네는 아니었지만, 그들도 나그네인 것은 매한가지였다. 그들은 그들이 속해 있는 공동체에서 예수를 믿는다는 이유로 이방인 취급을 당했기 때문이다.

이들 지역에서 복음을 받아들이고 기독교 공동체 속으로 들어온 사람들은 따돌림을 당하고 근거 없는 비방을 받아야 했다(벧전 2:12, 3:16). 모함을 받았다. 미움을 받았다. 부당하게 고난을 받았다(벧전 2:19, 4:13, 16, 19). 선을 행하는데도 고난을 받았다(벧전 2:20, 3:16). 의롭게 살아가는데도 고난을 받았다(벧전 3:14). 이런 고난은 그리스도의 이름 때문에 받는 고난이었고(벧전 4:14), 그리스도인으로서 당하는 고난이었다(벧전 4:16). 그리고 하나님의 뜻에 따라 받는 고난이었다(벧전 4:19).

그들이 이런 고난을 받은 이유는 하나였다. 그들이 세상 사람들과 짝하지 않고, 그들과 하나가 되어 죄를 범하는 일에 동참하지 않고, 그들과 같은 편에 속하지 않았기 때문이다. 그래서 세상 사람들이 그들에 대해 반감을 가졌던 것이다.

"너희가 그들과 함께 그런 극한 방탕에 달음질하지 아니하는 것을 그들이 이상히 여겨 비방하나"(벧전 4:4).

베드로는 이렇게 믿는 자들이 믿지 않는 자들에게 억울한 일을 당하는 것에 대해 예수님도 이런 것들을 다 당하셨음을 상기시키면서(벧전 2:22-23) 다음과 같이 당부했다. '억울해하거나 낙심하지 말고, 악을 악으로 갚지 말고(벧전 3:9), 예수님처럼 참고 견디면서(벧전 2:19-20) 선한 양심을 갖고(벧전 3:16), 더욱더 선을 행하고(벧전 2:12, 20, 3:13, 4:19) 거룩하게 살아가면(벧전 1:15) 믿음이 더욱 견고해지고 고난을 통해 정금같이 나오게 될 것이며(벧전 1:7), 구원이 완성될 것이다(벧전 1:9).' 그렇게 하면 세상 사람들이 부끄러움을 당하게 될 것이고, 하나님이 영광을 받으실 것이라고 했다(벧전 4:16).

지금은 소수라고 할 수 없지만, 초대 교회 때 그리스도인의 수는 극소수였다. 그들은 그런 상황에서 이방인 취급을 받았다. 세상 사람들에게 왕따를 당했다. 오늘날 사우디아라비아나 아프가니스탄 같은 이슬람 국가에서 그리스도인으로 살아가는 것과 같은 삶을 살았다.

🌀 나그네처럼 살아간 초대 교인들

'괴뢰메'라는 곳이 있다. 이름도 괴상하지만, 그곳에는 괴상하게 생긴 기암괴석들이 광활한 지역에 흩어져 있다. 바위들이 요술의 집 굴뚝처럼 생겼다. 이 지역의 바위들은 오랜 세월 동안의 침식과 풍화작용을 거쳐 만들어진 부드러운 응회암으로, 간단한 도구들을 통해서도 쉽게 파낼 수 있어 고대 시대로부터 많은 동굴을 만들어 주거지로 사용해 왔다.

이곳에는 수많은 지하 동굴들이 있다. 그중 대표적인 곳이 데린쿠유(Derinkuyu)인데, 지하 80미터까지 파고 들어가 거대한 도시를 만들었다. 1만여 명이 살 수 있는 시설이 갖추어져 있으며, 현재는 지하 8층까지 발굴되었으나, 지하 20층까지 있는 것으로 알려졌다. 이러한 지하 도시들이 주변에 서른여덟 개 정도가 산재되어 있으며, 이 도시들은 서로 연결되어 있다.

이 지하 도시 안에는 생활하는 데 필요한 모든 시설들이 다 갖추어져 있다. 방, 부엌, 외양간, 포도즙 틀, 곡식이나 포도주 저장고, 외양간, 병원, 학교 그리고 교회들이 있다. 심지어는 감옥과 매장지도 있다. 동굴 입구,

다시 말해 지상과 가장 가까운 곳에는 외양간이 자리 잡고 있다. 양이나 염소는 사람처럼 지하에서 키우기 어려워서 그렇게 했던 것으로 보인다. 맨 아래층에는 우물이 있다.

이 지역은 세상으로부터 멀리 떨어진 곳에 위치하고 있어 사람들이 거의 살지 않았다. 사연이 있어 이런 곳에 와서 살 수밖에 없는 사람들이 이곳으로 모여들었다. 이곳의 겨울철 날씨는 매우 매섭다. 그래서 지하에 주거지를 만들었다. 낮에는 동굴에서 나와 지상에서 일하고, 밤에는 지하에 있는 주거지로 돌아갔다.

이곳은 실크로드가 지나가는 길목으로 무역의 요충지였다. 그러다 보니 전쟁이 자주 일어났다. 그때마다 이곳에 사는 사람들은 지하 도시로 숨어야 했다. 이 지하 도시에 나 있는 길들은 미로처럼 되어 있으며, 두 사람 이상 다닐 수 없을 만큼 좁은 폭에 높이도 허리를 숙여야 할 정도로 낮다. 중간 중간 함정도 많이 있어서 그곳에 빠지면 살아나오지 못하도록 만들어져 있다. 비상시에 길을 차단하는 시설도 곳곳에 있다. 문은 둥글게 되어 있는데 밖에서는 열 수 없게 되어 있다. 적이나 외부인이 들어오지 못하도록 그리고 그들이 공격하지 못하도록 하기 위해 그렇게 만들었던 것이다.

"예수 그리스도의 사도 베드로는 본도, 갈라디아, 갑바도기아, 아시아와 비두니아에 흩어진 나그네 곧 … 택하심을 받은 자들에게 편지하노니"(벧전 1:1-2). 이 중에 우리에게 잘 알려지지 않은 곳이 있다. 갑바도기아다. 이곳이 바로 괴뢰메가 위치하고 있는 곳이다.

네로의 박해로부터 시작해서 로마 황제들에 의해 기독교의 박해가 본격화되면서 많은 그리스도인들이 고향과 친척을 떠나 안전한 곳으로 피해 갔다. 그 대표적인 곳이 바로 갑바도기아다. 고대로부터 피난처로 사용되어 왔던 이곳에 수많은 그리스도인들이 피난을 오면서 지하 도시는 더욱더 확장되어 오늘날의 모습을 하게 되었다. 그들이 이곳에 온 이유는 하나, 박해를 피하기 위해서였다. 하나님을 섬기기 위해서였다. 그러기 위해 그들은 모든 것을 버리고 이곳으로 온 것이다. 그들은 하나님을 섬기기 위해 지하 동굴에서 살았다. 그들을 색출하기 위해 로마가 군대를 보내면 그들이 물러갈 때까지 지하 동굴에서 나올 수가 없었다. 때로는 한 달, 두 달, 여섯 달 동안 지하 동굴에 갇혀 살아야 할 때도 있었다. 지하 동굴에서 몇 달씩 빛을 보지 못한 채 갇혀 살아야 한다고 생각해 보라. 얼마나 끔찍한 일인가? 그러나 그들은 신앙을 지키기 위해 그런 일을 감수해야 했다. 그들은 로마 군인들이 지하 동굴을 찾지 못하고 돌아가면 그제야 다시 땅 위로 올라와 햇빛을 보았다. 이런 일들을 대비해서 지하 동굴에는 적어도 6개월 치 식량이 늘 비축되어 있었다.

먹고 자는 일은 지하 동굴에서 했지만, 농사를 짓거나 양을 치는 일은 땅 위에서 해야 했다. 그런데 지하 동굴에 숨어 있는 시간이 길어질수록 농사도 짓지 못하고 양도 키우지 못하기 때문에 생계에 막대한 위협이 가해졌다. 그럼에도 초대 교인들은 이 모든 것을 감수하고 동굴에서 살면서 신앙생활을 했다. 목숨 걸고 신앙을 지켰던 것이다. 초대 교인들은 그렇게 200년이 넘도록 대대로 이 지하 동굴에 모여서 살았다.

베드로가 그들에게 편지를 썼을 때쯤에는 교회에 먹구름이 몰려오고 있었다. 로마의 네로 황제가 교회를 박해하기 시작한 것이다. 그는 자신이 로마에 불을 지르고는 그 책임을 그리스도인들에게 넘겼다. 그리스도인들을 박해하기 시작했다. 그리스도인들을 색출해서 온갖 누명을 뒤집어

씌워 공직에서 쫓아내고, 재산을 몰수하고, 심지어는 사자의 밥으로 내주기까지 했다. 이 갑바도기아에도 폭군 네로의 검은 손길이 언제 뻗칠지 모르는 상황이 되었다.

베드로는 이들을 '나그네'라고 불렀다. 처음에는 사람들이 먹고살기 위해 갑바도기아로 모여들었다. 그들의 삶은 결코 녹록하지 않았다. 지하에서 살아간다는 것이 결코 쉬운 일은 아니었다. 그곳에서 그들은 고단한 나그네의 삶을 살아가고 있었다. 그러나 그곳은 오갈 데 없는 사람들에게 피난처가 되었다. 그러던 그들이 복음을 받아들이고 하늘에 소망을 두고 살아가게 되었다. 베드로는 갑바도기아에서 이렇게 나그네처럼 살아가는 교인들에게 하늘 소망을 갖게 해 주려고 편지를 썼다.

"갑바도기아에서 나그네처럼 살아가고 있는 여러분에게 이 편지를 씁니다(벧전 1:1). 그곳에서 얼마나 어렵고 힘들게 살아가고 있습니까? 그러나 여러분, 우리는 세상에 소망을 갖고 살아가지 않습니다. 우리의 영원한 소망은 하늘에 있습니다(벧전 1:3). 하나님은 우리에게 '썩지 않고 더럽지 않고 쇠하지 아니하는 유업'을 잇게 하십니다(벧전 1:4). 여러분은 지금 어렵고 힘들게 살아가고 있지만 그럴수록 여러분의 믿음은 더욱더 견고해집니다(벧전 1:7). 그래서 예수님이 다시 오실 때 여러분은 칭찬과 영광과 존귀를 얻게 될 것입니다(벧전 1:7). 비록 여러분이 세상에서는 버림을 받았지만 하나님에게는 택함을 받은 사람들입니다(벧전 1:2). 예수님도 버림을 받았으나 하나님에게 택하심을 입은 보배로운 돌이십니다(벧전 2:4). 세상에서는 나그네요, 거류민이지만(벧전 2:11), 여러분은 '택하신 족속이요 왕 같은 제사장들이요 거룩한 나라요 그의 소유가 된 백성'입니다(벧전 2:9). 비록 세상에서는 나그네로 살아가지만 우리에게는 영원한 하늘 본향이 있습니다. 그러므로 '하나님의 날이 임하기를 바라보고 간절히 사모'하십시오 (벧후 3:12). 예수님이 약속하신 '새 하늘과 새 땅을' 바라보고 살아가십시오 (벧후 3:13)."

📄 장막 인생

유목민은 언제라도 떠날 준비가 되어 있다. 그러다 보니 그들에게는 짐이 별로 없다. 수시로 이삿짐을 싸고 풀어야 하기 때문에 짐이 많으면 그야말 로 짐만 된다. 그들에게는 나귀 등에 실을 수 있을 만큼의 살림살이밖에 없다. 그들에게는 나귀가 유홀(U-Haul, 이삿짐 트럭)이다.

이스라엘 백성은 출애굽할 때 가지고 나올 수 있는 것은 다 챙겨서 나왔 을 것이다. 버리고 가기 아깝지 않았겠는가? 그러나 시간이 지나면서 하 나씩 버리기 시작했을 것이다. 무엇부터 버렸겠는가?

광야를 지나는 사람은 짐을 최대한 줄일 것이다. 내 한 몸 건사하기도 힘든데 짐까지 많아 보라. 광야에서 쓰러져 죽고 말 것이다. 광야를 지 날 때는 탐욕을 버려야 한다. 탐욕을 모래 구덩이 속에 파묻어야 한다. 그 렇지 않으면 그 탐욕 때문에 우리가 광야 구덩이 속에 묻히게 되고 말 것 이다.

나그네는 언제나 떠날 준비가 되어 있다. 한곳에 오래 머물지 않는다. 하룻밤 머물렀다 떠나는 것이 나그네 인생이 아닌가? 그런데 왜 떠나지 못 하는가? 왜 떠나는 것이 어려운가? 소유한 것이 너무 많기 때문이다. 누리 고 있는 것이 너무 많기 때문이다. 유목민은 소유에 관심이 없다. 그들은 땅을 소유하려 하지 않는다. 집을 소유하려 하지 않는다. 그들이 미련 없이 떠날 수 있는 것은 소유한 것이 없기 때문이다. 버리고 갈 것이 별로 없기 때문이다. 떠나면 얻을 수 있는 것이 더 많기 때문이다. 도시 문명 가운데 살아가는 우리가 떠나지 못하고 내려놓지 못하고 집착과 미련을 버리지 못하는 것은, 우리가 가진 것이 너무 많기 때문이다. 버리기에 아까운 것이 너무 많기 때문이다. 노마드처럼 자유로운 영혼이 되어 나그네 인생을 살아가고 싶어는 하지만 그렇게 하지 못하는 이유는, 소유한 것과 누리고 있는 것이 너무 많기 때문이다. 그것이 발목을 잡고 있어서 떠나지 못하는 것이다. 소유한 것이 많을수록 그것에 매여 살게 된다. 하지만 나그네는 그 어떤 것에도 집착하지 않는다. 그 어떤 것도 내 것이라 여기지 않는다.

나그네는 지나가다 문 두드리고 들어가 하룻밤 머물고는 아침이 되면 떠난다. 그 집이 좋고 편하다고 며칠씩 묵는 나그네는 없다. 내 집이 아니기 때문이다. 나그네는 아무리 좋은 집에 머물렀다 가도 그 집이 그에게는 장막에 지나지 않는다. 이슬을 피해 하룻밤 머물고 떠나는 집이기 때문이다. 그런데 우리는 장막과 같은 집에 평생을 머물려고 한다. 고대광실(高臺廣室)에 살아도 그 집은 장막에 지나지 않는다. 히브리인들은 애굽에서 좋은 집을 짓고 살다가 광야로 나오게 되었다. 광야에서 40년 동안 장막에서 살아야 했다. 그 후 가나안에 들어가 아름다운 집을 짓고 은금이 증식되는 등 소유가 풍부하게 되었다. 그런데도 그들은 집을 집이라 부르지 않고 광야에서처럼 여전히 장막이라고 불렀다.

"그대는 여기서 유숙하여 그대의 마음을 즐겁게 하고 내일 일찍이 그대의 길을 가서 그대의 집[ohel, 장막]으로 돌아가라"(삿 19:9).

"모든 백성이 일제히 일어나 이르되 우리가 한 사람도 자기 장막으로 돌아가지 말며"(삿 20:8).

"이스라엘 사람 삼천 명을 택하여 … 일천 명은 요나단과 함께 베냐민 기브아에 있게 하고 남은 백성은 각기 장막으로 보내니라"(삼상 13:2).

"여덟째 날에 솔로몬이 백성을 돌려보내매 백성이 왕을 위하여 축복하고 자기 장막으로 돌아가는데"(왕상 8:66).

바울은 이 땅에서 살아가는 우리는 누구나 다 장막에 살고 있다고 했다.

"만일 땅에 있는 우리의 장막 집이 무너지면 하나님께서 지으신 집 곧 손으로 지은 것이 아니요 하늘에 있는 영원한 집이 우리에게 있는 줄 아느니라"(고후 5:1).

이 땅에서 좋은 집에 살아도 사실은 장막에 산다는 것이다. 아브라함이 그렇게 부자였으면서도 장막에 살았던 이유가 바로 여기에 있었다.

"장막에 거하였으니 이는 그가 하나님이 계획하시고 지으실 터가 있는 성을 바랐음이라"(히 11:9-10).

베드로는 흥미롭게도 우리의 몸을 장막에 비유했다.

"내가 이 장막에 있을 동안에 … 나도 나의 장막을 벗어날 것이 임박한 줄을 앎이라"(벧후 1:13-14).

유목민들은 이사 갈 때 장막을 벗긴다. 베드로는 죽음을 이사 가는 것에 비유했다. 이 육신의 장막을 벗어나면 하나님이 우리를 위해 예비하신 성에 들어가게 될 것이다(히 11:16).

우리가 소유하고 있는 것들은 다 장막에 지나지 않는다. 아무리 좋은 집에 살아도 우리는 장막에 사는 것과 다름없다. 유목민들이 이사 갈 때 모든 장막을 걷는 것처럼, 우리도 그 장막을 걷어야 할 때가 있다. 그러나 그 장막이 벗겨져도 우리는 애석해하지 않는다. 더 좋은 집, 하늘 본향에 있는 아버지 집으로 이사 가는 것이기 때문이다. 유목민들은 장막을 벗길 때 결코 슬퍼하거나 애석해하지 않는다. 마지못해 벗기지 않는다. 그들은 그곳을 자신들이 정주할 집이라고 한 번도 생각해 본 적이 없기 때문이다. 그들은 장막을 벗기면서 눈물을 흘리지 않는다. 왜냐하면 그들은 더 좋은 곳을 찾아 떠나는 것이기 때문이다.

우리가 아무리 많은 것을 소유하고 좋은 것들을 누리며 살아간다 하더라도 그것들은 모두 장막에 지나지 않는다. 조만간에 벗겨지게 될 장막이요, 임시로 머무는 처소다. 우리는 그 장막에 하룻밤 머물렀다 떠나는 나그네다. 그런데 우리는 왜 그리도 가나안에 들어가 넉넉하고 풍요롭게 되는 것에 목을 매고 있는 것일까?

아브라함과 이삭과 야곱은 가나안에 살면서도 나그네로 머물렀다. 그곳을 차지하고 정복해서 큰 집을 짓고 복을 누리며 살아가려 하지 않았다. 그들은 가나안 땅에 살면서도 거기에 마음을 두지 않았다. 그들은 가나안에 살았지만 가나안보다 더 나은 진짜 가나안, 영원한 가나안, 하늘 가나안을 바라보며 소망 가운데 살았다. 천국 나그네로 살았다.

하나님이 모세에게 "너는 여기까지다. 너는 가나안에 들어가지 못한다"고 하셨을 때 모세는 그 말이 무슨 뜻인지를 이해했을 것이다. "모세야, 너의 사명은 끝났다. 너는 해야 할 일을 다 했다. 이제 이 세상을 떠날 때가 되었다." 그는 이스라엘 백성에게 마지막 고별 설교를 하고 죽음을 준비하기 위해 느보 산에 올랐다. 그리고 다시 내려오지 않았다.

모세는 가나안에 들어갈 자격이 없어서 못 들어간 것이 아니었다. 하나님은 모세를 이 땅에 있는 가나안이 아닌 진짜 가나안, 하늘 가나안, '하나님이 하늘에 예비해 두신 한 성'에 들어가게 하려고 가나안에 들어가지 못하게 하신 것이었다.

"하나님, 이제 곧 광야 끝, 가나안 시작인데, 고생 끝, 행복 시작인데 왜 가나안에 들어가지 못하게 하시는 겁니까? 저도 가나안에 들어갈 자격이 충분하다고 생각합니다. 그런데 왜 저를 데려가려 하시는 겁니까? 저도 가나안에 들어가 남들처럼 누리며 살다가 하나님 앞에 가고 싶습니다." 우리라면 이랬을지 모른다. 그러나 모세는 그러지 않았다.

모세는 40년간 광야에서 하나님과 동행하면서 더 좋은 하늘 본향, 곧 영원한 하늘 가나안이 있음을 알았다. 이제 그런 세상에 들어가게 되었기에 이 세상에서 눈에 보이는 가나안에 들어가지 못하고 죽는 것이 억울하지 않았다. 다른 사람들처럼 건강하게 가나안을 누리며 오래오래 살다가 하나님 나라에 가고 싶다고 조르지도 않았다. 그는 그 나라가 얼마나 좋은지 충분히 알고 있었다. 그래서 그 나라에 가기를 늘 사모하고 있었다. 가나안을 향해 가면서도 그는 하늘 가나안을 바라보았다. 아브라함과 이삭과 야곱처럼. 이제 그런 나라에 들어가게 되었는데 얼마나 복된 일인가? 얼마나 감사한 일인가?

모세는 느보 산에 올라 요단 강을 건너 가나안에 들어가고 있는 이스라엘 백성을 바라보았다. 그러나 그들이 하나도 부럽지 않았다. 그들이 들어가는 가나안보다 백배 천배 좋은 하늘 가나안에 들어갈 것이었기 때문이다. 이스라엘 백성이 요단 강을 건너 가나안에 들어가고 있을 때, 모세는 하늘 가나안에 들어가 생명 강가를 걷고 있었다. 하나님이 모세에게, "요단 강을 건너 가나안 땅에 들어갈래, 아니면 내가 있는 하늘 가나안에 들어올래?" 하고 물으셨다면 그는 조금도 주저하지 않고 하늘 가나안에 들어가겠다고 했을 것이다.

우스갯소리로 천당 밑에 분당이 있다고 한다. 천당 가기 전에 분당에 먼저 가고 싶다고 한다. 분당이 그렇게 좋은 곳인가 보다. 사람들은 천당보다 분당에 더 관심이 있다. 진짜 가나안보다 가짜 가나안에 더 관심이 많다. 아브라함과 이삭과 야곱은 가나안에 살았지만 그곳에서 좋은 집 짓고 남부럽지 않게 가나안을 누리며 살지는 않았다. 분당에 살지는 못했다. 그렇지만 눈곱만큼도 아쉬워하지 않았다. 분당 사는 사람들을 손톱만큼도 부러워하지 않았다. 장막에 살았지만 35평 아파트를 부러워하지 않았다.

포니 타고 다녔지만 벤츠 못 탄다고 자존심 상해하지 않았다. 그들에게는 더 좋은 하늘 본향이 예비되어 있었기 때문이다. 그래서 가짜 가나안을 누리지 못하는 것에 대해 조금도 미련이 없었다.

아브라함은 가나안에 살았지만 나그네로 머물렀다. 하나님으로부터 가나안을 약속받았지만 그 땅을 소유하지는 못했다. 그래도 그는 감사함으로 하늘 가나안을 바라보며, 그 나라를 사모하며 살았다. 하나님이 그를 위해 하늘 본향에 맨션(요 14:2, KJV)을 준비해 두셨다는 사실을 알고 있었기 때문이다. 그 하늘 본향에는 우리를 위해 예비해 두신 맨션도 있다. 어쩌면 아브라함 옆집에 있을지도 모른다. 그런데 왜 우리는 세상 가나안에 그렇게 미련을 두는 것일까? 왜 날마다 광야를 벗어나 가나안에 들어가게 해달라고 기도하는 것일까?

우리가 생각해 왔던 가나안, 젖과 꿀이 흐르는 가나안, 장밋빛 미래가 보장되는 약속의 땅 가나안, 고생 끝, 행복 시작인 가나안은 없다. 그런 가나안은 우리가 만들어 낸 가짜 가나안이다. 왜 나는 가나안에 들어가지 못하는 것일까? 아니다. 우리는 이미 가나안에 들어와 있다. 가나안에서 살고 있다. 충분히 가나안의 복을 누리며 살아가고 있다. 그런데도 자꾸 가짜 가나안의 환상에 빠져 가짜 가나안을 추구하며 살면 진짜 가나안을 잃어버릴 수도 있다.

비록 이 땅에서는 분당에 살지 못한다 할지라도 우리에게는 영원한 하늘 본향이 있다. 우리는 나그네다. 그러나 정처 없이 떠도는 나그네 인생은 아니다. 우리는 고향을 떠나온 나그네가 아니라, 본향을 찾아가는 나그네다. 하늘 본향을 향해 믿음의 길을 걸어가고 있는 천국 나그네다. 우리가 가는 이 광야 길 끝에는 하늘 가나안이 있다. 우리는 그 하늘 가나안을 향해 오늘도, 내일도 순례의 길을 가는 천국 나그네다.

나의 영원한 본향은 저 하늘나라
향기 짙은 백합화 샤론의 동산
아멘 아멘 할렐루야 아멘 주 예수님
영원무궁 주와 함께 같이 살리라